Nirgendwo ist die Natur so zart, elegant und edel. Der Schöpfer der Florentiner Hügel war ein Künstler. Er war Goldschmied, Medailleur, Bildhauer, Bronzegießer und Maler in einem – ein Florentiner eben...

Anatole France
(»Die rote Lilie«)

Pia de Simony

Florenz

Fotos von Martin Thomas

Inhalt

Ein Streifzug durch Florenz

Florenz und seine Stadtteile

Ausflüge in die Umgebung

Karten und Pläne

Florenz von A bis Z

Am Ponte Vecchio, der »alten Brücke«, trifft sich die Jugend der Welt. Das Wahrzeichen von Florenz mit seinen edlen Juweliergeschäften überbrückt seit 1345 den Arno an seiner schmalsten Stelle.

Die 10 großartigsten Kirchen

Battistero San Giovanni ■ F 4
...weil Dantes geliebte Taufkirche »il mio bel S. Giovanni« ein »paradieswürdiges Tor« hat: gut zu wissen beim Anblick des erschreckenden Mosaiks vom Jüngsten Gericht (→ S. 65).

Duomo Santa Maria del Fiore ■ G 4
...weil er mit seiner gewagt in den Himmel ragenden Kuppel unverändert das dominierendste Bauwerk der Stadt ist (→ S. 68).

Orsanmichele ■ F 5
...weil noch nirgendwo ein Getreidespeicher eine so brillante Kirchenkarriere gemacht hat (→ S. 78).

Santa Croce ■ H 6
...weil in diesem großartigen Raum ein bedeutendes Pantheon der Florentiner entstanden ist, in dem auch die kitschigsten Denkmäler übersehen werden können (→ S. 82).

Santa Felicìta ■ c 2, S. 163
...weil nach der Restaurierung der Capponi-Kapelle die einst verpönten bahnbrechenden Meisterwerke des Manieristen Pontormo in ihrer ursprünglichen Farbpracht erstrahlen (→ S. 169).

San Lorenzo ■ F 4
...weil zum Glück im 19. Jahrhundert kein Geld zur Verfügung gestellt wurde, um auch der wunderbaren Pfarrkirche der Medici eine neue Fassade im Zuckerbäckerstil zu verpassen (→ S. 140).

Santa Maria Novella ■ E 4
...weil Leon Battista Albertis Genie dieser gotischen Dominikanerkirche eine Renaissancefassade in weiß-grüner Marmorsymphonie schenkte, die unübertroffen blieb (→ S. 143).

San Miniato al Monte ■ e 3, S. 163
...weil ich am liebsten in diesem Juwel romanischer Architektur geheiratet und dann mit dem Blick ganz Florenz bei Sonnenuntergang umarmt hätte (→ S. 171).

Santo Spirito ■ b 2, S. 163
...weil nach dem Tod von Brunelleschi die Nachfolger seinen ursprünglichen Bauplan zwar ändern, aber der vollkommenen Renaissance-Harmonie der eleganten Säulenreihen im Inneren nichts anhaben konnten (→ S. 172).

Santa Trìnita ■ E 5
...weil wir in der von Ghirlandaio ausgemalten Kapelle des Bankiers Sassetti den ganzen Medici-Hofstaat lebenstreu porträtiert kennenlernen (→ S. 144).

10x10

Die 10 beeindruckendsten Palazzi

Antinori ■ E4/E5
...weil die Familie Antinori seit knapp einem halben Jahrtausend hinter dieser nüchternen Fassade wohnt (→ S. 151).

Bargello (Museo Nazionale del Bargello) ■ G5
...weil uns nicht mehr die grauenvollen Bildnisse der Gehenkten der Pazzi-Verschwörung, die Andrea del Castagno an die Festungsmauern pinselte, abschrecken, sondern im Museum die schönsten Skulpturen erwarten (→ S. 99).

Corsini ■ E5
...weil die festliche Barockfassade mit ihrer statuengekrönten Balustrade die Reihe der Palazzi am Arno-Ufer wie eine exotische Perle schmückt (→ S. 133).

Medici-Riccardi ■ F4/G4
...weil Benozzo Gozzoli in der Medici-Hauskapelle die Bildreportage eines historischen Ereignisses in Florenz gelungen ist (→ S. 132, 136).

Mellini-Fossi ■ H6
...weil an der Fassade im Jahre 1994 sensationelle Barockfresken mit der Perseus-Geschichte ans Tageslicht kamen: Am lasziven Körper der Danae zählt die Zofe gierig die vom Himmel herabrieselnden Goldmünzen ab (→ S. 60).

Pitti ■ b2/c2, S. 163
...weil die Terrakotta-Büste des Luca Pitti (im sog. Silbermuseum) an den ersten Bauherrn erinnert, der das Pech hatte, nie in dieser fürstlichen Kunstkaserne hausen zu können (→ S. 176).

Rucellai ■ E5
...weil er die schönste Renaissancefassade unter allen Florentiner Familiensitzen hat (→ S. 133).

Spini-Ferroni ■ E6
...weil unter Schuhkönig Ferragamos Regiment diese zinnengekrönte Familienfestung am Arno noch heute die Atmosphäre des 13. Jahrhunderts verbreitet (→ S. 133).

Strozzi ■ E5/F5
...weil dieser Palazzo von Bankier-Hochmut nur so strotzt und den der Medici-Konkurrenz an Protz sogar übertrifft (→ S. 132).

Vecchio (Museo di Palazzo Vecchio) ■ G6
...weil 1528 Cosimo I. das Christusmonogramm über dem Eingangstor mit diesem Savonarola-Motto anbringen ließ: König der Könige und Herr der Herrscher (→ S. 107).

10x10

Die 10 spannendsten Museen

Galleria dell'Accademia ■ G 3
...weil man bei den späteren Michelangelo-Werken überwältigt bleibt von der fatalen Gebundenheit des Menschen an die Materie (→ S. 87).

Galleria Palatina (Palazzo Pitti) ■ E 7
...weil mich im Apollo-Saal der schwarzgekleidete Engländer fasziniert, der leider zu früh geboren wurde: Tizian hat ihn schon vor 450 Jahren auf der Leinwand verewigt (→ S. 178).

Galleria degli Uffizi ■ F 6/G 6
...weil mich hier die auserlesenste Renaissancemalerei wie eine Runde alter Freunde umgibt (→ S. 88).

Museo dell'Antica Casa Fiorentina ■ F 5
...weil man hier das Gefühl hat, am Alltagsleben einer Kaufmannsfamilie der Renaissancezeit beteiligt zu sein (→ S. 147).

Museo Archeologico Nazionale ■ H 3
...weil die kostbare Kameensammlung der Medici im Geheimgang der Maddalena de' Medici entdeckt werden kann (→ S. 95).

Museo Nazionale del Bargello ■ G 5
...weil es einem bei dieser Fülle von sinnlichen Körpern und edlen Gesichtern in Skulptur ganz schwindlig wird (→ S. 99).

Museo dell'Opera del Duomo ■ G 4
...weil man hier in Tuchfühlung kommt mit vielen geretteten Kunstschätzen aus Dom und Baptisterium (→ S. 104).

Museo dell'Opificio delle Pietre Dure ■ G 3
...weil mich unter den vielen Meisterwerken aus eingelegten Halbedelsteinen ein graziöses Mädchen mit Hut an der Gartenbrüstung so fasziniert, als wäre es lebendig (→ S. 107).

Museo di Storia della Scienza ■ G 6
...weil in einer Vitrine Galileis Mittelfinger wie eine heilige Reliquie nach oben zeigt (→ S. 115).

Museo Zoologico »La Specola« ■ b 2, S. 163
...weil man wie in einem Wachsfigurenkabinett die Menschen hier nicht in ihrer äußeren Erscheinung sieht, sondern von ihrer intimsten Seite – enthüllend naturgetreu (→ S. 181)!

10x10

Die 10 schönsten Veranstaltungen

Calcio Storico in Costume
...weil sogar die Dante-Statue von der Piazza Santa Croce weichen und die Treppen vor der Kirche hochsteigen mußte, damit sich die ins historische Kostüm gesteckte Rugby-Brutalität erneut in der Arena auf diesem Platz austoben kann (→ S. 254).

Estate Fiesolana
...weil es an lauen Sommerabenden für die Aufführungen und Konzerte keinen stimmungsvolleren Rahmen gibt als das römische Amphitheater von Fiesole (→ S. 255).

Festa del Grillo
...weil hier jedermann seine Grillen haben kann, wenn auch nicht im Kopf (→ S. 254).

Festa delle Rificolone
...weil die vielen Kinder mit ihren leuchtenden Laternen am Vorabend der Geburt Mariä den schönsten Platz von Florenz vor der Kirche Santissima Annunziata in ein Lichtermeer verwandeln (→ S. 255).

Forte di Belvedere – Kunstausstellungen
...weil die »Freilichtbühne« der Festung ein so traumhaftes Florenz-Panorama zum Rahmen hat, daß es beinahe die Kunstwerke in den Schatten stellt (→ S. 166).

Fuochi di San Giovanni
...weil vom Piazzale Michelangelo – zu Ehren des Schutzpatrons – vor Mitternacht ein farbglitzerndes Feuerwerk in den Himmel schießt, dessen Glamour sogar die Höhe der dabei verpulverten Steuergelder vergessen läßt (→ S. 255).

Maggio Musicale Fiorentino
...weil zu den erstklassigen Aufführungen im Teatro Comunale keiner eine Karte bekommt ohne Beziehungen oder mehrmonatige Voranmeldung (→ S. 253).

Mostra dell'Iris
...weil bei diesem Schönheitswettbewerb nicht Models, sondern die attraktivsten Schwertlilien gekürt werden (→ S. 254).

Mostra Mercato Internazionale dell'Artigianato
...weil diese internationale Handwerksmesse – egal ob im Pulvermagazin der Festung oder in den neuen Hallen – hervorragend organisiert ist (→ S. 254).

Scoppio del Carro
...weil die Ostertaube ein Feuerwerk mit solchem Brimborium im historischen Ochsenkarren entfacht, daß Giottos Glockenturm zu wackeln scheint (→ S. 253).

10x10

Die 10 beliebtesten Florentiner Maler

Fra' Angelico
...weil seine Ordensbrüder ihm wegen des himmlischen Ausdrucks seiner Engel und Madonnen zutreffend den Namen »Angelico« (= engelhaft) gaben (→ S. 110).

Sandro Botticelli
...weil er die Melancholie so graziös-sinnlich malen konnte, als wäre sie Musik (→ S. 90).

Domenico Ghirlandaio
...weil wir auf seinen Fresken am schönsten sehen, wie Arm und Reich, Volk und Hof im Florenz des 15. Jahrhunderts von der Geburt bis zum Grabe lebten, liebten und litten (→ S. 110).

Giotto
...weil er der erste Maler war, der den Menschen menschlich darzustellen und ihn glaubhaft in den Raum zu setzen vermochte (→ S. 85).

Filippo Lippi
...weil seine Madonna mit Kind im Sonnino-Saal des Palazzo Medici-Riccardi zu den anziehendsten Damenporträts gehört, die es überhaupt gibt (→ S. 138).

Tommaso Masaccio
...weil keiner vor ihm dem Körper seine Ertastbarkeit, dem Raum seine Tiefe und dem Schmerz einen so ergreifenden Ausdruck geben konnte wie er (→ S. 170).

Jacopo Pontormo
...weil er mit seinen grell-hellen Farben und gewagten Kompositionen den klassischen Rahmen der Renaissance-Ausgewogenheit sprengte und so dem neuen Manierismus zum Durchbruch verhalf (→ S. 92, 210).

Andrea del Sarto
...weil es stimmt, daß er – wie Vasari schon sagte – »nie einen Fehlgriff« machte: Es genügen einige Meisterwerke: »Das letzte Abendmahl« und der Johannes-Zyklus, um sich davon zu überzeugen (→ S. 67, 180).

Paolo Uccello
...weil dieser Vogelfan und Fanatiker der streng geometrischen Perspektive die Pferdehintern so schön rund und bunt malte, als hätte er in unserem Jahrhundert gelebt (→ S. 90).

Andrea del Verrocchio
...weil er seinem Lehrling Leonardo da Vinci den richtigen Anstoß gab und ihn am gemeinsamen Meisterwerk »Taufe Christi« mitmischen ließ (→ S. 91).

10x10

Die 10 aufregendsten Skulpturen

Amor von Donatello (Museo Nazionale del Bargello) ■ G5
...weil dieser kecke Bengel mit solcher Wucht seinen Pfeil abgeschossen hat, daß er dabei fast die Hose verlor (→ S. 102).

Apennin von Giambologna (Villa Demidoff) ■ c2; S. 197
...weil man einst im Kopf dieses Riesen herumspazieren und durch seine Augen in die Wolken gucken konnte (→ S. 200).

Bacchus von Michelangelo (Museo Nazionale del Bargello) ■ G5
...weil dieser provozierende Charmeur beschwipst ist, daß es nur so rauscht (→ S. 102).

Bronze-David von Donatello (Museo Nazionale del Bargello) ■ G5
...weil dieser fesche Jüngling seit der Antike die erste freistehende Nacktstatue ist und einen bekränzten Damenhut trägt (→ S. 102).

Herkules kämpft mit Diomedes von Vincenzo de' Rossi (Museo di Palazzo Vecchio) ■ G6
...weil sich der erste Thrakenkönig bei seinem letzten Kampf dort an Herkules vergreift, wo es am meisten weh tut (→ S. 108).

Kampf der Zentauren von Michelangelo (Casa Buonarroti) ■ H5
...weil Michelangelo erst 17jährig war, als er schon in diesem Werk das Wesentliche seiner Kunst aus dem Marmor heraushaute (→ S. 86).

Kruzifix von Brunelleschi (Santa Maria Novella) ■ E4
...weil der Schöpfer der Domkuppel auch hier ein Wagnis eingegangen ist und den edlen Christuskörper ohne Lendenschurz aus dem Holz schnitzte (→ S. 144).

Perseus von Benvenuto Cellini (Loggia dei Lanzi) ■ F6
...weil dieser Bronzeheros nicht nur die Medusa, sondern auch mich besiegt hat (→ S. 55).

Raub der Sabinerinnen von Giambologna (Galleria dell'Accademia) ■ G3
...weil ich am Original-Gipsmodell hautnah den überwältigenden Effekt erlebte, den die verflochtenen, sich nach oben schwingenden Körper ausstrahlen (→ S. 55, 88).

Sängerkanzel von Luca della Robbia (Museo dell'Opera del Duomo) ■ G4
...weil die Kinderchen, wie sie fröhlich lachen, musizieren, tanzen und singen, echt zum Anbeißen sind (→ S. 104).

10x10

Die 10 verlockendsten Hotels

Grand Hotel ■ D5
...weil die Lobby im jugendstilverglasten Ehrenhof und das Ballsaal-Restaurant den Eindruck vermitteln, man sei Hofgast bei Napoleons Schwester Großherzogin Elisa, der einstigen Herrin des Palazzo (→ S. 259).

Helvetia & Bristol ■ F5
...weil Ambiente und Inneneinrichtung der Schlafgemächer zu den nobelsten und gleichzeitig kuscheligsten des alten Europa gehören (→ S. 259).

Hotel Kraft ■ C4
... weil ich ein Schwimm- und Musikfan bin: der Pool mit Florenz-Blick auf der Dachterrasse, das Opernhaus um die Ecke (→ S. 259).

Hotel Lungarno ■ E6
...weil aus meinem Lieblingszimmer Nr. 764 der Ponte Vecchio sogar aus dem Bett zum Greifen nahe ist. Klein, aber fein, mit Schick und Charme (→ S. 260).

Hotel Monna Lisa ■ H4
...weil im Palazzo Neri (Geburtsstätte des S. Filippo Neri) die Boheme-Tradition der Bildhauerfamilie Dupré zwischen vielen Kunstwerken weiterlebt (→ S. 260).

Hotel Porta Rossa ■ F5/F6
...weil in diesem altehrwürdigen Domizil der historische Markenname Torrigiani auch die Anspruchslosigkeit der Zimmereinrichtung verschmerzen läßt: Understatement auf florentinisch (→ S. 262).

Pensione Bencistà
■ c2, S. 197
...weil der Terrassenblick auf Florenz spektakulär ist, während die Preise hier nichts Spektakuläres haben (→ S. 203, 262).

Torre di Bellosguardo
...weil es auf dem Hügel mit dem schönsten Florenz-Blick, fern vom Stadtverkehr liegt und keinen Restaurantbetrieb hat (→ S. 260).

Villa la Massa ■ c3, S. 197
...weil die Halle mit ihrer dreistöckigen Loggia kaum zu überbieten ist und weil das Landhaus am malerischen Arno-Knie einst meinen Vorfahren gehörte (→ S. 260).

Villa Villoresi
■ b2, S. 197
...weil man sich bei der Gräfin Cristina Villoresi wie ein Hausgast fühlt und auf der längsten Renaissance-Loggia der Toskana sonnt (→ S. 263).

10x10

Die 10 eigenwilligsten Restaurants

I' Bambino ■ E5
...weil Raul, stämmig wie ein Schrank, seine Kellnerinnen so forsch heranpfeift, daß dem Gast vor Schreck der Happen im Hals steckenbleibt (→ S. 151).

I' chè c'è, c'è ■ G6
...weil dieser Name im Florentiner Dialekt soviel heißt wie »Es gibt nur das, was es gibt« – und das ist gar nicht ohne (S. 120).

Il Cibrèo ■ I5
...weil es kein demokratischeres Lokal in Florenz gibt: In der Kutscherstube speist man nicht minder gut als im Restaurant – nur eben zum halben Preis (→ S. 120)!

Coco Lezzone ■ E5
...weil hier Stoßzeit nichts anderes bedeutet als einen Stoß in den Magen durch den Ellbogen des hautnah plazierten Tischnachbarn (→ S. 151).

Garga ■ E4/E5
...weil die farbenprächtigen Wandgemälde nach einem Künstlerhonorar verlangen, das chronisch bei jedem Gericht in den Preis einfließt (→ S. 151).

Il Latini ■ E5
...weil es hier schon passieren kann, daß ein Künstlerbankett auf Kosten des Wirtes über die Bühne geht (→ S. 153).

Da Omero
...weil ich schon als Kind glücklich war, hier Ravioli mit Ricottafüllung und gebackenes Gemüse essen zu dürfen (→ S. 183)!

La Panacea del Bartolini
■ c2, S. 197
...weil die Überheblichkeit des Juniorchefs mit dem Michelin-Stern in den Himmel gewachsen ist: Shooting-Star (→ S. 221)!

Pinchiorri ■ H5
...weil man hier ohne mit der Wimper zu zucken das Portemonnaie zücken darf, um die astronomische Weinrechnung zu begleichen (→ S. 122).

Da Stefano ■ b3, S. 197
...weil es hier nur Fischgerichte, nur aus frischem Fisch und nur zur Abendstunde, gibt (→ S. 221).

10x10

Die 10 typischsten Cafés und Eisdielen

Frilli ■ d 2, S. 163
...weil in dieser Bude die strohhaarige Stefania in den Fußstapfen ihres Vaters ein wunderbares Eis aus Milchreis zaubert (→ S. 183).

Giacosa ■ E 5
...weil für die Verschnaufpause beim Einkaufen einzig dieser Tee-Salon auf der Luxusmeile Tornabuoni standgehalten hat: seit 1815 (→ S. 152).

Gilli ■ F 5
...weil auf der Terrasse dieses Traditionscafés immer noch die halbe Welt – und Halbwelt – ein und aus geht... (S. 152)

Giubbe Rosse ■ F 5
...weil man in diesem Stammcafé der Futuristen heute noch Gerichte wie »il porco eccitato« (das erregte Schwein), »l'ultravirile« (der Supermacho), »le palle d'acciaio« (stählerne Eier) und zum Dessert »fragola mammella« (brustpralle Erdbeeren) bestellen kann (→ S. 152).

Paszkowski ■ F 5
...weil man in den klassisch eleganten Sälen dieses »Caffè concerto« seit 1991 unter Denkmalschutz sitzt (→ S. 153).

Perseo ■ F 5
...weil ich nirgends Kinder im Kampf mit so riesigen, weit aus den Bechern herausragenden Eisbergen erlebt habe – als hätten sie bis dahin am Hungertuch genagt (→ S. 122).

Rivoire ■ F 6
...weil sogar Großherzog Cosimo gern zum Schokoladengenuß herüberreiten würde, wäre sein Bronzepferd nicht auf dem Sockel steckengeblieben (→ S. 122).

Robiglio ■ F 5/G 4
...weil es in diesem alteingesessenen Steh-Café keine Stühle gibt, so daß noch mehr waschechte Florentiner Platz zum Gestikulieren finden (→ S. 122).

Scudieri ■ F 4
...weil ich die eingerahmte Meinung des beliebten Bürgermeisters Bargellini teile: »Maria Scudieri versüßt sogar dem verbittertsten Florentiner das Leben...« (S. 153)

Vivoli ■ H 5
...weil hier das Eis wirklich spitze ist und auch nicht aus der Tüte geschleckt, sondern vornehm aus dem Pappbecher gelöffelt wird (→ S. 122).

10x10

Die 10 florentinischsten Läden

Antico Setificio Fiorentino ■ a 1, S. 163
…weil hier die Webstühle des jungen Marchese Pucci genauso klappern wie vor mehr als 100 Jahren, aber Stoffe nach Renaissancemustern erzeugen, die in krassem Gegensatz zum modernen Pucci-Design stehen (→ S. 185).

L'Arte Fiorentina delle Pietre Dure ■ H 7
…weil man in dieser Werkstatt mitverfolgen kann, wie aus harten Halbedelsteinen bunte Blumen, Landschaften, Tierchen ins Leben gerufen werden – als wären die Medici noch heute Auftraggeber (→ S. 124).

Brandimarte Gioielli ■ a 1, S. 163
…weil Brandimarte das Silber so schön poetisch mit dem Weib vergleicht: »Je mehr man es berührt, um so mehr glänzt es« (→ S. 184).

Loretta Caponi ■ E 5
…weil anspruchsvolle Damen hier genau das Passende finden, um den Mann ihres Herzens mit Stil zu verführen – und weil am Eingang die charmante Frau aus Marmor beim Sticken diskret den Blick senkt (→ S. 157).

Emporio San Firenze ■ G 5
…weil Goethe hier nicht umsonst gesagt hätte: »Mehr Licht!« (→ S. 125)

Ferragamo ■ E 6
…weil das hier gekaufte Modell gewiß im hauseigenen Schuhmuseum Karriere macht und es ein Guinness-Rekord wäre, in Judy Garlands Stelz-Sandalen Florenz heil abzuklappern (→ S. 157)!

Giannini Giulio & Figlio ■ c 2, S. 163
…weil mein erstes Tagebuch, mit der Renaissanceschrift auf dem Deckel, hier gekauft wurde (→ S. 185).

Officina Profumo-Farmaceutica di Santa Maria Novella ■ E 4
…weil es in dieser Kapelle nicht nach Weihrauch, sondern intensiv nach Kräutern, Elixieren und Parfüms duftet (→ S. 156).

Emilio Paoli ■ E 5
…weil der florentinische Strohhut sogar in Theater und Oper eine Hauptrolle spielt (→ S. 154).

Fratelli Piccini ■ c 2, S. 163
…weil ich den Traum hatte, die teuerste Brosche auf dem Ponte Vecchio, eine Libelle aus Gold, Perlen und Diamanten, zu einem erschwinglichen Preis zu kaufen (→ S. 185).

10x10

Ein Streifzug durch Florenz

Alltag all'italiana: Für einen kleinen Plausch ist immer Zeit, auch in der Via della Vigna Nuova, wo sich sündhaft teure Haute-Couture-Läden aneinanderreihen. Im Hintergrund, von dem nach ihm benannten Platz, schaut die Statue des großen Lustspieldichters Carlo Goldoni hinüber zur Ponte alla Carraia und nach Oltrarno.

Erst 1996 mit großem Aufwand restauriert und geputzt: Die Fassade des berühmten Duomo Santa Maria del Fiore, 1875–1887 nach einem Entwurf des Architekten Emilio De Fabris entstanden, besticht durch ihre filigrane Marmorverkleidung und die üppigen neogotischen Dekorationen. Weiß, Rosa und Grün sind die Farben des Marmors, abgestimmt auf den alten Baukörper.

Meisterhafter Ausdruck der Renaissancezeit: Das Freskengemälde »Dreikönigszug« schuf Benozzo Gozzoli im 15. Jahrhundert für die Hauskapelle im Medici-Palast. Ob der kritisch blickende, blaugewandete Jüngling tatsächlich Giuliano, der Bruder von Lorenzo il Magnifico, ist – darüber streiten sich die Gelehrten bis heute. Der Gepard auf der Kruppe seines Pferdes ist ebenfalls ein fürstliches Tier.

In Florenz hat man das moderne Europa erfunden. Hier stand die Wiege von Humanismus und Renaissance. Die 300 Jahre unter ihrem Vorzeichen brachten, für die ganze Menschheit, von den Florentinern erfundene Rezepte hervor, die noch unsere Zeit bestimmen – in Wirtschaft und Politik ebenso wie in Kultur und Kunst.

Die Altstadt strotzt vor geballter Kunst auf Schritt und Tritt: konzentriert wie sonst nirgendwo in der Welt. An jeder Straßenecke begegnen wir der spannenden Geschichte, wie sie leibt und lebt, als wäre sie von heute. In dieser Stadt kann man die eigenen geistigen Wurzeln entdecken oder wiederfinden, sich echt heimisch fühlen. Seit eh und je zieht sie Besucher aus aller Welt in ihren Bann. »Dieser Winkel der Erde lacht mich mehr an, als jeder andere«. Der bekannte Horaz-Vers ziert die über der florentinischen Hügellandschaft flatternde Flagge. In klassischer Pose schwenkt sie ein anmutiger Jüngling, den Adolf von Hildebrand im ehemaligen Kloster **San Francesco di Paola** an die Wand seines Schlafzimmers malte. Seit 1874 Wohn- und Arbeitsstätte des deutschen Bildhauers (Schöpfer des Münchner Wittelsbach-Brunnens), liegt das von ihm zu neuem Leben erweckte Anwesen am grünen Hang von **Bellosguardo**, auf dem Gemälde gut erkennbar zwischen den Füßen des Fahnenträgers dargestellt. Das Symbol bringt unübersehbar die Einmaligkeit von Florenz und die enge Verbundenheit manch eines Ausländers mit dieser Stadt zum Ausdruck. Die besondere Aura des Künstlerkonvents San Francesco zog viele namhafte Meister aller Kunstgattungen heran: Maler wie Hans von Marées, Arnold Böcklin oder John S. Sargent, Musiker des Schlages von Franz Liszt, Clara Schumann, Richard Wagner mit Cosima, Ethel Smyth, Richard Strauss, Wilhelm Furtwängler, Literaten vom Rang eines Karl Hillebrand und Henry James. Kaiserin Elisabeth (»Sissi«) war auch unter Hildebrands Besuchern, aber der Auftragsplan für ihre Korfu-Residenz wurde nie realisiert. In letzter Zeit wohnten der Pianist András Schiff und der Maler Markus Lüppertz auf San Francesco. Für die kosmopolitische Florentiner Tradition aus dem 19. Jahrhundert – verbunden mit Namen wie Heine, Rilke, Shelley, Byron, Browning, D.H. Lawrence, Dostojewsky, Tschaikowsky, Anatole France, Stendhal, Goncourt, um noch einige der zahllosen Liebhaber der Stadt ins Gedächtnis zu rufen – ist San Francesco mit seinem eigenen Ambiente ein typisches Beispiel für viele ähnliche Stätten im Brennpunkt von Kultur und Gesellschaft. Eine aus deutschen und angelsächsischen Strähnen verwobene Familiengeschichte entstand hier auf florentinischem Boden. Zwei Hildebrand-Enkel haben den Familiensitz nicht verlassen: Harry Brewster (Schriftsteller) und Clothilde Peploe (Malerin, Schwiegermutter des Filmregisseurs Bernardo Bertolucci, nebenbei auch Patentante der Autorin) erzählen von alten Florentiner Zeiten, während wir im Park die stolze Zypressenallee bis zur Aussichtsterrasse langsam hochschreiten.

»Bellosguardo« heißt »schöner Blick«: Treffender läßt sich der mit hübschen Villen gesprenkelte Hügel südlich des Arno nicht bezeichnen: Das Panorama ist wahrhaft überwältigend. Kein Wunder, daß kleine Aussichtstürme zur Standardausstattung vieler Häuser zählen.

A DANTE ALIGHIERI
L'ITALIA
M·DCCC·LXV

Unverändert, als wären die Jahre seit meiner Schulzeit stehengeblieben, liegt uns die Stadt Florenz in der Abenddämmerung zu Füßen, eingebettet in der hügelumrahmten Talmulde: eine kostbare Perle im Schoß ihrer Muschel. Nähern wir uns Florenz, dann werden wir erleben, daß diese Stadt ein Gesamtkunstwerk ist, herbeigezaubert durch das Zusammenwirken von Menschenhand und Natur. Freilich ist es eine Frage des persönlichen Geschmacks, der eigenen Neigungen und Vorlieben, wie man eine Stadt empfindet, je nachdem, welche Epoche, welche Stilrichtung ihren Charakter am eindringlichsten geprägt hat, wie sich der Nachlaß der aufeinanderfolgenden Jahrhunderte im Stadtbild zu einer Einheit zusammenfügt.

In Florenz stand die Wiege von Humanismus und Renaissance. Hier entstanden Gedanken und Begriffe, die das Mittelalter in die Neuzeit hinüberführten und die für die Mentalität des modernen Menschen ausschlaggebend werden sollten. So wie uns die Stadt heute in Stein und Marmor erscheint, ist sie maßgeblich vom Renaissancestil geprägt, wie dieser sich von Brunelleschi bis Michelangelo entwickelte: Renaissance in einem ungebrochenen Bogen von der Entstehung bis zum Ausklang, aber auch harmonisch verbunden mit all der Schönheit, die aus früheren und späteren Zeiten im Stadtbild erhalten blieb. Auf so engem Raum konzentriert, gibt es wohl in keiner anderen Stadt eine ähnlich geballte Fülle an erstrangigen Kunstwerken. Man begegnet ihnen auf Schritt und Tritt. Hinzu kommt die Natur: Sie liefert die Fassung des Juwels. Wohl nichts kann schöner sein als die Lage einer Stadt, wenn sie von einem brückengeschmückten Fluß durchquert und ringsherum von grünen Hügel- und Bergketten umschlungen ist unter dem kristallklaren Blau eines Frühlingshimmels.

Der Dichter Dante Alighieri, der die italienische Sprache und Literatur mit seiner »Divina Commedia« maßgeblich beeinflußt hat, wird auf der Piazza Santa Croce mit einem imposanten Denkmal geehrt.

Florentia – eine römische Gründung

Florentia, den Namen wählten die Römer sehr zutreffend für ihr neugegründetes Städtchen. Er ruft Gedanken an Blüte oder Blühen wach und paßt damit zur Fruchtbarkeit des umliegenden Bodens. Wie günstig der Ort für Handel und Verkehr war, bewies sich schon unter dem großen Förderer des Städtebaus im Römischen Reich, dem Kaiser Hadrian. Zu seiner Regierungszeit wurde die **Via Cassia**, diese aus Rom in den Norden Italiens führende Lebensader, so verlegt, daß sie nun quer durch Florenz und über die dafür mit Steinwerk verstärkte Arno-Urbrücke lief. Von dieser ersten Blütezeit datiert der Beginn einer Geschichte, auf die die Einheimischen stolz sind, auch wenn die bisher entdeckten Spuren fast noch mehr den Fachkundigen fesseln. Die Vitalität der Stadt bewies sich schon bald nach den turbulenten Zeiten der Völkerwanderung. Von den rund 10 000 Einwohnern (2. Jahrhundert) auf kaum mehr als 1000 geschrumpft, kam die Bevölkerungszahl unter den Karolingern (9. Jahrhundert) in die Nähe von 5000, um während der prosperierenden Regierung der Markgräfin Matilda di Canossa die damals beachtliche Zahl von 20 000 zu erreichen. Es mußte also eine erweiterte Stadtmauer her, in deren Schutz – auf dem heutigen Domplatz – die Residenz der Gräfin, die Kirche Santa Reparata und das Baptisterium standen. Matilda brauchte keine Feministin zu sein, um den Stempel ihrer energischen, aber auch aufgeschlossenen Persönlichkeit der Entwicklung von Florenz im 12. Jahrhundert

Ein Künstler im heutigen Florenz

Giuliano Pini lernte ich vergangenen Sommer bei seiner sehr umfangreichen Ausstellung in den Sälen des »Istituto degli Innocenti« kennen. Dort wurden über hundert vor Farbe und kräftiger Linienführung nur so strotzende Ölgemälde und Zeichnungen ausgestellt, die meisten in Großformat. Sie waren das Ergebnis von fünf Jahren fieberhaften Schaffens: »Zeit der Erinnerung an Florentiner Ereignisse« – wie der Künstler diese malerische Einzelshow benannte. Erinnerungen an seine Stadt, die ihm keine unbeschwerte Jugend gewährte, an deren Atmosphäre in Armenvierteln und Kunstdenkmälern, im Freundeskreis der Literaten und Musiker, vor allem aber in der Welt der Oper: seines »Leitmotivs«.

Das Wort sagt er auf deutsch und kommt gleich auf Richard Wagner – sein Idol – zu sprechen. In einer mächtigen Bildserie hatte er die Ideen und Symbole des »Rings der Nibelungen« und anderer Wagner-Opern auf der Leinwand entschlüsselt, in enger Verbundenheit mit all den großen Künstlern, die auf der Musikbühne des »Maggio Musicale« Florenz verzaubern. Doch Wagner ist nicht die einzige Bezugsperson Pinis zu Deutschland. Dort haben ihn zuletzt Einzelausstellungen in Berlin (1996) und Bonn (1997) bekannt gemacht. Gern bekennt er sich zum Einfluß der Expressionisten, besonders Otto Dix und George Grosz, verarbeitet ihn aber nach der italienischen Tradition, im Geist der beiden miteinander in dialektischem Kontrast stehenden Florentiner Genies Botticelli und Michelangelo. Botticellis Melancholie und Michelangelos Urkraft sind unterschwellig präsent auch in Pinis Surrealismus. Für ihn beginnt alles Mitte der fünfziger Jahre an einer Tankstelle in der Nähe der Markthalle. Der junge Giuliano verdiente dort sein Brot als Aushilfe. Wenn es an Arbeit mangelte, zeichnete er mit Hingabe. Der diensthabende Polizist beobachtete mit sachkundigem Interesse, wie der Stift in seiner Hand über das Papier flitzte, und rief begeistert aus: »Che bella mano!« Der kunstbeflissene Gesetzeshüter brachte Giuliano zum Maler Arrigo Breoni, einem gutherzigen Lehrer an der Kunstschule. Diesen erinnerte Pinis kraftvoller Stil an Andrea del Castagno. Daraufhin ging es für den Autodidakten mit dem Studium erst richtig los. In den Uffizien kopierte er verschiedene Meisterwerke. Vor dessen Tod (1957) lernte er auch den Maler Ottone Rosai kennen, der ihn anspornte. Der Florentiner Maler schlechthin förderte

Florenz Extra

»Die Stadt auf dem Weg vorwärts« von Giuliano Pini. Florenz ist das Lieblingsthema des Malers.

das junge Talent, das auch dem Florentiner Boden entsprungen und diesem stets treu geblieben ist.

Was bindet Pini an diese Stadt? »An ihrer Schönheit ist immer etwas Neues zu entdecken. Sie hat eine Lebensqualität, die unbezahlbar ist, wenn man sie nur zur Geltung kommen läßt. Es gehört zum anspruchsvollen Florentiner, sich nicht mit bloßen Versprechungen der Politiker zufriedenzugeben, sondern richtige Taten der Entwicklung zu fordern.« Pinis Stimme ist härter, beißender geworden. Sein scharfer Malerblick scheint die Zukunft zu ergründen. »Wohin der Fortschritt in meiner Stadt führen kann, habe ich versucht, für diese Ausstellung im Bild ›La città che avanza‹ (Die Stadt auf dem Weg vorwärts) symbolisch, aber auch realistisch anzudeuten. Es liegt an uns, ob wir die Werte für die Zukunft in den Klängen der Musik oder im Dröhnen der Motorräder suchen.« Die quälende Frage ist für uns und die nächsten Generationen an der Schwelle des neuen Jahrtausends bereits gestellt. Pini, der »Maler der Musik«, hat seine Wahl schon lange getroffen... Die oft etwas derb wirkenden Gestalten seiner Gemälde stehen dazu in keinem Gegensatz. Seine surrealistisch angehauchte Symbolik erweist sich reell und bodenständig. Pini mag auch die Tafelfreuden, die deftige Florentiner Hausmannskost in der Taverne. Sein oft gemaltes Florenz-Wahrzeichen, die straff gen Himmel ragende Domkuppel, nennt er liebevoll eine pralle Brust. Auf die Frage, was denn an ihm selbst besonders florentinisch sei, antwortet er lapidar: »Mein Profil!«

aufzudrücken. Zwischen den kontroversen Interessen von Papst und Kaiser im Investiturstreit öffnete sie, auf einer bereits florierenden wirtschaftlichen Basis, den Weg der nach Selbstbehauptung strebenden wohlhabenden Bürger zur autonomen Selbstverwaltung.

Reichtum, Freiheit und Kunst: das mittelalterliche Florenz

Die romanischen Prachtbauten des **Baptisteriums** und der **Kirche San Miniato** blieben bis in unsere Tage blendende Beispiele für die wohlproportionierte Harmonie im wahrsten Sinn des Florentiner Geschmacks. Die mit geometrischen Mustern aus weißem und grünem Marmor gezierten Fassaden stehen ebenfalls für einen echt florentinischen Stil der Inkrustationskunst. Wäre nur das politische Leben auf ähnliche Weise von Ausgewogenheit und Eintracht geprägt gewesen! Mord und Totschlag waren aber an der Tagesordnung im mittelalterlichen Florenz. Man lag in Fehde und trug außerhalb des Schutzbereichs der eigenen »Turmgesellschaft« sein Fell zu Markt. Damals gab es – die primitiven Holzbehausungen der Bevölkerung hoch überragend – mehr als hundert aus Stein gebaute **Wohnwehrtürme** nobler und reicher Familien, nach Bündnisgemeinschaften gruppiert und untereinander mit Holzbrücken verbunden. So konnte man bei Unruhen der in den engen Gassen lauernden Lebensgefahr ausweichen, indem man gar nicht erst hinunterstieg. Ob freiwillig, ob unter dem Zwang der Gewalt, die feudalen Burgherren der Umgebung von Florenz bezogen allmählich solche Türme in der Stadt. Den Verlierern in den Parteistreitigkeiten wurden ihre Türme oft niedergerissen, ganze Wohnviertel wurden auf diese Weise vernichtet. Die Regierung der ersten Republik (**primo popolo**) ließ sogar alle Türme »köpfen«, denn sie durften aus Prestigegründen den Turm des Bargello (damals: **Palazzo del Popolo**) an Höhe nicht übertreffen. In der Altstadt haben einige der so geköpften Türme alle Verwüstungen überstanden, auch wenn man sie heute – eingefügt in die Häuserreihen – nicht gleich auf Anhieb erkennt. Auch die der einst konkurrierenden Familienclans der Donati und de' Cerchi, Anführer der schwarzen bzw. der weißen Guelfen-Faktion, gehören dazu.

Durch das 13. Jahrhundert zog sich der blutige rote Faden der wechselhaften Kämpfe zwischen den Parteien der papsttreuen Guelfen und der kaisernahen Ghibellinen, kombiniert mit Allianzen und Eroberungskriegen, in die andere toskanische Städte mitverwickelt waren – je nach den aktuellen politischen Sympathien und Interessen. An gefallenen Köpfen und zerstörten Stadtteilen fehlte es nicht. Die am Ende siegreich gebliebene Guelfenpartei spaltete sich dann in Weiße und Schwarze, damit es mit dem Konfiszieren von Gütern, den Vertreibungen ins Exil und den krudelen Todesurteilen gegen die Konkurrenz nach altem Brauch weitergehen konnte. Auslöser waren zumeist Familienfehden aus Rache, Hab- und Machtgier. Auswärtige politische Kräfte – von Mailand bis Neapel, Franzosen und Spanier, Kaiser und Papst – mischten in diesem Hexenkessel kräftig mit.

Die Florentiner – ein streitsüchtiges Völkchen

Die Florentiner kabbelten sich immer schon gern im Lauf ihrer Geschichte. Oft wußten sie am Ende nicht einmal mehr, worin der Grund der Streiterei ursprünglich gelegen hatte. Bezeichnend ist aber, daß zwischen weißen und schwarzen Guelfen der Kampf bis aufs Messer ebenso aus dem Anlaß von Lappalien und Sticheleien losbrach, wie zu Beginn des 13. Jahrhunderts der hausgemachte Vernichtungskrieg von Guelfen und Ghibellinen. Man versuchte zwar, einer gefährlichen Vendetta den Riegel durch eine ausgeklügelte Zweckehe zwischen dem Oberkrakeeler im Guelfenlager, dem Buondelmonti-Sproß Buondelmonte, und einer Amidei-Tochter vorzuschieben. (Die Amidei waren eng mit dem Ghibellinenclan der Uberti verbunden.) Als aber Buondelmonti das Eheversprechen brach und seine Verlobte zugunsten einer Donati-Tochter vor der Trauungsfeier im Regen stehen ließ, war der Becher zum Überlaufen voll. Die Ghibellinenehre konnte nur mit Blut reingewaschen werden. Als der Treulose über den Ponte Vecchio ritt, erwartete ihn dort schon der Tod aus Uberti-Hand (1216): Die Gruselgeschichte nahm ihren fatalen Lauf.

Ökonomisch lag die Stadt ganz vorne

Es mag zwar paradox klingen, aber parallel zum pendelhaften Auf und Ab der politischen Kräfte entwickelte die Wirtschaft von Florenz um die Wende vom 13. zum 14. Jahrhundert einen Boom ohnegleichen. Die Bevölkerungszahl blieb 1338 mit rund 100 000 Einwohnern nur hinter der von Paris und übertraf sogar London. Der Handel mit Wolle, Fell, Seide, Farbstoff, Spezerei, das Textilhandwerk mit der besten Qualität von Stoff und Farbe brachten dem auf moderne Methoden und internationale Verbindungen getrimmten Bankwesen beträchtliche Gewinne ein. (Die Wurzeln der Modestadt Florenz reichen tief in die Vergangenheit zurück!) Florentiner Kaufleute und Bankfilialen ließen sich allmählich in allen für die Wirtschaft interessanten Städten nicht nur Italiens, sondern Europas nieder. Recht hatte Papst Bonifacio VIII. mit seiner Behauptung, die Florentiner seien eben das fünfte Element: Wo es Erde, Luft, Feuer und Wasser gebe, finde man sicherlich auch Florentiner! Der lebhafte Aufschwung ermöglichte der Stadtgemeinde – bei einer oft tenden-

Kurzwaren in Hülle und Fülle: Auf dem Mercato di San Lorenzo finden Sie nicht nur preiswerte Kleidung, sondern – zum Beispiel in der Passamaneria Toscana – auch Zubehör wie Bänder, Spitzen und Knöpfe.

Fleiß, Sorgfalt, viel Zeit und Ruhe waren unabdingbar: Dieses Fresko mit der Darstellung einer Klosterschreibstube erinnert an die Zeit des Mittelalters, als Schreiben ein hochgeschätztes Kunsthandwerk war.

ziös strengen Steuerpolitik – die Finanzierung von ansehnlichen Bau- und Kunstwerken. Sogar der kolossale Bau des **Doms**, der alle anderen im Lande übertreffen sollte, wurde zu Lasten des Staatssäckels, nicht aus Kirchenbeiträgen errichtet. In Florenz war es schon immer eine Selbstverständlichkeit, die **Kunst** als eine wichtige Angelegenheit der Öffentlichkeit, mit größter Anteilnahme der interessierten und gnadenlos kritischen Bevölkerung, zu betrachten. Stellen wir uns nur vor, daß bei den drei im 13. Jahrhundert gebauten neuen Arno-Brücken (**Ponte alla Carraia, Ponte alle Grazie, Ponte Santa Trìnita**) die Kosten der letzteren 1252 von einem Mitglied der reichen Frescobaldi-Familie allein getragen wurden! Das vermittelt eine gute Vorstellung davon, mit welchem Hintergrund solche einflußreichen Familien die Stadt in der Tat regierten und wie sie allmählich ihre bürgerliche und kaufmännische Organisation aufbauten.

Die Republik hatte zwar eine demokratische Fassade und war bahnbrechend für eine moderne Staatsordnung, aber die sogenannten Konsuln an ihrer Spitze kamen stets aus den Reihen der herrschenden Oligarchie. Der Landadel und der erfolgreiche Kaufmannsstand bildeten sie – miteinander verwoben durch Eheverbindungen kreuz und quer. Der Handel war ein ehrenvoller Beruf in diesem Stand; aus ihm kamen dann die Amtsträger der Zünfte. **Arte** nannte man diese mit einem Wort, das Handwerk und Gewerbe ebenso bedeutet wie Kunst und Gewandtheit. Wer nicht zu einer der sieben sogenannten **Arti maggiori,** der großen Zünfte, gehörte (Groß- und Außenhandel, Bank- und Wechselgeschäft, Wollzunft, Seidenzunft, Leder- und Pelzwaren, Richter und Notare, Ärzte und besondere Berufe im Gewürz-, Arznei-, Farb- und Edelsteinhandel), war für Staatsämter nicht wählbar. Am mächtigsten und einflußreichsten war die erstgenannte Zunft mit dem Namen **Calimala**. Die übrigen Gewerbetreibenden waren in den **Arti minori** (kleinere Zünfte) organisiert. Gleichzeitig mit dieser bürgerlich-gesellschaftlichen Entwicklung wurde die feudale Herrschaft im **contado** (Umgebung) von den Florentinern entmachtet, das Staatsgebiet auch zu Lasten der benachbarten toskanischen Städte erweitert. An diesen Rechten des **comune** (Stadtrepublik) konnten dann auch die Bemühungen der Hohenstaufen-Kaisers kaum noch etwas rütteln. Nach der Niederlage seiner Armee 1176 in der Schlacht bei Legnano durch die Truppen der von Papst Alessandro III. geleiteten Lombardischen Liga sah man Friedrich Barbarossa in der Markuskirche von Venedig, wie er als Zeichen der Unterwerfung seinen roten Kaisermantel ablegte und dem vorm Altar thronenden Papst die Füße und Knie küßte.

Das 14. Jahrhundert – eine dunkle Zeit für Florenz

Die Idee Friedrich II., seinen unehelichen Sohn, Federico di Antiochia, als Statthalter der Toskana und Stadtvogt in Florenz einzusetzen, hatte dann nur den einen nachhaltigen Effekt: 1248 wurden 36 Türme geflüchteter Guelfen niedergerissen durch die Ghibellinen, die damals vorübergehend den Aufwind hatten. Indessen konnten sich die Augustiner, Dominikaner und Franziskaner in den wichtigen Zentren von **Santo Spirito, Santa Maria Novella** und **Santa Croce** etablieren. Diese Orden unterstützten mit leidenschaftlichen Predigten die päpstliche Politik gegen die kaiserlichen Machtambitionen. All das Predigen und Beten reichte aber nicht aus, um das zu einer bisher unvorstellbaren Wirtschaftsblüte gelangte Florenz der zweiten »Volksregierung« (**Secondo Popolo**) unter den siegreichen Guelfen vor den Schicksalsschlägen zu bewahren, die das 14. Jahrhundert für die Stadt bereithielt. Auf den Bruderkrieg der schwarzen und weißen Guelfen folgte 1333 eine der verheerendsten Überschwemmungen. Ihr konnten auch die drei wichtigen Brücken nicht widerstehen. Nach einer kurzen Atempause kam 1348 in apokalyptischen Ausmaßen der Schwarze Tod.

Wie aus Negativem Positives entstehen kann, zeigen gerade die ersten großen Werke der italienischen Literatur. **Dante Alighieri** hätte wohl kaum »Die göttliche Komödie« gedichtet, wäre er nicht gezwungen gewesen, nach 1302 sein Leben im bitteren Exil zu fristen. Von dort konnte er mindestens alle seine Widersacher gnadenlos in die Hölle verbannen. Die Pest lieferte **Giovanni Boccaccio** den Rahmen zur Erzählung der geistreichen, oft schlüpfrigen Novellen seines »Dekamerons«. Beide bedienten sich für ihre Werke des Florentiner Sprachidioms, das in Folge des goldenen Florins damit ebenfalls seinen Siegeszug antrat. Der Reichtum der Wirtschaft brachte den Reichtum der Sprache sozusagen mit sich; dem Export von Waren und Krediten folgte auf der Spur der geschmeidige neue Stil (**il dolce stil nuovo**). In Florenz stand die Wiege der modernen italienischen Sprache.

Die Abschaffung der Leibeigenschaft gab den Bauern der Umgebung schon seit 1289 die Möglichkeit, sich frei zu bewegen. Sie füllten die gesunkene Zahl der Arbeiter in der Stadt auch nach der Pest wieder auf. Besonders in der Wollbranche waren die keiner Zunft angehörenden Arbeiter schlecht bezahlt und entrechtet, der herrschenden Oligarchie ohne Schutz ausgeliefert. Sie durften nicht an der jeweils zweimonatigen Wahl der unter Vorsitz des Gonfaloniere regierenden Prioren teilnehmen. 1378 wurde Salvestro de' Medici zum Regierungschef gewählt. Er war schon immer als Freund des armen Volks (**popolo minuto**) und Gegner der erzkonservativen Guelfenpartei bekannt. Zu seiner Unterstützung kam es am

18. Juni auf der Piazza della Signorìa zu einer Massendemonstration. Unter dem Geschrei **Viva il popolo!** zündete man Palazzi und Häuser der Parteiführer an und zwang die Regierung in die Verbannung. Einen Monat später kam es dann zu einer revolutionären Machtergreifung der **Ciompi** – wie man die Aufständischen nannte – mit Brand, Blut und der Wahl einer proletarischen Stadtverwaltung. Gonfaloniere wurde der barfüßige Wollkämmer Michele di Lando. Gleichzeitig stellte man drei neue Zünfte auf die Beine: die der Färber, der Wamsschneider und der gewöhnlichen Arbeiter der Textilbranche – kurzum, der Ciompi. Die Kaufleute wollten eine solche Umwälzung der Arbeitskraftorganisation freilich nicht akzeptieren. Sie antworteten mit Aussperrung. Bei den Kampfmethoden im Sozialkonflikt war Florenz Spitzenreiter der Geschichte. Unter der nachfolgenden Regierung kam es zu einer Kompromißlösung: Die radikale Zunft der Ciompi wurde aufgelöst, die beiden anderen blieben bestehen, die kaufmännische Oligarchie festigte wieder ihren Stand. Anfang des 15. Jahrhunderts hatte die einflußreiche Albizi-Familie die Fäden des politischen Geschehens in der Hand. Hinter den Kulissen war der raffinierte Niccolò da Uzzano der wichtigste Ratgeber. Seine Terrakotta-Porträtbüste im Bargello-Museum, bringt den überlegenen Geist dieses Großmeisters der Stadtpolitik faszinierend zum Ausdruck.

Damals stieg Florenz auch zur Seemacht empor. Außer Arezzo kamen die Hafenstädte Pisa und Livorno unter Florentiner Oberhoheit. Es war eine Zeit der Prosperität, wenn auch unter strengem Regiment. Als das wankelmütige Volk anfing, mit den Albizi unzufrieden zu werden, rückte immer häufiger der Name einer anderen Familie in den Vordergrund. Schon zur Zeit des Ciompi-Aufstands war Salvestro de' Medici wegen seiner Volksnähe populär.

Das Zeitalter der Medici bricht an

Nun sollte der unaufhaltsame Aufstieg eines anderen Zweigs dieser aus Cafaggiolo im Mugello-Tal stammenden Familie die Geschicke von Florenz für die bevorstehenden Jahrhunderte bestimmen. Heute noch tragen ihr Wappen viele Palazzi in der Stadt: Die Kugeln sind das Familienwahrzeichen der Medici; ihre Zahl lag nicht fest, sie konnte von fünf bis acht variieren. Ursprung und Bedeutung sind umstritten (Beulen am Schild, Arzt-Pillen oder eher Münzen: das Zeichen der Geldwechsler); Billardkugeln waren die **palle** jedenfalls keine. Das Wort erschallte aber in den Straßen von Florenz bei den Demonstrationen der Medici-Anhänger. Es gab schon manchen Anlaß dazu bei den heftigen politischen Auseinandersetzungen, die gar zweimal zur Verbannung der Familie en bloc führten. Der große Sprung in die erfolgreiche, gewieft aber diskret eingefädelte und ausgeübte Machtpolitik gelang **Cosimo de' Medici d. Ä.** gerade nach der Rückkehr 1434 aus seinem durch den Albizi-Clan erzwungenen venezianischen Exil. Der verwickelte Politkrimi endete böse für die nun aus Florenz verjagten Anführer der Albizi-Partei. Cosimo ging mit seinen Gegnern nicht gerade zimperlich um. Die finanzielle Grundlage fehlte ihm dazu nicht. Schon sein Vater, Giovanni di Bicci de' Medici, konnte stolz darauf sein, daß die nach seiner Rückkehr aus Rom 1397 in Florenz eröffnete Medici-Bank die Nummer eins unter den mehr als 70 einschlägigen Unternehmen in der Stadt wurde. Scharfsinnig und zäh baute er sein auch zwei Wollwerkstätten umfassendes Familienunternehmen auf, war leitendes Mitglied der Woll- und der Geldwechslerzunft, diente der Stadt dreimal als Priore und einmal als Gonfaloniere. Er tat es freilich nur, weil in Florenz das Geschäft eines Kaufmanns nicht gedeihen konnte, ohne daß man sich an der Stadtregierung beteiligte. Allerdings warnte er seine beiden Söhne: »Wenn ihr in Sicherheit leben wollt, nehmt nur so viel vom Staat entgegen, als es Anstand und Gesetz erlauben.« Das einfache Volk schätzte seine warmherzige, ehrliche Menschlichkeit, sein geistreiches, würdevolles Wesen. Ohne seine finanzkräftige Unterstützung wären weder Ghibertis erstes Baptisteriumportal noch die Restaurierung der San-Lorenzo-Kirche durch Brunelleschi zustandegekommen. Dieses **Mäzenatentum** entsprach seinen der Nachwelt überlieferten Grundsätzen: Einem respektablen Florentiner Kaufmann stehe zwar zu, reich zu werden und seinen Reichtum nach Möglichkeit auch zu vermehren; aber nur wegen dieses Reichtums sei er noch lange nicht ein ehrenwerter Mann. Er habe auch die Pflicht, seiner Geburtsstadt gebührend die Ehre zu erweisen. Diese heutzutage nicht gerade modische Auffassung von Recht und Pflicht gehörte unabdingbar zur edlen Seite des kaufmännischen Florentiner Wesens.

Das Streben nach Macht und Reichtum hatte freilich, neben Fleiß und Tüchtigkeit, auch eine Kehrseite – mit Methoden, die beileibe nicht immer astrein waren. Vor dem Gericht Gottes mußte jedoch die Schlußabrechnung ebenso stimmen wie in den Geschäftsbüchern! Das großzügige Mäzenatentum zugunsten kirchlicher Institutionen spielte dabei eine doppelte Rolle. Nicht nur die Bilanz für das Jenseits sollte es ausgleichen. Man bediente sich auch der Künstler und ihrer Werke zur Demonstration und Festigung des eigenen Prestiges. Der Stifter erschien gern im Bild, im Kreis von Heiligen. Biblische Szenen wurden häufig so umfunktioniert, daß sie Familie, Freunde, Milieu und Lebensweise des Auftraggebers, seinem Rang und Reichtum entsprechend, wie eine Photoreportage wiedergaben. **Ghirlandaio** (1449–1494) und **Benozzo Gozzoli** (1420–1497) gehörten zu den begehrtesten »Bildreportern« ihrer Zeit. Wie aus dem Leben

Die Cappella dei Principi, das Mausoleum der Medici-Großherzöge, zeugt bis heute von Reichtum und Macht der berühmtesten Florentiner Familie.

gegriffen vermitteln uns ihre farbprächtigen Freskenzyklen die Atmosphäre vom Florenz der Renaissancezeit.

Das Haus des Boccaccio, Kommentator von Dante und Freund von Petrarca, war schon um 1360 eine frühe Brutstätte humanistischer Studien. Es war aber **Leonardo Bruni** (1369–1444), Wissenschaftler, Philosoph, Historiker und über zwanzig Jahre lang Kanzleichef der Florentiner Republik, dessen Person zum Sinnbild des Allround-Wissens seiner Zeit wurde. Als Übersetzer von Werken Platos ins Lateinische übte er einen großen Einfluß auf **Marsilio Ficino** aus, den Gründer der »Neoplatonischen Akademie«, wie sie sich Cosimo de' Medici gewünscht hatte. Auf dem Boden der humanistischen Studien entstand die neue Auffassung der Rolle des Menschen als Mittelpunkt des Weltgeschehens, aktiver Gestalter der Geschichte, im Sinne der antiken Philosophie. Gleichzeitig interessierte man sich – auch im Kielwasser des heiligen Franziskus – für die Natur und den Platz, den der Mensch darin einnimmt. Die Beziehung des Menschen zu Gott und zur Welt wurde neu überdacht.

Die Ideale der Renaissance

Man strebte nach dem Ideal, Platos Gedanken mit dem christlichen Glauben in Einklang zu bringen und damit dem Menschen den Weg zur vollen Entfaltung seiner Persönlichkeit zu ebnen. Diese später **Renaissance** genannte Entwicklung (Wieder- und Neugeburt in einem) trat in Europa ihren Triumphzug von Florenz aus an. Hier verhalf sie der Kunst, auch anhand antiker Vorbilder, zur Neubewertung des Körpers und der Perspektive in der Natur. Diese Sternstunde der Kultur, deren Früchte wir auch heute hier voll und ganz genießen, kam dank des glücklichen Zusammenspiels einer ganzen Schar vielseitig begabter Künstler und einer reichen und kultivierten, der Schönheit offen zugewandten Bürgerschicht zustande. Nirgendwo gab es dafür einen fruchtbareren Boden als im glänzend prosperierenden Florenz des 15.Jahrhunderts. Mit Stolz erklärte der Zeitgenosse Matteo Palmieri: »...Jedermann mit Verstand sollte Gott dankbar sein, in diesem Jahrhundert leben zu dürfen, in dem hervorragende Geister in größerer Zahl wirken, als zuvor in tausend Jahren.«

In der Malerei führt die schrittweise Entwicklung von der byzantinischen Starre, über **Cimabue** und **Giotto**, zu **Masaccio**. Wie dieser den Menschen plastisch und in seiner vollen Würde darstellte, wirkte auf die Zeitgenossen wie eine Offenbarung. **Donatello** in der Skulptur und **Brunelleschi** in der Architektur waren nicht minder geniale Bahnbrecher des Renaissancestils. Kollegiale Zusammenarbeit und wetteifernde Konkurrenz unter den Meistern, aber auch der Prestigekampf ihrer Förderer und Auftraggeber wirkten sehr stimulierend auf Kunst und Kultur besonders im Florenz der ersten Medici-Periode. Nicht umsonst erhielt Cosimos Enkel Lorenzo, selber nicht nur anspruchsvoller Kritiker und Mäzen, sondern auch talentierter Poet, den Beinamen **il Magnifico** (der Prächtige). Seinem Großvater, dem wissensdurstigen Bücherwurm und Kunstgourmet par excellence, hatten aber seine Mitbürger – als einzigem Florentiner Politiker – den sein Grab schmückenden Ehrentitel **Pater patriae** (Vater der Heimat) zugesprochen. Damals war es ja in der Republik nicht statthaft, einer herausragenden Persönlichkeit schon zu Lebzeiten ein Denkmal zu setzen, sei es in Wort oder in Marmor.

Perspektive und Plastizität als künstlerisches Gestaltungsmittel: Im linken Seitenschiff der Kirche Santa Maria Novella prangt das berühmte, um 1427 von Masaccio gemalte Fresko »Dreifaltigkeit«.

Die Kehrseite der Medici-Herrschaft

Mit dem fürstlichen Hofstaat des Lorenzo, in seinen Palazzi, Villen und Gärten, zeichnete sich aber schon eine andere Entwicklung ab – besonders nachdem er dem Attentat der berüchtigten Pazzi-Verschwörer entkam, dem sein Bruder Giuliano 1478 zum Opfer fiel. Aus der autoritätsvollen Position der Medici-Familie entstand allmählich ein autoritäres Regime. Das kurze Zwischenspiel der von **Savonarola** inspirierten Theokratie und das letzte Aufbäumen der zweiten Republik gegen die Medici, gegen die sie unterstützenden Truppen des Kaisers Karl V., mündeten schließlich doch in die Errichtung eines Herzogtums für dessen Schwiegersohn Alessandro de' Medici (Sohn des späteren Papstes Clemente VII.). Nach seiner Ermordung durch Lorenzino de' Medici stabilisierte sich der Medici-Staat im Großherzogtum Toskana von Cosimo I. Freilich war es schon viel Wasser auf die Mühle einer Medici-Restauration, daß Lorenzo il Magnificos Sohn Giovanni 1513 mit dem Namen Leone X. zum Papst gekürt wurde. Das Drama dieser Umwälzungen zerbrach die politische Karriere eines so scharfsinnigen, auf den modernen Menschen ausgerichteten Denkers wie **Niccolò Machiavelli**; es widerspiegelt sich in der in Marmor gehauenen Verzweiflung des verbitterten **Michelangelo**, wie sie sich etwa in den Gestalten der Medici-Grabkapelle ausdrückt.

Die Blütezeit der Hochrenaissance geht zu Ende

Als **Raffael** sich 1504 bis 1508 in Florenz aufhielt, reifte seine Malerei an den Vorbildern von **Masaccio**, **Fra' Bartolomeo**, **Ghirlandaio**, **Leonardo**, **Michelangelo** heran: Es war gleichzeitig die Blütezeit der ausgewogenen klassischen Hochrenaissance und der letzten freiheitlichen Florentiner Republik. Was danach kam, sollte man aber nicht – wie es oft geschieht – abwertend beurteilen. Die Kunst des in den Barock überführenden **Manierismus** begann sich bereits in Michelangelos Händen zu entfalten. Das Wort läßt sich auf **Giorgio Vasari**, den Hansdampf in allen Gassen der Kunst am Hof von Cosimo I., zurückführen, der mit scharfem Auge die »neue Manier« erkannte. In alter Medici-Tradition war Großherzog Cosimo nicht knauserig. Er finanzierte zur eigenen Glorie mit gutem Gespür die begabtesten Künstler seiner Generation. Ob Vasari selber, **Buontalenti** und **Ammannati**, **Pontormo** und **Bronzino**, **Giambologna** und **Cellini**: Namen erstklassiger Meister, die Bauwerke, Gemälde und Skulpturen unter seiner Regierung, wie auch der seiner beiden Söhne, hinterließen. Von der Piazza della Signorìa und den Uffizien bis zum Palazzo Pitti prägen diese das Stadtbild mit, sie bereichern die Museen zum Augenschmaus der Florenzbesucher. Es muß schon eine echte Herausforderung gewesen sein, in die Fußstapfen der Renaissancegenies zu treten und dabei noch zu wagen, Neuland zu erkunden. Die »neue Manier« der Florentiner läßt sich in ihrer Originalität gewissermaßen mit dem Expressionismus vergleichen: Auch sie brach erstarrte Schemata auf. Kühngewundene Bewegungen, kräftige Farben, die Unruhe der Asymmetrie kamen als neue Wagnisse mit ins Spiel. Der Kontrasteffekt von Licht und Schatten an den Fassaden der Palazzi wurde lebhafter.

Es blieb aber ein maßgeblicher Unterschied zwischen den Städten Rom und Florenz: Am Arno-Ufer konnte der Barock nie dominieren. Die Florentiner hatten schon immer einen ausgeprägten Sinn für das Wesentliche ohne Schnörkel, für eine schlichte Eleganz ohne viel Firlefanz. Ihre Denkart war gleichermaßen auf die Erforschung der Gründe und des Ursprungs wie auch auf das praktisch Zweckmäßige in der

Zielsetzung gerichtet. Die Wissenschaft und die Anwendung ihrer Ergebnisse brauchen geradezu eine solche Mentalität. In diesem Sinn typisch florentinisch war 1237 eine Initiative des Rubaconte da Mandello. An der Spitze der Stadtverwaltung als **Podestà** veranlaßte er, daß die wichtigsten Straßen auf die bewährte alte römische Art solide gepflastert werden. Nicht einmal in Paris kam man im Mittelalter auf einen solchen Gedanken. Wie sauber die Gassen von Florenz waren, beeindruckte bei seinem Besuch 1581 sogar den französischen Essayisten Montaigne. Bereits zehn Jahre später veröffentlicht Francesco Bocchi in dieser gepflegten Stadt den ersten geschichtlichen Kunstführer mit dem Titel: »Die Schönheiten der Stadt Fiorenza«.

Auch wenn die Sammlungen in der Galleria degli Uffizi beispielhaft übersichtlich geordnet sind: Ein Lageplan ist immer günstig, um sich in Italiens Topmuseum orientieren zu können.

Im 17. Jahrhundert blühen die Naturwissenschaften

Das 17. Jahrhundert bringt keine so namhaften Künstler auf die Florentiner Bühne, wie es noch in den vorangegangenen Jahrhunderten der Fall gewesen war. Die zwei Medici-Herren auf dem Papstthron und die zwei Medici-Damen, Caterina und Maria, Königinnen von Frankreich, gehören mittlerweile ebenfalls zur Vergangenheit. Dafür blühen aber in Florenz die Naturwissenschaften unter dem Patronat des Großherzogs Ferdinando II., Protektor von **Galileo Galilei** und selber aktiv engagiert in Mathematik und experimenteller Forschung. Allerdings widmet der Großherzog seinem Hobby mehr Zeit und Energie als den Regierungsaufgaben, obwohl Florenz zu jener Zeit von Pest und Wirtschaftskrisen (im Textil- und Agrarbereich) heimgesucht wird. Eine Periode der Stagnation und Dekadenz kennzeichnet die Regierungszeit der letzten Medici-Herrscher bis zum Tod des unfähigen Gian Gastone 1737, der seinem diabolischen Kammerdiener völlig hörig war.

Die Habsburger regieren in Florenz
Die Wendungen der europäischen Machtpolitik bringen dann in Florenz Maria Theresias frisch angetrauten Ehemann unter dem Namen Francesco Stefano di Lorena auf den großherzöglichen Thron. Anläßlich seines festlichen Einzugs im Januar 1739 wurde auf Anregung des Senators Carlo Ginori – Gründer der auch heute bekannten Porzellanmanufaktur – ein Triumphbogen auf der damaligen Piazza San Gallo (jetzt »Freiheitsplatz«) errichtet. Das nicht gerade gloriose Denkmal ist geblieben. Nicht länger als drei Monate blieben jedoch der Großherzog und seine Gemahlin in Florenz. Der freigewordene Kaiserthron rief sie zurück nach Wien. Addio Firenze – auf Nimmerwiedersehen. Kaiserliche Statthalter sorgten dann 27 Jahre lang für die koloniale Ausbeutung der Stadt zugunsten des Wiener Hofs. Fettere Jahre kamen für die Florentiner erst nach 1765, als Maria Theresias zweiter Sohn das Großherzogtum erbte. Dieser Pietro Leopoldo nahm seine Herrscherpflichten ernst – man könnte sagen: mit einem echt toskanischen Lokalpatriotismus. Er gab einem seiner Söhne den Namen »Giovanni«, nach dem Schutzheiligen von Florenz, Johannes dem Täufer. Auch privat sprach er gern italienisch und setzte sich das Ziel, seinen Untertanen wenn auch nicht Glück, so doch zumindest Zufriedenheit zu schenken. Er gab ihnen sogar eine Verfassung. In einem Vierteljahrhundert vollbrachte er mit Scharfsinn und Beharrlichkeit ein fortschrittliches Reformwerk. Verwaltung, Rechtswesen und Wirtschaft wurden im Geist der Aufklärung tüchtig umgekrempelt, um Florenz und die Toskana wieder in Schwung zu bringen. Er blieb mit seinen damals beispiellosen Pioniertaten den Florentinern als eine beliebte Persönlichkeit in Erinnerung. Der Regent schaffte die Todesstrafe ebenso ab wie die unzeitgemäße Gerichtsbarkeit der Landaristokratie. Er ließ sogar

Beliebter Treffpunkt mit Tradition: Dort, wo sich heute die weiträumige Piazza della Repubblica erstreckt, befand sich früher der Mercato Vecchio mit zahllosen Marktschreiern und Kauflustigen.

eine gewisse Pressefreiheit zu. Bis und nach dem napoleonischen Intermezzo (1799–1814) regiert das Haus Habsburg-Lothringen in der Toskana, solange Leopoldo II. 1859 Florenz nicht endgültig verlassen muß. Eine neue Glanzzeit kommt, als – nach Turin und bis zur Eroberung Roms – die Stadt 1865 bis 1871 vorübergehend Italiens Hauptstadt ist. Piazza della Repubblica, die Ringstraße anstelle der alten Stadtmauer, die Panorama-Allee im Oltrarno und manch ein pompöses Gebäude entstanden damals nach den Plänen des Städtebauers Giuseppe Poggi. Zum Glück konnte er jedoch nicht alles abreißen und verwirklichen, was er vorhatte. Denn bald war der Traum von der Hauptstadtrolle ausgeträumt; Flaute und Pleite folgten.

Das »Versailles von Florenz«: Der im 16. Jahrhundert angelegte Giardino di Bòboli gilt als einer der schönsten Gärten Italiens. Sogar der kritische Goethe konnte sich seinem Reiz nicht entziehen.

Der Faschismus – Rückfall ins Mittelalter

Nach dem Ersten Weltkrieg kam in den Ausschreitungen der faschistischen Schlägertrupps in Florenz besonders viel Brutalität zutage: Der Ungeist der Familienfehden im Mittelalter schien in der Stadt wieder die Oberhand gewonnen zu haben.

»Fiorentinità« – das Florentiner Wesen

In den Literatencafés blühte wiederum in den dreißiger Jahren ein geistvolles Kulturleben in relativer Ausdrucksfreiheit auf, wie damals kaum anderswo im Land. Kehrseiten derselben Medaille: Der Florentiner mag rücksichtslos sein, aber eine Duckmaus ist er beileibe nicht – gestern wie heute. Er nimmt kein Blatt vor den Mund, wenn es um seine Überzeugung geht. Als Lästerzunge wird er in ganz Italien zwar gefürchtet, aber auch respektiert. Er ist ein geborener Kritiker. Zufrieden ist er selten, aber seiner Würde und Tradition wohl bewußt. Er liebt die Werte seiner Stadt, die er weder in eine Touristen-Karawanserei noch in

Fortschritt kennt keine Grenzen: In Italien, wo das Handy schon ganz früh seinen Siegeszug antrat, kommen selbst Kirchendiener ohne dieses allgegenwärtige Kommunikationsmittel nicht mehr aus.

ein erstarrtes Museum verwandelt und verschandelt sehen möchte. Er selber darf sie kritisieren, aber wehe dem Fremden, der dies zu tun wagt. Wer ihm Respekt zollt, dem zahlt er es gern mit gleicher Münze zurück. »Wenn einer meint, schön wäre Florenz ohne die Florentiner, der zeigt nur, daß er weder die Florentiner noch ihre Stadt begriffen hat« – sagt Raffaello Torricelli, langjähriger Präsident des Museumsvereins. Seine Mitglieder widmen sich gemeinnützigen Aufgaben, wie der Rettung und Pflege verwahrloster Straßentabernakel oder der Besichtigungsorganisation für den Besuch von sonst dem Publikum verschlossenen Palazzi, Gärten und Denkmäler. Die Volontäre der 1244 gegründeten barmherzigen Bruderschaft »Misericordia di Firenze« tragen auch heute noch Kapuzen mit Augenschlitzen, um anonym zu bleiben bei ihren selbstlosen Einsätzen in Ambulanz und Rettungswagen.

Wie man Katastrophen und schwere Zeiten überwindet, dazu hat der Florentiner im Laufe der wechselhaften Geschichte seiner Stadt reichlich Gelegenheit gehabt. Der Wiederaufbau nach den sinnlosen Zerstörungen (fünf Brükken, 267 Geschäfte, 71 Werkstätten, 123 Häuser, ein Dutzend Wohntürme aus dem Mittelalter, rund 20 alte Palazzi) beim Rückzug der Besatzungstruppen 1944; die Aufräumarbeiten und die minutiöse Restaurierung unzähliger von der Flut 1966 in Mitleidenschaft gezogener Kunstschätze, Bücher, Gebäude und Wohnungen sagen wenig darüber aus, was damals an menschlicher Solidarität, freiwilliger Hilfsbereitschaft und aufopferndem Einsatz an den Tag gelegt wurde. Nur wer die fünf Meter hohe, von Öl und Schlamm verschmutzte, unaufhaltsame Wassermasse und das von ihr herbeigeführte Leid der Obdachlosen selber miterlebte, weiß, was sich hier ereignete. Wer heute am Arno-Ufer entlang schlendert, Museen, Kirchen und Palazzi besucht, auf Märkten und in Boutiquen stöbert, merkt nichts mehr davon. Erfreut wird er aber feststellen, wie emsig und erfolgreich weitere Renovierungsarbeiten zur Erhaltung und Verschönerung vieler Sehenswürdigkeiten vorangetrieben werden.

Florenz auf dem Weg in die Zukunft

Ebenfalls freut man sich, wenn an der Porta Romana ein neuer Parkplatz eröffnet wird, der zugleich ermöglicht, oben aus dem Waffensaal des Stadttors das Panorama zu genießen. Ein kleiner Schritt, der zwar die Verkehrsprobleme in Florenz ebenso wenig löst wie die Einrichtung einer ausgedehnten Fußgängerzone in der Altstadt, doch in die Zukunft weist, ohne Altes zu zerstören. Vieles stagniert in Florenz bis auf die ständig wachsende Zahl der Kurzbesucher. Aber soll und will man überhaupt einschneidende Maßnahmen einführen? Unabhängig von der Couleur der linksorientierten Stadtregierung ist nämlich der Florentiner von seiner Anlage her eher konservativ eingestellt. Keiner hat das Recht, ihm übelzunehmen, wenn er seine zweitausend Jahre alte Stadt weiter so erhalten möchte, wie er sie seit Kindestagen kennt. Sie soll halt nicht »verkonsumiert« werden. Eine Gedanktafel am Palazzo Torrigiani auf der Piazza de' Mozzi verkündet: »Hier lebte in genügsamer Bescheidenheit der Marchese Carlo Torrigiani, sparsam für sich, großherzig zu den Armen, aufopfernder Förderer... nutzbringender Institutionen...«

Zurückhaltung, Mäßigung und Sorge um das Gemeinwohl gehörten schon immer zu den schillernden Facetten der **Fiorentinità**, des Florentiner Wesens. **Tempora mutantur** – die Zeiten ändern sich. Wir bleiben hier dennoch treu auf der Spur jener unverzichtbaren Werte, die in Florenz nicht in Verlust geraten sind und auch in der Zukunft dem modischen Zeitgeist widerstehen werden. Es ist zwar etwas gewagt, doch nicht unrealistisch, zu sagen, daß die Anziehungskraft von Florenz darin besteht, auf zeitgemäße Art unzeitgemäß zu sein.

Die Bevölkerungsentwicklung von Florenz – vom 2. Jahrhundert bis zur Gegenwart

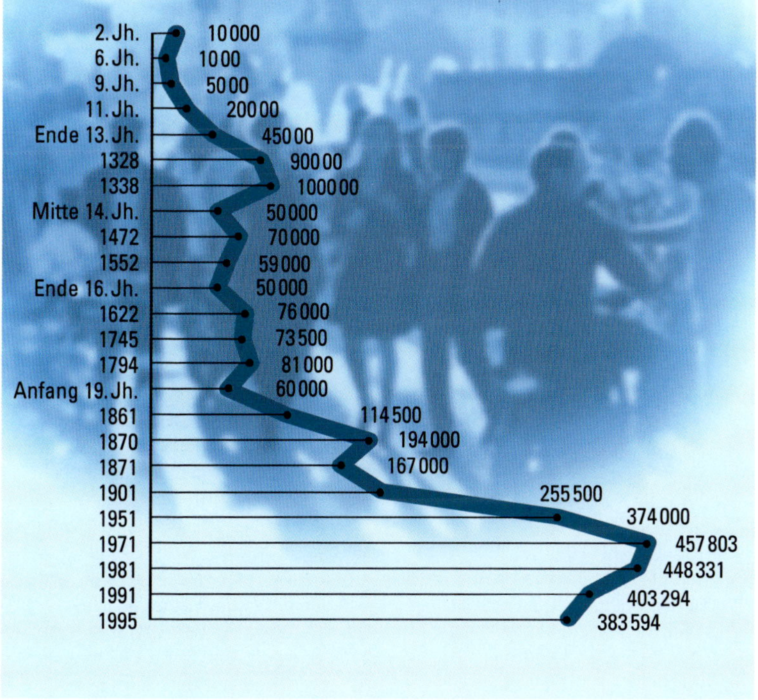

Geschichtlicher Überblick

59 v. Chr. Rom gründet am Arno die Siedlung Florentia.
393 n. Chr. San Ambrogio kommt aus Mailand zur Weihe der ersten Bischofskirche von Florenz: San Lorenzo.
Ende 5. Jh. Florenz unter ostgotischer Herrschaft.
539–553 n. Chr. Im griechisch-gotischen Krieg kommt erst Fiesole, dann Florenz unter byzantinische Herrschaft.
Um 569 wird Florenz langobardisch – ab 774 karolingisch.
1078 Matilda di Canossa, Markgräfin der Toskana, umgibt ihre Residenzstadt Florenz mit neuen Mauern. Ihr Testament öffnet
1115 den Weg zum libero comune (freie Stadtrepublik).
1216 Der Rachemord an Buondelmonte gibt in Florenz Initialzündung zu endlosen Machtkämpfen zwischen Guelfen und Ghibellinen.
1252 Start zur Europa-Karriere: Prägung des ersten Goldflorins.
1282 Beginn der Regierung der gewählten Vorsteher (Priori) der sieben großen Zünfte (Arti maggiori).
1289 Abschaffung der Leibeigenschaft auf dem Land. Endsieg der Guelfen bei Campaldino über Arezzo und die Ghibellinen.
1300 Die Guelfen spalten sich in zwei aus Familieninteressen befehdete Faktionen: Weiße und Schwarze.
1302 Ex-Prior Dante muß nach Wahlsieg der Schwarzen ins Exil.
1348 Nach der Hochwasserkatastrophe von 1333, dezimiert nun die Pest die Bevölkerung (Anlaß zu Boccaccios »Decamerone«).
1378 »Tumulto dei Ciompi«: Aufstand der Wollarbeiter.
1406 Eroberung Pisas/1421 Abkauf Livornos von Genua.
1434 Cosimo de' Medici kehrt aus dem Exil zurück; finanziert
1439 das Florentiner Konzil zur Wiedervereinigung der römischen und griechischen Kirchen; besiegt 1440 Mailand bei Anghiari.
1469 Lorenzo de' Medici (genannt »il Magnifico«) folgt seinem Vater Piero il Gottoso (»der Gichtige«) an der Macht.
1478 Pazzi-Verschwörung – Giuliano de' Medici ermordet.
1494–1512, 1527–1531 Die Medici sind im Exil.
1498 Hinrichtung Savonarolas
1515 Giovanni de' Medici zieht als Papst Leone X. in Florenz ein.
1519 Kardinal Giulio de' Medici regiert Florenz als Erzbischof.

Florenz Extra

1529–1530 Die Belagerung durch Karl V. bringt die Republik zu Fall.
1532 Alessandro de' Medici von Papst Clemente VII. (Giovanni de' Medici) zum Herzog ernannt. Er wird Schwiegersohn von Karl V.
1537 Alessandro wird von Lorenzino de' Medici ermordet. Sein Nachfolger Cosimo I., Sohn von Giovanni dalle Bande Nere, besiegt seine Gegner bei Montemurlo.
1555 Siena ergibt sich den Florentinern.
1569 Papst Pio V. ernennt Cosimo I. zum Großherzog.
1574–1737 Die Medici-Dynastie herrscht in Florenz: Francesco I., Ferdinando I., Cosimo II., Ferdinando II., Cosimo III., Gian Gastone.
1737 Francesco Stefano di Lorena (Lothringen) wird Großherzog.
1765–1790 Reformer Pietro Leopoldo di Lorena regiert in Florenz, bis er Kaiser in Wien wird. Ihm folgt Sohn Ferdinando III.
1799–1814 Napoleonisches Intermezzo, dann Rückkehr der Lothringer, bis zum Abdanken von Leopoldo II. 1859.
1799–1800 Abwechselnd besetzen Florenz die Franzosen, Österreicher und wiederum die Franzosen.
1801 Der Friedensvertrag von Lunéville setzt Lodovico di Borbone aus dem Haus Bourbon-Parma auf den Florentiner Thron. Jener von Madrid wandelt das Großherzogtum dann ins Königreich Etrurien um.
1808 Die Toskana wird Teil des französischen Kaiserreichs mit drei Verwaltungsbezirken.
1860 Abstimmung für den Beitritt zum Königreich Italien.
1865–1871 Florenz Hauptstadt des vereinten Italiens.
1943–1944 Florenz unter deutscher Besatzung. Vor dem Einzug der Alliierten Sprengung der Brücken (3./4. August 1944).
1951–1957, 1961–1966 Giorgio La Pira, international engagierter linkskatholischer Politiker, ist Bürgermeister von Florenz.
1966 Überschwemmungskatastrophe (4. November).
1986 Der Europarat bestimmt Florenz zur »Kulturhauptstadt«.
1992 Florenz feiert mit einer eindrucksvollen Ausstellungsreihe die Medici-Ära anläßlich des 500. Todestags von Lorenzo il Magnifico.
1993 Bombenattentat der Mafia gegen die Uffizien (27. Mai).

Florenz und seine Stadtteile

Kein anderer hat den republikanischen Freiheitswillen vollendeter symbolisiert als Michelangelo mit seinem weltberühmten »David«. Bei der über vier Meter hohen Statue, die sich neben anderen Skulpturen auf der Piazza della Signorìa befindet, handelt es sich allerdings nur um eine Kopie. Das Original ist in der Galleria dell'Accademia zu sehen.

PVLCRA ES
TOTA
AMICA MEA ET MAC
VLA NON
EST IN TE
ELECTA VT SOL
STELLA MARIS
FONS ORTORVM
CIVITAS DEI
PULCHRA UT LUNA

Lassen Sie sich auch von Details bezaubern! In Santa Croce lohnen nicht nur die Grabmäler berühmter Größen des Geistes und die restaurierten Fresken einen Blick. Wer offenen Auges bis zur Sakristei vordringt, kann durchaus auf kleine Kostbarkeiten stoßen, die ihm im nachhinein vielleicht mehr bedeuten als vielzitierte, oft beschriebene Sehenswürdigkeiten.

Lobgesang auf die schöpferische Kraft einer Stadt: In der zweiten Kapelle rechts vom Hauptaltar von San Lorenzo befindet sich ein faszinierendes Marmorrelief aus dem 19. Jahrhundert – zu Ehren des Goldschmieds Bernardo Cennini, des ersten Buchdruckers in Florenz. Mit sicherer Hand und voller Überzeugung schreibt die grazile Dame an die Wand, »dem Florentiner Geist sei nichts zu schwierig«.

I'chè c'è, c'è: Es gibt, was es gibt! Dieser typische Florentiner Spruch verspricht mehr, als man sich denkt. Was alles im östlichen Stadtteil gesehen und erlebt werden kann, ist beileibe nicht wenig! In den Straßen um die Santa-Croce-Kirche sprießen nur so die Werkstätten, kleinen Läden, Trattorien und Kneipen. Hier spielt sich das Leben der einfachen Leute, die größtenteils diesen ehemaligen Vorort bewohnen, ab.

Als der Rationalist Großherzog Pietro Leopoldo 1785 Florenz in nur drei Stadtteile (»Terzieri«) einteilte, benannte er **Santa Croce** das ganze Gebiet im historischen Stadtkern östlich der zentralen Straßen Calimala und Via Roma, die dem Cardo Maximus der alten Römer entsprechen. Der traditionellen Einteilung bleiben auch wir treu.
Nicht nur für die Einwohner der Gassen in der Nachbarschaft der Kirche bietet die Gegend günstige Einkaufsmöglichkeiten. Andere Einheimische, die als Insider gut informiert sind, radeln gern extra hierher, sogar aus entfernten Palazzi. Besonders in der Vorweihnachtszeit lassen sich hier als Überraschung hübsche Geschenke zu erschwinglichen Preisen aufstöbern. Für den Besucher lohnt sich ein Bummel auf jeden Fall.

Viel Hübsches an Möbeln, Spiegeln, Bilderrahmen wird nach alten Vorbildern in den Bottegas nachgemacht oder renoviert. Auf dem belebten Flohmarkt der Piazza de' Ciompi kann man allerlei entdecken, und wer Glück hat, stößt manchmal auch auf eine preiswerte Rarität.

Piazza Sant' Ambrogio und Piazza Ghiberti sind auch beliebte Tummelplätze, mit lebhaft tratschender Kundschaft in der Markthalle oder draußen an den verlockenden Obst- und Gemüseständen. Schön ist auch die Piazza San Pietro Maggiore, wo es am Abend in den zahlreichen Osterias und Trinkstuben oft hoch her geht.

Der Vorortcharakter blieb hier in mancher Hinsicht noch aus jener Zeit erhalten, als Santa Croce und Umgebung noch außerhalb der Stadtmauer lagen. Im 14. Jahrhundert kam die Eingliederung ins Stadtgebiet. Die neue Schutzmauer und die neue Kirche wuchsen nach Arnolfo di Cambios großartigen Plänen, quasi Hand in Hand, langsam in die Höhe. Volksnah waren die Franziskaner von Santa Croce immer schon – nun waren sie drinnen in der Stadt.

Die Nähe des Uni-Viertels merkt man an der wachsenden Zahl der dicht und oft einfallsreich polizeiwidrig geparkten »moto« und »motorini«. Die Fakultäten und Uni-Institute sind auf viele historische Gebäude – das Erbgut von aufgelösten Klöstern – verteilt. Brunelleschi wäre sicher nicht enttäuscht, sähe er am nach ihm benannten Platz, wie der unvollendet gebliebene Zentralbau von Santa Maria degli Angeli (nach seinem Projekt: innen acht-, außen 16eckig!) für den Unterricht zweckmäßig umfunktioniert wurde. Sympathisch sind die auf das Studentenleben ausgerichteten Imbißstuben, Eisdielen, Kaffee-Kondi-

Einzigartige Kulisse für Espressofreunde und Müßiggänger: Auf der Piazza della Signorìa, deren zinnengekrönter Palazzo Vecchio in der warmen Abendsonne erstrahlt, setzt man sich immer perfekt in Szene.

toreien, mit den dort angeregt diskutierenden oder in ihre Lektüre versunkenen Jugendlichen. Bis in die Nacht hinein sieht man die Bildschirmjugend auch hinter den Schaufenstern der wie Pilze aus dem Boden schießenden »Internet Points« arbeiten. Überhaupt wird Kultur hier ganz großgeschrieben. Auf Schritt und Tritt stößt man auf Kunst- und Kultstätten. Endlose Warteschlangen belagern die **Galleria dell'Accademia**, wo unter anderem Michelangelos David auf seiner Bühne steht. Ähnlich sieht es vor den Kassen des Pergola-Theaters aus, auf dessen Bühne die besten Schauspieler und Musiker beheimatet sind. Man findet es daher fast selbstverständlich, daß Renaissancekünstler wie Lorenzo Ghiberti, Andrea del Sarto und Benvenuto Cellini ihre Ateliers in dieser Gegend hatten. Von San Marco und Santissima Annunziata mit ihren Kunstschätzen bis zur sogenannten Werkstatt der harten Steine gibt es hier mit Seltenheiten bestückte, faszinierende Museen nach jedermanns Gusto, so daß die Wahl echt zur Qual wird – um vom Superlativ der **Uffizien** am Arno-Ufer gar nicht zu reden! A propos Arno-Ufer: Kein Museum und keine Galerie kann mit dem Panorama konkurrieren, das sich dem Auge bietet, wenn man zwischen **Ponte Vecchio** und **Ponte alle Grazie** vom Lungarno zu den Hügeln hinüberschaut! Ob beim Sonnenschein des Vormittags, beim Lilarot des Sonnenuntergangs, bei Nachtbeleuchtung und Mondlicht: Dieses Bild bleibt einem ins Herz geprägt. Vom Lungarno bis Borgo degli Albizi zieht sich zwischen Via dei Leoni und Via de' Benci ein besonders reizvoller Stadtteil hin, der schon im Mittelalter vom ersten Schutzwall umgeben war und mit seinen schmalen Gäßlein die damalige Topographie bewahrt hat. Die Namen erinnern oft an alte Handwerksberufe, die dort ansässig waren (beispielsweise Saponai = Seifenkocher). Ein Teil dieses Stadtviertels ist gänzlich Fußgängerzone und hat mit den düsteren Palazzi in den gewundenen, engen Gassen manche Erinnerung an die Zeit Dante Alighieris bewahrt. In der Nähe des vermutlichen Alighieri-Familiensitzes repräsentieren die miteinander konkurrierenden Türme von Bargello und Badìa die ersten beiden ausgeprägten Machtzentren von Politik und Mystik. Es war Arnolfo di Cambios Idee – sozusagen als Gegenstück zu dem kontrastierenden Turmpaar –, eine im Endeffekt spannungsvolle optische Verbindung zwischen dem Palazzo della Signoria und dem Dom herzustellen. Bis aber Santa Maria del Fiore fertiggebaut wurde, ging im Stadtbild dieser Blickkontakt verloren. Man schaut eben von Platz zu Platz.

Die **Via dei Calzaiuoli** (Schusterstraße), die gerade Achse zwischen Domplatz und Piazza della Signorìa, ist auch eine der beliebtesten Einkaufsstraßen der Innenstadt. Abends findet hier der »struscio«, fast eine Institution der Einheimischen, statt: eine Kombination von Promenieren, Flanieren, Kokettieren, Partnerschau und Nachrichtenbörse zugleich. Heitere Stimmung, fröhliche Gesichter, Tuchfühlung in der Menge: ein Auftakt zu »Florence by night«. Auf der **Piazza della Signorìa** überschaut der Turm des **Palazzo Vecchio** die Szene, bis hinein in die idyllische Via de' Neri. Auf der Caféterrasse der Piazza fühlt man sich in der Gesellschaft der festlich angestrahlten Statuen wie in einem vollbestückten Freilichtmuseum. Man freut sich, die Kunst hier nicht nur hinter verschlossenen Türen serviert zu bekommen.

Spaziergang

Um gleich in das historische Florenz einzutauchen, beginnen wir unseren Rundgang an der **Piazza della Signorìa**, dem einstigen politischen Machtzentrum mit dem zinnengekrönten **Palazzo Vecchio**. Die Piazza war auch Hinrichtungsstätte des von der Macht gestürzten Mönchs Fra' Girolamo Savonarola vor 500 Jahren (eine Gedenkplatte im Boden vor Ammannatis Neptun-Brunnen erinnert daran). Heute ist der Platz ein beliebtes Freilichtmuseum für die Besucher, mit den Uffizien nebenan, und gleichzeitig Nobel-Salon der Florentiner, die gern ins Café »Rivoire« zum Kaffeeritual (oder zu einer Tasse heißer Schokolade!) einkehren. Die graziöse **Loggia dei Lanzi**, vom Giotto-Schüler Andrea Orcagna (14. Jahrhundert) entworfen, diente nicht nur den Landsknechten (»Lanzichenecchi«) von Cosimo I. als Wetterschutz bei der Wache, sondern später auch als Ort für Stelldicheins und last not least als Vorbild für die Münchner Feldherrenhalle. Unter den Arkaden schielen die Statuen römischer Matronen aus der Medici-Sammlung zu den gigantischen Körpern von Herkules, David und Neptun hinüber. Besonders faszinierend sind der **»Raub der Sabinerinnen«** von Giambologna (deren Gipsmodell man in der Galleria dell' Accademia von allen Seiten her bewundern kann) und Benvenuto Cellinis **»Perseus«**, ebenfalls 16. Jahrhundert (→ 10x10, S. 13). Dieses Meisterwerk wird – ca. bis zur Jahrtausendwende und nicht unter Ausschluß der Öffentlichkeit! – aus allernächster Nähe live erlebbar restauriert. So kann man hier sogar das grimmige Selbstporträt Cellinis an der Rückseite des Helms erkennen. (Um die Ecke, in einem Saal neben dem Ausgang der Uffizien; Mi–So 10–17 Uhr)

10x10

Zwischen der Eisdiele Perseo und dem Luxus-Papierwarengeschäft Pineider mündet die belebte Einkaufsstraße

Ein Musterbeispiel der Florentiner Renaissance-Architektur: Der blumengeschmückte Innenhof des prächtigen Palazzo Gondi, immerhin über 500 Jahre alt, wirkt in seiner harmonischen Gestaltung fast zeitlos.

Die Bruderschaft der »Guten Männer von San Martino«

Güte, Genügsamkeit, geistige Überlegenheit: Diese Eigenschaften verbergen sich hinter dem nach innen gewandten Blick des hl. Antonino. Sein asketisches Gesicht erweckt im Betrachter warme Sympathie, sobald er in der Kapelle der Bruderschaft von San Martino Verrocchios Porträtbüste des Gründers gegenübersteht. Der schmächtige Sohn des Notars Pierozzi kam aus dem Dominikanerkloster bei Fiesole nach San Marco. Dort wählten ihn seine Ordensbrüder 1437 zum Prior. Sein Ansehen war so groß, daß er sogar dem mächtigen Cosimo de' Medici d.Ä. die Stirn bieten konnte. In einer dringenden Angelegenheit in Sachen Barmherzigkeit bat er im Frühjahr 1442 zwölf junge Notabeln in seine schlichte Zelle zu sich und trug diesen angesehenen Bürgern eine schwierige Aufgabe auf. Cosimo war vor acht Jahren aus dem Exil zurückgekehrt. Seine politischen Racheakte und mit Hilfe des Fiskus wirtschaftlich angelegten Verfolgungskampagnen gegen Widersacher und Konkurrenten trieben viele, die ihm im Wege lagen, gnadenlos in den Ruin. Aus früher einflußreichen Familien bildete sich zu Antoninos Zeit eine besondere Kategorie der Armseligen. Er nannte sie mit psychologischem Fingerspitzengefühl die »verschämten Armen« (»poveri vergognosi«). Besiegt, erniedrigt, enttäuscht, in ihrem Stolz verletzt, schämten sich diese Unglücklichen, die Hand nach Almosen auszustrecken. Um ihnen zum richtigen Zeitpunkt diskrete Hilfe zukommen zu lassen, rief Antonino die »Bruderschaft der guten Männer« (»Confraternita dei Buonomini«) ins Leben. 1446 zum Florentiner Erzbischof gewählt, gelang es ihm, sich bis zu seinem Tod (1459) der politischen Übermacht des Cosimo und dem wirtschaftlichen Druck einer Renaissance-Gesellschaft zu entziehen, die in der Handelsbank ihre höchste Ausdrucksform sah. Seit 1478 versammeln sich die zwölf Buonomini zu ihrem Sitz, einst neben San Martino del Vescovo, Dantes damals noch existierender Pfarrkirche. Die intime Kapelle schmücken zehn Lünetten-Fresken aus Ghirlandaios Schule. Die sieben Werke der Barmherzigkeit zeigen die Buonomini in Aktion und stellen getreu Sze-

Florenz Extra

Klöppelarbeit aus Sandstein zum Symbol für die wohltätige Bruderschaft.

nen aus dem Alltag einfacher Leute dar. Es fehlt auch nicht die Legende des Schutzpatrons der Bruderschaft, des hl. Martin.

Die Mitglieder nannten sich »Beauftragte der Armen«. Bis heute gelten die vom hl. Antonino vorgeschriebenen Regeln der Anonymität, des Verbots einer Kapitalbildung. (Die Spenden müssen ohne Verzug verteilt, gegebenenfalls erst verkauft werden.) Jedes Einzelschicksal wird sorgfältig aber diskret überprüft. Geholfen wird mit viel Behutsamkeit und im Bestreben, durch rechtzeitiges Eingreifen die in Not Geratenen möglichst wieder auf die Beine zu bringen. Für Hilfsanträge und Almosen ist eine Spalte neben der Eingangstür vorgesehen. Sollte die Kasse leer sein, so können die Buonomini als Zeichen der Not eine Kerze am Tor anzünden. 1492 war die Signorìa auf die Idee gekommen, Steuerhinterziehern die Schuld zu erlassen, wenn sie nach bestem Wissen und Gewissen in fünf Jahren eine entsprechende Spendensumme der Kasse von San Martino zukommen ließen. Als die Stadtregierung 1498 die Bruderschaft »verstaatlichte», stellte sich bald eine totale Pleite ein. 1501 kehrte man schon zu den Statuten des hl. Antonino zurück. Diese gelten heute noch. Nur die Zahl der »Engel von Florenz«, wie Papst Eugenio IV. sie nannte, erhöhte sich von zwölf auf 18. Man brauchte sie auch in einer Stadt, die einst ein »Paradies voll von Teufeln« hieß.

Via dei Calzaiuoli, die Straße der Schuhmacher. Hinter **Orsanmichele** stehen noch heute die Zunfthäuser der Wollweber und der Metzger. Gegenüber bewundern wir in der Kirche **San Carlo** das meisterhafte Holzkruzifix des Orcagna in seinen wiedergewonnenen Originalfarben. Dann lädt die **Via dei Tavolini** – nomen est omen – zu Tisch ein. Tafeln in historischem Ambiente bei Paoli oder ein Imbiß in der Cantinetta da Verrazzano. Erstklassiges Eis gibt es gegenüber bei Perchè no! Die Fortsetzung dieser Gasse trägt den Namen von Dante Alighieri, der in dieser Gegend seine Jugendzeit verbrachte. Nicht versäumen sollte man die Ghirlandaio-Fresken, die in der Kapelle der Bruderschaft von **San Martino** an der gleichnamigen Piazzetta zu entdecken sind (→ Extra, Die Bruderschaft der »Guten Männer von San Martino«, S. 56). Im gegenüberstehenden sogenannten Kastanienturm (**Torre della Castagna**) hatten die Zunftvorsteher ihren Regierungssitz. Sie benutzten Kastanien bei den Abstimmungen.

Extra

Durch die schmale **Via dei Cerchi** erreichen wir die preisgünstige Einkaufsstraße **Via del Corso**. In der mystischen Atmosphäre der Barockkirche **Santa Maria de' Ricci** kann man nicht nur das wundertätige Madonnenbild von Giovanni da Milano (14. Jahrhundert) am Altar betrachten, sondern an vielen Abenden auch anspruchsvolle Orgel- und Kammermusik-Konzerte genießen. Die Blasphemie-Geschichte des Rinaldeschi – der sein Vermögen verspielt hatte, dann dieses Madonnenbild beschimpfte und mit Dreck bewarf, dafür 1501 mit dem Tod büßte – ist von einem unbekannten zeitgenössischen Maler dargestellt worden: Eine Kopie befindet sich in der Seitenkapelle links vom Altar, das Original im Stibbert-Museum. Die besten Krapfen erwarten uns ofenwarm in der schlichten Imbißstube Cucciolo (Via del Corso 25 r). Am Ende des Corso rechts führt die **Via del Proconsolo** zum nicht vollendeten **Palazzo Nonfinito**, in dem das Völkerkundemuseum der Uni untergebracht ist. Am Straßenende, gleich einander gegenüber, zwei wichtige Sehenswürdigkeiten: das **Nationalmuseum Bargello** mit seiner überwältigenden Skulpturensammlung und die älteste Florentiner Abtei **Badìa**. Die miteinander kokettierenden Türme der beiden ehrwürdigen Gebäude sieht man von der **Piazza San Firenze** aus am besten. Zwei imposante Gebäude stehen hier vis-à-vis zueinander: der prächtige **Palazzo Gondi** von Giuliano da Sangallo (Nr. 2), erbaut mit einem zauberhaften Renaissance-Innenhof, und der über den Stufen thronende **Gerichtshof** im ehemaligen Oratorianerkloster. Der Ordensgründer San Filippo Neri wurde in Florenz geboren. Ihm ist die majestätische **Barockkirche** (linker Eingang) gewidmet, die Pier Francesco Silvani, der beste Architekt dieses Stils in der Stadt, 1668 bis 1672 errichtete.

Hinter dem Bargello nehmen wir die **Via Ghibellina**, wo sich mancher Kunsthandwerker niedergelassen hat, biegen dann links in die **Via Palmieri** ein und befinden uns plötzlich in einem volkstümlichen Ambiente, das fast neapolitanischen Charakter hat: die **Piazza San Pietro Maggiore**. Die **Via Pietrapiana** führt danach zu dem Platz, wo die Buden des Flohmarkts stehen. Am Rand dieser **Piazza de' Ciompi** stellte man nach dem Abbruch des alten Marktviertels die wohlproportionierte **Loggia** wieder auf, die seinerzeit Vasari als Fischmarkthalle entworfen hatte. Der Umzug war erfolgreich, aber verkauft wird nur noch in den Flohmarktbaracken. Die Via Pietrapiana mündet in die **Piazza Sant'Ambrogio** gegenüber der weißgetünchten schlichten Fassade der gleichnamigen Kirche. Daneben ist die Werkstatt für die Restaurierung der bei der Überschwemmung von 1966 beschädigten Bücher untergebracht. Sechs Straßen führen vom kleinen Platz in alle Richtungen. Zur **Synagoge** und zum **Jüdischen Museum** (→ Extra, Florenz und seine Juden, S. 266) gelangt man über die **Via dei Pilastri**, wenn man rechts in die **Via Farini** einbiegt. Folgt man der Via dei Pilastri weiter, so kommt man rechts im **Borgo Pinti** unter der Nr. 58 zum Eingang der Kirche **Santa Maria Maddalena dei Pazzi**, wo das berühmte Kreuzigungsfresko des Perugino besichtigt werden kann. Wer jetzt müde und hungrig ist, nimmt am besten in südlicher Richtung die **Via dei Macci** und erreicht nach wenigen Schritten an der Ecke mit Via del Verrocchio das vornehme Restaurant »Il Cibrèo«, mit preiswerter Kutscherstube nebenan und aparter Kaffee-Konditorei gegenüber. Am Vormittag ist auf dem benachbarten **Ghiberti-Platz** lebhafter und bunter Gemüse- und Obstmarktbetrieb. In der Markthalle kann man nicht nur Lebensmittel einkaufen, sondern bei Rocco auch gut essen.

Extra

Die Via dei Macci führt dann zur **Via Ghibellina** zurück, die wir rechts einschlagen. Unter Nr. 70 befindet sich das Michelangelo-Museum **Casa Buonarroti** und unter Nr. 87 der Florentiner Gourmettempel Pinchiorri. Die **Via Verdi** bringt uns dann links, am gleichnamigen traditionsreichen Theater vorbei, bis zur **Piazza Santa Croce**. Dieses große Areal, umgeben von Palazzi mit verwitterten Fassaden, war immer schon Schauplatz von volkstümlichen Massenveranstaltungen. Die Predigten des San Bernardino von Siena, die Ritterturniere mit den Medici-Brüdern Giuliano und Lorenzo il Magnifico an der Spitze (von ihrem Hofdichter Angelo Poliziano besungen), die Faschingsfeste des 19. Jahrhunderts zogen scharenweise die Leute an, ebenso wie die Fußballspiele in historischen Kostümen einst und jetzt. Am **Palazzo dell'Antella** (Nr. 21) können wir immer noch die aus 1566 datierte Marmorscheibe sehen, welche die Mittellinie des Spielfeldes anzeigte. Kaum zu glauben: Das 13köpfige Künst-

Flohmarkt für Bücherwürmer und Preisbewußte: Auf der Piazza dei Ciompi bieten Trödler in klapprigen Holzbuden ihre Ware feil.

lerbataillon, unter Leitung von Giovanni da San Giovanni, schaffte es, die riesige Fassade dieses Palazzos in der Rekordzeit von 20 Tagen mit allegorischen Fresken zu bemalen. In den Herbst- und Wintermonaten lohnt es sich, gegenüber (Nr. 8) in der Galleria Pananti vorbeizuschauen, denn sie organisiert wertvolle Kunstausstellungen. Der Besichtigung der Franziskanerkirche **Santa Croce** – dem Pantheon der Florentiner – mit ihren Kunstschätzen und Kreuzgängen sollte man schon etwas Zeit widmen. Zwischen Kirche und Arno-Ufer breitet sich das gewaltige Gebäude der italienischen **Nationalbibliothek** aus dem 19. Jahrhundert aus. Den Spaziergänger verführen aber eher die vielen Geschäfte in den umliegenden Gassen: Von Lederwaren bis Goldketten, von Keramik bis bunten Holztabletten werden hier allerlei Waren feilgeboten.

Damit der Gaumen nicht zu kurz kommt, lockt die legendäre Eisdiele Vivoli (Via Isola delle Stinche 7). Gegenüber, in der kleinen Kirche der Apostel **Santi Simone e Giuda**, ist unter anderem die hl. Ursula sehenswert, eine der ersten realistischen Porträtbüsten des 15. Jahrhunderts (links vom Altar). Die bogenförmig aneinandergereihten Häuser der **Via Torta** und der **Via Bentaccordi** folgen bis zur **Piazza dei Peruzzi** dem Grundriß des römischen Amphitheaters. Eine Gedenktafel zeigt am Eckhaus Via Bentaccordi/Via dell' Anguillara an, daß Michelangelo hier bei seinem Onkel die Jugendzeit verbrachte. Unter einem Gewölbebogen führt unser Weg von der Piazza in die **Via de' Benci**. Schräg vor uns die Renaissancefassade des **Palazzo Mellini-Fossi** (Nr. 20) mit einer erst 1994 gemachten sensationellen Entdeckung (→ 10x10, S. 9). Keiner konnte damals ahnen, daß sich unter der undurchsichtigen Schmutzschicht ein farbenprächtiger mythologischer Freskenzyklus mit den Geschichten der Danae und der Andromeda verbirgt. Von der Via de' Benci gehen wir durch die **Via de' Neri** zurück in Richtung Uffizien. Die unscheinbare Via de' Neri ist für die Gegend viel bedeutsamer, als sie es vielleicht zu sein scheint. Nur wenige hundert Meter lang, bietet sie in der Vielfalt ihrer typischen Tante-Emma-Läden, Kneipen und Rostbratküchen alles, was man zum täglichen Leben nur braucht: von der Hundeleine bis zum Aspirin. Es lohnt sich ein Abstecher zur versteckten Kirche **San Remigio** im gleichnamigen Gäßlein. Nach dem Hochwasser (1966) restauriert, ist sie jetzt in ihrem ursprünglichen Zustand ein schönes Beispiel toskanischer Gotik. Die **Via Vinegia** führt dann zur **Via del Parlascio**, die – wie noch das alte Schild zeigt – einst »Via delle Serve smarrite« hieß. Wer diese »verirrten Mägde« waren, woher sie kamen und wohin sie sich verirrten, steht allerdings nicht in der Chronik. Ob man aber eine Folgerung aus dem Namen der benachbarten Gasse ziehen kann, die zum Palazzo Vecchio bringt und Via del Corno heißt, sei dahingestellt. Corno bedeutet Horn. Es bleibt dem Spaziergänger überlassen, wie er es deuten will.

10x10

Dauer: etwa 3–4 Stunden (ohne Museumsbesuche)
Karte: → Klappe hinten

Dramatik in Marmor gemeißelt: Die geniale Figurengruppe »Raub der Sabinerinnen« (1583) von Giambologna bildet unter der rechten Arkade der Loggia dei Lanzi einen faszinierenden Blickfang.

Florenz und die Touristen

Die touristischen »Votivgaben«, dem David Michelangelos zu Füßen gelegt, zeichnete – auf seine unverwechselbare, ironische Art – die in Vitriol getauchte Feder des populären Karikaturisten Alfio Krancic. Der rothaarige, aber keineswegs rotgesinnte Satiriker mit dem jovialen Bart, aus einer kroatisch-istrianischen Familie 1948 in Fiume geboren, als Flüchtlingssohn in Florenz aufgewachsen, sitzt hier am Fenster seines Wohnateliers am Domplatz. Sein Blick schweift hinüber zur imposanten Kuppel. Beim Gespräch nimmt er kein Blatt vor den Mund, wenn es um die Verschandelung seiner geliebten Stadt geht. Daran sind viele illegale Straßenverkäufer zwar auch beteiligt, eine Hauptrolle spielen aber flegelhafte Touristenvandalen, die es an Respekt fehlen lassen gegenüber den hier lebenden Bürgern und dem von Kunst und Geschichte geadelten Ambiente. Was macht es schon aus, einem Pferd des Neptunbrunnens den Marmorfuß abzubrechen, an den Statuen der Domfassade hochzuklettern, Pipi zu machen an und in historischen Gemäuern...? Der Sündenkatalog ist ziemlich umfangreich: Baden oder Fußwaschen in einem Kunstbrunnen; Picknick auf den Treppen vor Kirchen und Museen; Kaugummi, Büchsen, Becher auf den Boden schmeißen; Museen im Unterhemd aufsuchen; auf Plätzen und in Gärten sich halbnackt sonnen oder im Schlafsack übernachten, und und und.

Auf die höfliche Frage, ob es bei ihm zu Hause wohl auch so üblich sei, antwortet manch' ein Besucher aus nördlichen Gefilden, ohne mit der Wimper zu zucken: »Woher denn! Ich komm' doch aus einem zivilisierten Land...« Auf die Florentiner »Charter der Touristenrechte« angesprochen, meint Krancic: »Es wäre wohl an der Zeit, mal auch die Touristenpflichten festzuschreiben.«

Das Franz-Josef-Porträt an der Wand lächelt zustimmend. Krancic fühlt sich in Florenz wie ein Fisch im Wasser. Der polemische Geist, die freche Schnauze des echten Florentiners, wenn dieser sich mit kühlem Kopf zum Protest aufrafft, gehören ja zu seinem schlagkräftigen Waffenarsenal.

Florenz Extra

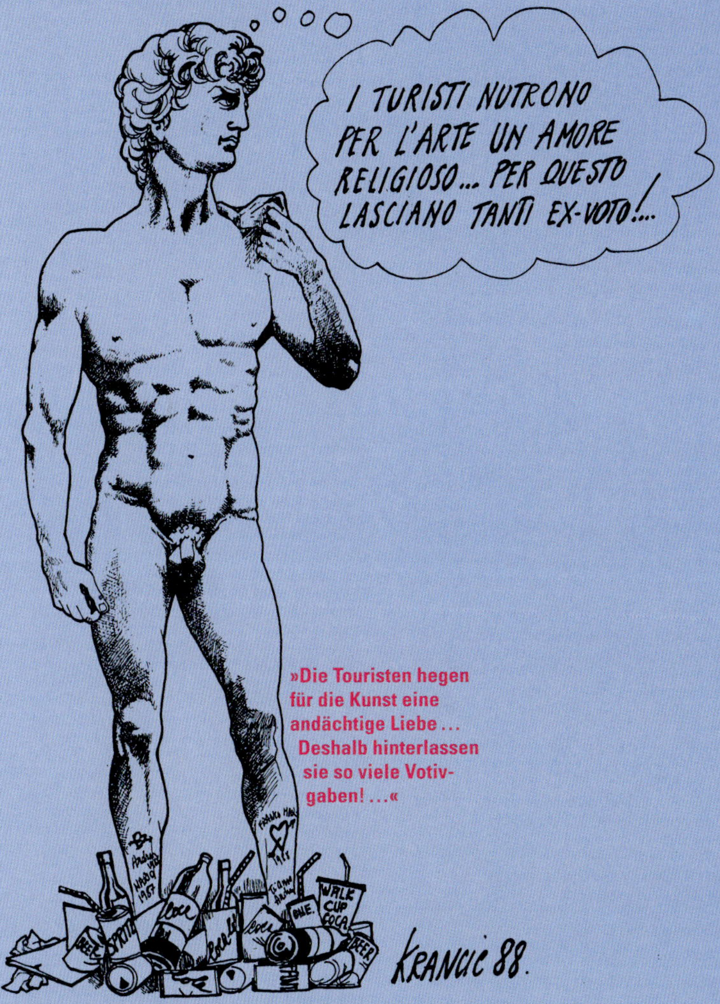

»Die Touristen hegen für die Kunst eine andächtige Liebe ... Deshalb hinterlassen sie so viele Votivgaben! ...«

Sehenswertes

Badia Fiorentina ■ G 5

Die Benediktinerabtei, 978 von der Markgräfin Willa und ihrem Sohn Ugo gestiftet, ist das älteste Kloster der Stadt. Sein elegant-schlanker Glockenturm kontrastiert mit dem massiven Festungsturm des Bargello vis-à-vis. Im Mittelalter prallten hier die Einflußbereiche von Kirche und Stadtmacht scharf aneinander. Zur Bestrafung der aufsässigen Mönche wurde 1307 der Campanile zerstört, dann erst 1330 wieder aufgebaut. Den größten Eingriff erfuhr aber die Kirche 1627, als Matteo Segaloni das Innere im Barockstil umwandelte. Obendrein fügte er am Südende der griechischen Kreuzform einen neuen Chor hinzu. So wurde aus dem Hauptschiff ein Querschiff, als hätte man die Kirche um 90° gedreht. Gleich links vom Eingang fesselt das Glanzstück der Kirche unseren Blick: »Die Marienvision des hl. Bernhard von Clairvaux«, eines der schönsten Bilder schlechthin von Filippino Lippi (1457–1504). Mino da Fiesole ist gleich mit drei beeindruckenden Meisterwerken vertreten: den Marmorgräbern des Markgrafen Ugo und des Medici-Botschafters Bernardo Giugni sowie dem beide an Renaissance-Schönheit vielleicht noch übertreffenden dreiteiligen Basrelief (Madonna mit Kind zwischen den Heiligen Lorenzo und Leonardo). Rechts vom Altar führen Stufen direkt ins zweite Geschoß des »Kreuzgangs der Orangenbäume« (Chiostro degli Aranci), nach Bernardo Rossellinos Entwurf 1435 bis 1440 errichtet. Das Erdgeschoß muß noch fertig renoviert werden, oben kann man aber mit Genuß dem Lebenslauf des hl. Benedikts auf 13 Lünettenfresken folgen.
Via Dante Alighieri/Ecke Via del Proconsolo (gegenüber dem Museo del Bargello); z. Zt. wird renoviert, deshalb ungewöhnliche Öffnungszeiten: Mo–Sa 17–19, Fei 7.30–11.30 Uhr

Battistero San Giovanni ■ F 4

XL TOP 20

Von »il mio bel San Giovanni« schwärmte schon Dante über seine geliebte Taufkirche. Hätte er die wunderschönen Portale sehen können, wäre er mit Michelangelos begeisterter Bezeichnung von Ghibertis Osttür »Tor zum Paradies« sicher einverstanden gewesen. Dem Schutzpatron von Florenz, Johannes dem Täufer, gewidmet, war die achteckige Kirche bis 1128 Kathedrale der Stadt. Gegen Mitte des 12. Jahrhunderts kam es zur weiß-grünen Marmorverkleidung des Äußeren mit der typischen Florentiner Inkrustationstechnik. Dokumentiert ist San Giovanni seit 897; die neue Kirche wurde von Papst Nikolaus II. 1059 eingeweiht. Auf die drei vergoldeten Bronzetore sind die Florentiner immer schon stolz gewesen. Das älteste schuf der renommierte Andrea Pisano **(1)** 1330 bis 1336, verantwortlich auch für die Reliefdekoration des Campanile-Sockels. In 20 Bildern schildert er das Leben des Johannes des Täufers, die unteren acht Felder sind mit allegorischen Figuren den Tugenden gewidmet. Ein Schritt von der etwas affektiert wirkenden Spätgotik zur klassischen Ruhe der Renaissance-Formgebung ist hier vollzogen. Für das Nordportal **(2)** gewann 1401 Lorenzo Ghiberti den ausgeschriebenen Wettbewerb gegen sechs Konkurrenten, darunter auch Brunelleschi. Ihre vorgelegten Projekte mit der Darstellung der Aufopferung Isaaks sind heute im Museo Nazionale del Bargello (→ S. 99) nebeneinander zu besichtigen. 20 Jahre lang arbeitete er mit so namhaften Gehilfen wie Donatello und Uccello an der Ausführung seiner 20 Episoden aus der Heilsgeschichte (diese folgen in Viererreihen aufeinander und sind von unten nach oben zu lesen, nicht umgekehrt wie bei Pisano). Eine Art von Bibel für die Armen. Die unteren acht Felder reservierte Ghiberti für die Evangelisten und die Kirchenväter.

Ghiberti paßt sich zwar dem Muster Pisanos an, man merkt aber an den vielen naturgetreuen Details die weitere Entwicklung in Richtung Renaissance. Die Florentiner ließen sich die beiden Torflügel die damals horrende Summe von 22 000 Gulden kosten, waren aber vom Ergebnis so begeistert, daß keine Rede von Knauserigkeit oder von einem erneuten Wettbewerb bei der Auftragsvergabe fürs dritte Tor **(3)** (dem Domportal gegenüber) sein konnte. Es wurde dann auch mit Abstand **10x10** Ghibertis schönstes Meisterwerk (→ 10x10, S. 8). Kein Wunder: Dafür opferte er sage und schreibe 27 weitere Jahre seines Lebens! Die stolze Zufriedenheit widerspiegelt sich in einem vergnügten Schmunzeln am Glatzkopf seines Selbstporträts (linker Türflügel, rechter Rand, zwischen dem zweiten und dritten Feld von unten). Nicht ohne Grund: Er hatte sozusagen Narrenfreiheit für die Arbeit und stand weder unter Themenzwang noch unter Zeitdruck. So konnte er diesmal auf zehn größeren Feldern ausgewählte Szenen aus dem Alten Testament in einer nie vorher gesehenen Modernität von Konzeption und Technik verwirklichen. Lyrisch und dramatisch, realistisch und poetisch sind diese bewegten und bewegenden goldglitzernden Bilder, mal so flach, als wären sie mit Bronze gemalt, mal so plastisch, als wären sie freistehende Skulpturen. Besonders das mittlere Feld des linken Torflügels mit der Geschichte von »Jakob und Esau« stellt eine Quintessenz der Renaissancekunst par excellence dar. Von den drei Statuengruppen über den Portalen mit Johannes-Szenen ist wohl die Taufe Christi von Jacopo Sansovino am besten gelungen. Dafür steht sie auch über dem »Paradiestor«.

Im Halbschatten des Inneren dominieren ebenfalls attraktive geometrische Muster in Weiß und Grün wie außen. Eindrucksvoll ist in der zweiten

Von oben wirkt Dantes Taufkirche wie ein reichverziertes Schmuckkästchen: das Battistero San Giovanni, ein achteckiger Zentralbau mit der für Florenz so typischen Marmorverkleidung in Weiß und dunklem Grün.

Etage ringsherum die Reihe der 24 romanischen Doppelbögen vor den Fenstern. Ein Musterbeispiel toskanischer Marmorarbeit bietet der mittelalterliche Boden mit seinen gleichfalls zweifarbigen Dekorationen. Bemerkenswert ist auch ein Werk des jungen Donatello: das zwischen zwei Säulen eingefügte Grabmal des Gegenpapstes Johannes XXIII. (4). Richten wir den Blick nach oben: Der Farb- und Formreichtum der Mosaiken in der Kuppel wird ihn blenden. Der majestätisch thronende Christus des Jüngsten Gerichts gebietet Respekt. Satan und seine teuflischen Gefährten der Hölle sind in ihrer grausamen Monstrosität geradezu schreckeinjagend. Mit diesem Albtraum kontrastieren die himmlischen Scharen in Kuppelmitte. Konzentrisch fügen sich vier weitere Mosaikringe an, mit lebhaften Darstellungen aus dem Alten und Neuen Testament. Sie stammen aus dem 13. und 14. Jahrhundert.
Piazza San Giovanni; Mo–Sa 13.30–18.30, So und Fei 8.30–13.30 Uhr; Eintritt 3000 Lire (Tip: die Portale vormittags besichtigen, bevor sie geöffnet werden!)

Biblioteca Marucelliana ■ G 3
Die lateinische Gedenktafel erinnert an den Abt Francesco Marucelli (1625–1703), der seine reiche Buchsammlung testamentarisch der Öffentlichkeit vermachte. Aus diesem Grundstock entwickelte sich die wertvolle, 1752 eingeweihte Bibliothek.
Via C. Cavour 43; für Studierende: Mo–Fr 9–18.45 und Sa 9–13 Uhr (auf Zehenspitzen dürfen Interessierte Besucher einen Blick hineinwerfen!)

Schon Michelangelo war von der künstlerischen Perfektion begeistert: das Ostportal des Battistero San Giovanni, auch Paradiestür genannt.

Cenacolo di San Salvi (»Letztes Abendmahl« von Andrea del Sarto)
östlich ■ K 5
Es verschlägt einem den Atem, wenn man das Refektorium betritt und plötzlich, wie auf einer Theaterbühne, Andrea del Sartos Abendmahlsszene erblickt! Sehr beeindruckt muß wohl auch der Kommandant des Zerstörungstrupps gewesen sein, denn er ließ den Abbruch des Vallombrosanerklosters – so die Überlieferung – gleich einstellen. Das war 1529, nur wenige Jahre nach der Fertigstellung des Freskos, als die Florentiner Regierung beim verzweifelten Widerstand gegen die Belagerungsarmee von Kaiser Karl V. die Strategie der verbrannten Erde außerhalb der Stadtmauern anwendete. Andrea del Sarto erreichte mit diesem Werk den Höhepunkt seiner Kunst als einer der bedeutendsten Maler der Renaissance (→ 10x10, S. 12). Komposition, Farbgebung, feierlicher Ausdruck könnten nicht überzeugender sein. Daß er in nur 64 Tagen (Zahl der täglich bemalten frischen Putzabschnitte) dieses Opus vollbrachte, konnte bei der letzten Restaurierung festgestellt werden!
Via di San Salvi 16; Di–So 8.30–13.50 Uhr

Chiostro dello Scalzo ■ G 1
Die nach Johannes dem Täufer benannte Bruderschaft hieß »scalzo« im Volksmund, weil die Brüder das Kreuz bei den Bußprozessionen barfuß (= scalzo) trugen. Sie beauftragte 1509 den damals 23jährigen Andrea del Sarto mit der malerischen Ausstattung des graziösen Kreuzgangs an ihrer Kapelle. Mit Unterbrechungen wurde die Freskenreihe 1526 fertig: zwölf Szenen aus dem Leben des Johannes und die Allegorien der vier Tugenden Glaube, Hoffnung, Barmherzigkeit und Gerechtigkeit. Zwei Szenen malte Andreas Schüler Franciabigio, während sich der Meister in Frankreich aufhielt (1518/1519). Für die

Fresken wurde die einfarbige Grisailletechnik in Grau oder Sepia gewählt, mit weißen Aufhellungen, um die bildhauerische Wirkung von Basreliefs zu erzielen. Man merkt die Stilentwicklung Andrea del Sartos durch die Jahre, von der anfangs gemalten »Taufe Christi« bis zur »Namensgebung des Johannes«. Dramatisch plastische Höhepunkte sind die »Predigt des Täufers«, die »Taufe des Volkes« und die »Verhaftung und Enthauptung des Johannes«. Die athletischen Muskelpakete verraten das große Interesse des Malers für die Kunst Michelangelos. Wir sind hier an die Grenze von Hochrenaissance und Manierismus gelangt. Neben dem Johannes schaut uns bei der Predigt das hübsche Gesicht von Lucrezia, der heißgeliebten, aber flatterhaften Frau des Malers, an.
Via Cavour 69; Mo und Do 9–13 Uhr (an der Tür klingeln!); Eintritt frei

Duomo Santa Maria del Fiore und Campanile (Dom und Glockenturm)

■ G 4

Am 8. September 1996, dem Geburtstag Mariens, feierte Florenz mit großem Pomp den 700. Jahrestag der Grundsteinlegung für die neue Kathedrale Santa Maria del Fiore. Sie hat in dieser Funktion den Platz von Santa Reparata eingenommen. Die an Bewohnerzahl und Reichtum sich rasch entwickelnde Stadt brauchte einen größeren und prunkvolleren Dom. Die mit Florenz rivalisierenden Städte der Toskana hatten bereits alle ihre respektablen Hauptkirchen. Religion und Politik gingen Hand in Hand zu jener Zeit, als auch die wichtigsten Versammlungen in den Kirchenhallen stattfanden. Die Stadtverwaltung übernahm also die exorbitanten Kosten und erteilte den Bauauftrag dem Stararchitekten der Zeit, Arnolfo di Cambio, der bald auch ein anderes Wahrzeichen der Staatsmacht, den **Palazzo della Signorìa**, erbauen sollte. Das 1294 erlassene Dekret läßt sich an Stolz nicht überbieten: Fleiß und Macht der Menschen sollen nie fähig sein, irgend etwas zu erfinden oder zu unternehmen, das an Größe und Schönheit die neue Kathedrale übertreffen könnte... Wer die rotweiße Silhouette der mächtigen Domkuppel gegen den blauen Himmel gestemmt sieht, kann solche Äußerungen nachvollziehen, wie die von Ghirlandaio, der jedesmal an »Dom-Heimweh« litt, wenn er aus Florenz wegmußte. Nach dem Tod Arnolfos (1302) kam der Bau bis 1330 zum Stillstand. Einen neuen Schwung unter Giottos und Andrea Pisanos Leitung gab ihm das Auffinden der Überreste des ersten Florentiner Bischofs hl. Zenobio. (Ghiberti schuf seinen prächtigen Sarkophag **(18)**, hinter dem Hauptaltar.) 140 Jahre dauerte der Bau der Kirche, die 30 000 Menschen aufnehmen sollte (Grundfläche: 8300 Quadratmeter, Länge: fast 160 Meter, Querschiff: 90 Meter).

XL TOP 20

1418 fehlte aber noch die **Kuppel**, obwohl die endgültigen Vorschriften für ihre Form und Maße schon seit 1368 verbindlich fixiert waren. Keiner außer Filippo Brunelleschi hatte eine richtige Vorstellung davon, wie die enorme technische Aufgabe (bis dato ohne Präzedenzfall!) in der Praxis zu lösen wäre (→ 10x10, S. 8). Es dauerte dann auch noch von 1402 bis 1418, um die verantwortlichen Auftraggeber zu überzeugen, ihm freie Hand für den Kuppelbau zu lassen. Die Kuppel sollte ohne Einrüstung, sozusagen aus eigenem Schwung, in die Höhe wachsen. Sie besteht aus zwei konzentrischen Schalen mit 1,20 Meter Zwischenraum. Darin sind die senkrechten

10x10

Himmelsstürmer von Format: Der fast 82 Meter hohe Campanile, dessen prächtige Marmorverkleidung mit dem benachbarten Dom korrespondiert, geht auf einen Entwurf Giottos zurück.

Die schönsten »Letzten Abendmahle«

Mit einem kunstbeflissenen Freund sprechen wir über die Florentiner Eigenart der vielen »cenacoli«, der Fresko-Darstellungen des »Letzten Abendmahls« an den Wänden der einstigen Refektorien alter Klöster. Viele sind verlorengegangen, mehr als 50 sind jedoch erhalten geblieben. Man nannte übrigens Florenz jahrhundertelang »città conventuale« – Stadt der Klöster.«

Nachdem viele Klöster zwischen Ende des 18. und des 19. Jahrhunderts säkularisiert wurden, kamen Fresken zutage, die früher hinter Klausurmauern verborgen waren. Im Museum von Santa Croce, einst Refektorium des Franziskanerklosters, empfängt uns eine der ersten Florentiner Abendmahlszenen (Mitte 14. Jahrhundert). Taddeo Gaddi hat darüber auch das Kreuz dargestellt, aus dem ein dekorativer Lebensbaum entspringt. Die dramatische Kreuzigungsszene über Andrea Orcagnas Cenacolo im Santo-Spirito-Refektorium ist erhalten geblieben. Vom übel mitgenommenen Abendmahl sieht man zwei vor Lebenskraft strotzende Apostelfiguren am rechten Tischende. Im »Cenacolo di Santa Apollonia« hat Andrea del Castagno auch die Szenen von Kreuzigung, Kreuzabnahme und Auferstehung über dem Abendmahl plaziert. Das letztere bleibt aber sein überwältigendes Meisterwerk. Die Kraft der düsteren Farben vermittelt eine dramatische Spannung, auch wenn die einzelnen Gestalten etwas statisch wirken, so als wären sie mit einem Meißel gemalt.

Bei Domenico Ghirlandaio steht nicht die Dramatik des »Einer von Euch wird mich verraten« im Vordergrund. Er ist das große Erzählertalent unter den Malern des 15. Jahrhunderts. Mit sehr viel Liebe zum Detail stellt er getreu das Ambiente seiner Zeit dar, ohne dabei die Schönheit der Natur außer acht zu lassen. Seine drei für uns erhaltenen Abendmahle sind vermutlich eine Quelle der Inspiration für Leonardo da Vincis Mailänder »Letztes Abendmahl« gewesen. In den Refektorien der Abtei von Passignano und der Florentiner Klöster Ognissanti sowie San Marco entwickelte Ghirlandaio ein Abendmahlmodell, das – von Castagnos Saalperspektive ausgehend – im Hintergrund einen Ausblick auf die Bäume und Vögel eines paradiesischen Gartens eröffnet. Der gedeckte Tisch erinnert an

Florenz Extra

Psychoporträts, die in der Florentiner Malerei ihresgleichen suchen: Andrea del Sartas Meisterleistung im »Cenacolo di San Salvi«.

ein Festmahl wohlhabender Florentiner. Auf die reichverzierte Tischdecke stellt der Maler pastellfarbene Schüsseln, mit Wein gefüllte Karaffen und Gläser, Brot und knallrote Kirschen. Die Charakterköpfe der Apostel kommen dabei nicht zu kurz. In Passignano ist der Judas mit seinem abgewandten Blick und zerzaustem Haar besonders ausdrucksvoll gelungen. Im »Cenacolo di Fuligno« läßt Perugino den Judas fast gemütlich aus dem Bild zum Betrachter hinüberschauen. Bei ihm plätschert das Geschehen eher sentimental dahin. Im Hintergrund stellt er die schmerzvolle Ölbergszene sogar in eine zart poetische, typisch umbrische Landschaft hinein: Idylle statt Tragik. Bei Franciabigio springt hingegen Judas so heftig auf, daß sein Hocker umfällt. Es entsteht viel Aufruhr unter den volkstümlich dargestellten Aposteln im Calza-Refektorium. (Dieses dient dem Kloster auch heute als Speisesaal.)

Ein besonderer Höhepunkt der Florentiner Abendmahlskunst: Andrea del Sartos Meisterwerk im »Cenacolo di San Salvi«. Dieser Künstler schaffte es, im Rahmen einer in Form und Farbe klassisch ausgewogenen Komposition, den aufgewühlten Seelenzustand jedes einzelnen Apostels mit einem psychologischen Feingefühl zum Ausdruck zu bringen, das auch Leonardos Abendmahl an künstlerischer Vollkommenheit nicht nachsteht!

Ohne Fleiß kein Preis: Erst bei der Kuppelbesteigung ist Vasaris »Jüngstes Gericht«, mit 400 Quadratmetern eine der größten Freskenmalereien der Welt, richtig erkennbar.

und waagerechten Verstrebungen, aber auch die Treppen untergebracht, die uns auf 463 unbequemen Stufen bis zur Laterne hochsteigen lassen. Mit äußerster Präzision mußten Form und Position jedes einzelnen Bausteins im voraus berechnet und gesichert sein, denn oben in der Kuppel war eine Nachbearbeitung nicht möglich. Der Architekt überwachte sogar die Herstellung der Ziegelsteine, die fischgrätartig aneinandergefügt wurden. 1434 war die Höhe der Laterne erreicht, die Kuppel stand fest – mit geringerem Gewicht und für geringere Kosten, als es die Vorschläge der Brunelleschi-Rivalen ermöglicht hätten. 53 Meter über dem Boden der Kirche beginnend, mißt die Kuppel nach oben weitere 36 Meter. Ihre Spannweite beträgt 42 Meter. Das Gewicht soll etwa 25 000 Tonnen betragen bei einer Stärke von rund vier Metern. Von außen sieht man nur acht Marmorrippen: weiße Dekoration als Kontrast zu den roten Dachziegeln. Die Konstruktion bleibt ein Geheimnis des Inneren, als wäre dieses Wunderwerk in seiner scheinbaren Leichtigkeit nur aus Luft und Licht aufgebaut. Ganz oben ist die monumentale Laterne das I-Tüpfelchen: Brunelleschis letztes Werk und heute Ziel der Kuppeltouristen.

Die zum Jubiläum frisch geputzte **Fassade** des Doms ist kaum mehr als 100 Jahre alt. Mit ihren Farben Weiß-Grün-Rosa und dem neogotischen Stil will sie sich dem ausgewogen konzipierten Äußeren der Kirche zwar anpassen, schießt aber in ihrer Zuckerbäckerart doch über das Ziel hinaus. Wäre die linke Außenseite auch schon von der Verschmutzung befreit, könnte man hier das schönste Portal des Doms, die sogenannte »Porta della Mandorla« **(7)** (Mandeltür), gebührend bewundern. Dieses Gemeinschaftswerk mehrerer Künstler demonstriert die Wende von der Gotik zur Renaissance – ähnlich wie das Dominnere.

Beim Betreten der Kirche ist man überwältigt vom riesigen dreischiffigen

Die Besichtigung des Doms fordert ihren Tribut: Wer die viertgrößte Kirche der Christenheit ausgiebig in Augenschein genommen hat, braucht erst mal eine kleine Pause.

Raum, sollte sich aber auch der Innenfassade zuwenden. Die drei Rosetten entwarf Ghiberti, das enorme Zifferblatt der Uhr über dem Hauptportal ist ein Fresko von Paolo Uccello. Ein einziger Zeiger, der sich in umgekehrter Richtung dreht, weist auf die 24 Stunden des Tages hin, ausgehend vom Sonnenuntergang des Vortags. Eine Mechanik, die seit fast 600 Jahren funktioniert!

Von den zahlreichen Kunstwerken ringsherum sind besonders folgende bemerkenswert. Links vom Hauptportal: Grabmal des Bischofs Antonio d'Orso **(9)** (1312 Verteidiger von Florenz gegen die kaiserliche Armee) von Tino di Camaino. An der linken Seitenwand: Statue des Josua **(10)**, dessen Kopf von Donatello stammt. Zwei Fresken mit den Reiterbildnissen des Florentiner Kapitäns Niccolò da Tolentino **(11)**, Sieger in der Schlacht von San Romano (→ Uffizien, S. 90), von Andrea del Castagno (1456) und des Söldnerführers Sir John Hawkwood **(12)** von Paolo Uccello (1436). In beiden Fällen ersetzten die Gemälde mit weniger Aufwand die ursprünglich zugesagten Denkmäler, dienten aber als Vorbild für spätere Reiterstatuen.

Domenico di Michelinos Tafelbild (1465) ist die einzige Ehrung, die sich die Republik gegenüber dem ins Exil gezwungenen Dichterfürsten Dante **(13)** geleistet hat. Dante steht vor dem Stadtbild von Florenz, das von dem Buch in seiner Hand bestrahlt wird (erstes Bild vom Dom nach seiner Fertigstellung). Im Hintergrund das Jenseits, von seiner »Göttlichen Komödie« inspiriert. Nun sind wir unter der Kuppel. Die Rundfenster sind besonders schön nach Entwürfen von großen Künstlern wie Donatello, Uccello, Castagno und Ghiberti.

Weniger überzeugend sind die Fresken des Vasari in der Kuppel: das »Jüngste Gericht«, von Federico Zuccari fertiggestellt. (Zum Greifen nahe sind die Figuren, wenn man bei der Kuppelbesteigung auf halber Höhe die Tambour-Galerie erreicht hat.) Viel mehr Kunstfreude hat man auch nicht am heutigen Zustand des achteckigen Marmorchors von Bandinelli unter der Kuppel. (Die Reliefs sind jetzt ebenso im Dommuseum wie jene der berühmten Sängerkanzeln von Luca della Robbia und Donatello, die einst über den Eingangstüren zu den beiden Sakristeien zwischen den drei Apsiden angebracht waren.) Die Portallünetten schmücken Terrakottareliefs (Auferstehung und Himmelfahrt) von Luca della Robbia, dem Erfinder der dabei verwendeten Blau-Weiß-Glasur.

In die linke, sogenannte »Neue Sakristei« **(16)** konnte sich mit Angelo Polizianos Hilfe der verwundete Lorenzo il Magnifico noch um Haaresbreite retten, während sein Bruder Giuliano unter den mörderischen Hieben der Pazzi-Verschwörer vor dem Hauptaltar starb. Das geschah am fatalen Ostersonntag des 26. April 1478.

Im rechten Seitenschiff erinnert eine Marmorbüste an Marsilio Ficino **(21)**, den leitenden Kopf der Neuplatonischen Akademie. Benedetto da Maianos Reliefmedaillon mit Polizianos Epitaph **(27)** huldigt dem Andenken Giottos, und auch Brunelleschis Büste fehlt nicht in der Reihe. In der Mitte des Hauptschiffs wurde das anläßlich des 700jährigen Jubiläums restaurierte Polyptychon **(25)** des einstigen Hauptaltars von Santa Reparata aufgestellt. Wer die ausgegrabenen Überreste der nach dieser Heiligen benannten früheren Kathedrale erkundschaften will, steigt in der Nähe die Treppe zur Krypta **(23)** hinunter. (Tgl. 10–17 Uhr; Eintritt 3000 Lire; Brunelleschis 1972 wiederentdecktes Grab kann man daneben gebührenfrei sehen!)

Piazza del Duomo; Dombesichtigung: Mo–Sa 10–17, So und Fei 13–17 Uhr; Kuppelbesichtigung: Mo–Sa 8.30–17 Uhr; Eintritt 8000 Lire

Campanile

Giotto, in den letzten drei Jahren seines Lebens auch Dombaumeister, widmete sich von 1334 bis 1337 dem Glockenturm, den nach seinen Entwürfen dann Andrea Pisano und Francesco Talenti bis 1359 fertigbauten. Einen schöneren Campanile kann man sich kaum vorstellen als diesen fast 82 Meter hohen, eleganten Turm mit seinen wohlproportionierten gotischen Fenstern und der weiß-rosa-grünen Marmorverkleidung, die mit den Inkrustationen des Doms und des Baptisteriums harmoniert. Die reiche Dekoration des unteren Turmteils stammt von Andrea Pisano, Luca della Robbia (Medaillonreliefs), von Donatello und seinen Kollegen (Statuen von Propheten und Sibyllen), deren restaurierte Originale jetzt im Dommuseum besichtigt werden können. Zum flachen Dach steigt man 414 Stufen hinauf: Der Blick zum Dom und auf die Stadt ist die Anstrengung wert.

Piazza del Duomo; Turmbesteigung tgl. 8.30–18 Uhr; Eintritt 8000 Lire

Giardino dei Semplici (Orto Botanico) ■ H2

»Semplici« bedeutet Arzneipflanzen oder Heilkräuter. Ihrem Studium widmete Großherzog Cosimo I. seinen 1545 gegründeten botanischen Garten. Architekt war Michelangelo-Schüler Trìbolo, gemeinsam mit dem Botaniker Luca Ghini, der schon für die Universität von Pisa eine ähnliche Anlage eingerichtet hatte. Im 18. Jahrhundert förderte Cosimo III. die botanische Forschung, indem er die Reisen des Pier Antonio Micheli ermöglichte. Dieser bereicherte dann, als Direktor, den Garten mit vielen exotischen Pflanzen. Heute gehört die Anlage zur Florentiner Uni. Unter den rund 6000 Pflanzenarten befinden sich viele tropische Seltenheiten.

Via P. A. Micheli 3; Tel. 2 75 74 02; Mo, Fr 9–12 und 14.30–17, Mi 9–12 Uhr

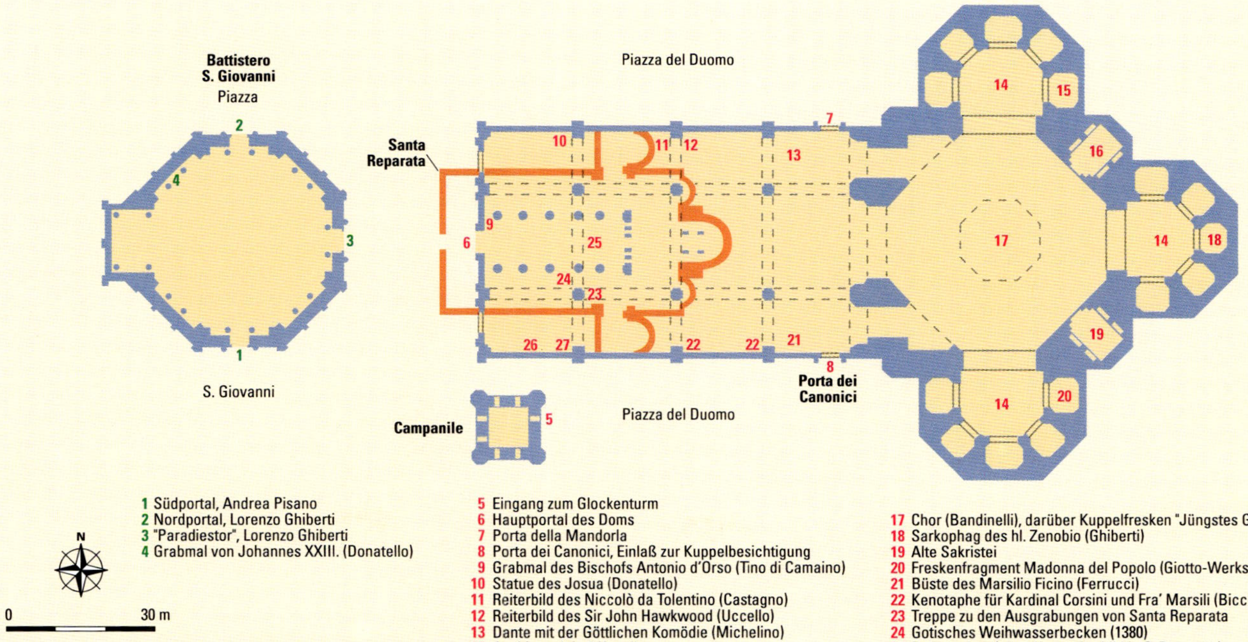

1 Südportal, Andrea Pisano
2 Nordportal, Lorenzo Ghiberti
3 "Paradiestor", Lorenzo Ghiberti
4 Grabmal von Johannes XXIII. (Donatello)

Duomo Santa Maria del Fiore

5 Eingang zum Glockenturm
6 Hauptportal des Doms
7 Porta della Mandorla
8 Porta dei Canonici, Einlaß zur Kuppelbesichtigung
9 Grabmal des Bischofs Antonio d'Orso (Tino di Camaino)
10 Statue des Josua (Donatello)
11 Reiterbild des Niccolò da Tolentino (Castagno)
12 Reiterbild des Sir John Hawkwood (Uccello)
13 Dante mit der Göttlichen Komödie (Michelino)
14 Apsiden mit je 5 Kapellen
15 Pietà (Michelangelo-Kopie)
16 Neue Sakristei
17 Chor (Bandinelli), darüber Kuppelfresken "Jüngstes Gericht" (Vasari)
18 Sarkophag des hl. Zenobio (Ghiberti)
19 Alte Sakristei
20 Freskenfragment Madonna del Popolo (Giotto-Werkstatt)
21 Büste des Marsilio Ficino (Ferrucci)
22 Kenotaphe für Kardinal Corsini und Fra' Marsili (Bicci di Lorenzo)
23 Treppe zu den Ausgrabungen von Santa Reparata
24 Gotisches Weihwasserbecken (1380)
25 Polyptychon (einst Hauptaltarbild in S. Reparata)
26 Büste Brunelleschis (Cavalcanti)
27 Reliefmedaillon Giottos mit Polizianos Epitaph (Benedetto da Maiano)

Ein Käfig voller Grillen

Christi Himmelfahrt wird in Italien neuerdings erst am darauffolgenden Sonntag gefeiert, nicht am eigentlichen Festtag. Auch das uralte Florentiner Grillenfest **Festa del Grillo** (dessen Ursprung bis heute ungeklärt ist) hat sich also um drei Tage verschoben. Sein Ursprung ist bis heute ungeklärt, geht aber vermutlich auf eine heidnische Volkstradition zurück. Im Cascine-Park, dem ehemaligen Jagdrevier der Medici, das Großherzog Pietro Leopoldo 1787 der Öffentlichkeit zugänglich machte, werden zahllose buntgeschmückte Jahrmarktbuden aufgestellt, zur Freude von klein und groß. Mit Weinblättern tapezierte Kartons sind die Unterkunft der laut zirpenden Grillen, bis sie beim Verkauf in winzigen Käfigen landen. Eine ganze Schar von Handwerkern lebt von der Anfertigung dieser primitiven, doch in Form und Farbe phantasievollen Gebilde. Märchenwelt der Illusion. Am Ende lassen die fröhlich stolzen Kinder ihre Grillen frei, damit sie im Rasen unter den Bäumen weitermusizieren können.

Ein Experte des Grillenkäfigs muß wohl Maestro **Michelangelo** gewesen sein. Die Geschichte, die dies beweisen soll, dürfte wohl 1515 über die Bühne gegangen sein. Die Steinmetze waren gerade fleißig hämmernd dabei, aus kostbarem Carrarer Marmor, die hübsche Bogenreihe der Balustrade um den Tambour der Domkuppel Brunelleschis zurechtzuhauen. Der elegante Entwurf stammte von **Baccio d'Agnolo**, dem Architekten des Palazzo Bartolini-Salimbeni, nach einem Auftrag aus dem Jahre 1506. Die nackten Ziegel um die Kuppel herum blieben aber bis heute größtenteils unverdeckt. Und das kam so: Michelangelo kritisierte gern in seiner bissig ironischen Art. Als er eines Tages im Vorbeigehen die Hammerschläge hörte, warf er einen düsteren Blick nach oben zum fertiggewordenen Teil der Marmorgalerie an einem Kuppelsegment. Dann rief er mit lauter, doch schmeichelhafter Stimme, so daß alle Herumstehenden ihn gut hören konnten: »Man könnte meinen, ein Käfig für Grillen!«

Florenz Extra

1:0 für Michelangelo: Ohne seinen spöttischen Einwand würde der Tambour von Brunelleschis Domkuppel heute ganz anders aussehen

Dem großen Künstler folgte auf der Straße immer eine Menge von Leuten, echte Bewunderer und schmierige Schmeichler. Jedes Wort von ihm wurde von den Fans neugierig aufgeschnappt und gierig weitergereicht, als wäre es ein Zitat aus der Bibel. »Grillenkäfig« – diese Feststellung ging von Mund zu Mund, von Haus zu Haus, von Werkstatt zu Werkstatt. Bald widerhallte sie, von einer mächtigen Welle der Zustimmung getragen, in der ganzen Stadt. »Grillenkäfig« – gegen diese durchschlagende Erkenntnis half auch Baccios Pochen auf seinen Vertrag nichts. Sein Werk blieb für immer unvollendet.

Die öffentliche Meinung schonte Baccio auch wenige Jahre später nicht und bedeckte mit Schmäh sein Werk: den Palazzo Bartolini auf der Piazza Santa Trìnita. Zu jener Zeit hatte man noch kaum Verständnis für die Eleganz dieser Spätrenaissancefassade. (Ihr dienten Rafael und die römische Architektur als Vorbild.) Solche Dekorationselemente durfte nur eine Kirche und kein Privatpalazzo aufweisen. Nun hatte aber Baccio eine gute Idee, um sich an seinen Kritikern zu rächen. »Carpere promptius quam imitatur« ließ er über dem Tor eingravieren: »Es ist einfacher zu kritisieren als nachzubilden«.

Orsanmichele ■ F5

Ein seltener Fall: Man bricht eine kleine Kirche ab, um an der Stelle den Getreidemarkt einzurichten und zum Schutz der Händler eine Loggia zu bauen. Diese brennt ab, wird erneuert, dann vermauert man sie und funktioniert sie innen in eine zweischiffige Kirche um

10x10 (→ 10x10, S. 8). Dann kommen aber oben zwei Stockwerke darauf für den Getreidesilo. All das spielte sich zwischen 1240 und 1404 ab. Das Ergebnis: ein 50 Meter hohes Prachtstück gotischer Palastarchitektur mit Doppelfenstern aus Carraraer-Marmor und Tympana, die so fein gemeißelt sind, als wären sie geklöppelt. Noch merkwürdiger war die Entscheidung, an den unteren Pfeilern Nischen zu bilden und darin Statuen der Schutzpatrone der einzelnen Zünfte – natürlich auf deren Kosten – aufstellen zu lassen: ein Freilichtmuseum, bestückt mit 14 Meisterwerken der in Florenz tätigen Bildhauer der Renaissance. Freilicht bedeutet aber auch Schäden durch Verwitterung und Luftverschmutzung. Deshalb sind nur noch einige der Originale an Ort und Stelle zu sehen. Donatellos hl. Georg steht im Bargello, vor Ort ersetzt durch eine Bronzekopie. 1996 war die innere Renovierung so weit gediehen, daß man im neuen »Orsanmichele-Museum« unter dem hohen Backsteingewölbe der ersten Etage manche restaurierte Originalstatuen unterbringen konnte, um sie im Freien durch Kopien zu ersetzen. Dazu gehören zum Beispiel Verrocchios »Ungläubiger Thomas« und Donatellos »Evangelist Markus«. (Zugang zum Saal: direkt vom gegenüberliegenden »Palazzo dell'Arte della Lana«.) Eine moderne Holztreppe führt in den obersten Stock (mit herrlichem Panoramablick), wo 40 von der Außenfront gerettete, verwitterte kleine Sandsteinstatuen aufgereiht sind. Im Gotteshaus selber besticht das Altarbild der zarten Gnadenmadonna vom Giotto-Schüler Bernardo Daddi. Andrea Orcagna baute es mit einem monumentalen, reichge-

Ausdruck selbstbewußter Handwerker und Kaufleute: Kein anderes Florentiner Gebäude unterstreicht die Bedeutung der mittelalterlichen Zünfte besser als Orsanmichele.

schmückten Tabernakel im florentinisch-gotischen Stil um. Den Sockel bildet eine meisterhafte Reihe von Marmorreliefs mit der Mariengeschichte. In der Szene mit Mariens Tod hat sich Orcagna selber am rechten Rand porträtiert. Die Kirche war ausgiebig bemalt mit Fresken aus dem 14. Jahrhundert, die leider nicht gut erhalten sind. Aus den Bildern in den Bögen ragen aber die großen Haken hervor, an denen die Seile befestigt werden konnten. An den Mauern sieht man noch die Schachtöffnungen, durch die das Getreide von oben in die Säcke hineinprasselte.
Via dell'Arte della Lana; »Orsanmichele«-Museum tgl. 9–13.30 Uhr, 1. und letzter Mo des Monats geschl. (Änderungen vorbehalten); Eintritt frei

Palazzo Vecchio
→ Museo di Palazzo Vecchio, S. 107

Seit 1833 verglast: Der Votivkreuzgang von Santissima Annunziata, eine lichtdurchflutete Vorhalle, wurde von Michelozzo mit zarten korinthisierenden Kapitellen geschmückt.

Sant'Ambrogio ■ I5
Zur Erinnerung an den Florenz-Besuch des Mailänder Erzbischofs Ambrogio im Jahre 393 errichteten die Benediktiner noch im ersten Jahrtausend ein Ordenshaus. Diese Kirche, eine der ältesten der Stadt, war ursprünglich die Klosterkapelle. Sie wurde eine bedeutende eucharistische Wallfahrtsstätte nach dem 1230 vom Priester Uguccione erlebten Wunder. Er hatte bei der Messe den Kelch nicht sorgfältig ausgewischt und fand am nächsten Morgen den Restwein in Blut verwandelt. In der sogenannten Wunderkapelle hinter dem Altar verewigte der Gozzoli-Schüler Cosimo Rosselli das Ereignis 1486 mit realistischen Veduten von Florenz und Porträts berühmter Florentiner (unter anderem Pico della Mirandola und der Maler selber). Nach der Überschwemmung von 1966 wurde die einschiffige Kirche mit der schlichten gotischen Fassade, den schönen Renaissance-Altären aus grauem Sandstein und dem erhobenen Altarraum gründlich restauriert. Dabei kamen an den Wänden interessante Sinopien zum Vorschein. Baldovinetti und Orcagna

sind hervorzuheben unter den Malern, deren Werke die Kirche schmücken. Das berühmteste Kunstwerk hier ist aber Mino da Fiesoles besonders feingestalteter Marmortabernakel. Der Künstler ist links vor der Treppe, die zum Altar führt, begraben. Ebenfalls fanden hier die letzte Ruhe, unter anderen, Andrea del Verrocchio, Leonardos Meister, und der berühmte Architekt Simone del Pollaiuolo (»Cronaca« genannt).
Piazza Sant'Ambrogio

Santissima Annunziata ■ H3
Sieben fromme Florentiner Adelige gründeten 1234 den Servitenorden, ganz der Wohltätigkeit im Dienst Mariä (»Servi di Maria«) gewidmet. Die Mutterkirche

XL TOP 20

Santissima Annunziata wurde seit 1250 mehrfach erweitert, das Innnere schließlich in einem überschwenglichen Barockstil ausgestattet. Am Silberaltar (gleich links neben dem Kircheneingang), in der von Michelozzo entworfenen Prachtkapelle, kann man bei feierlichen Anlässen ein für wundertätig gehaltenes Gemälde der Verkündigung (13. Jahrhundert) bewundern, das die Kirche zum populärsten Wallfahrtsort in Florenz machte. Während der Künstler schlief, soll ein Engel das zarte Gesicht der Madonna fertiggemalt haben – so der Volksmund. Wie dem auch sei, die Kirche wurde jedenfalls im Leben der Stadt ein wichtiger Anziehungspunkt. Bis 1750 begann sogar das Kalenderjahr in Florenz nicht am 1. Januar, sondern am 25. März, dem Feiertag der Verkündigung. Es war ein »social event«, sein Konterfei in Form einer lebensgroßen bekleideten Wachsfigur als Weihgabe in der Kirche anbringen zu lassen. (Auch Lorenzo il Magnifico bedankte sich damit für seine Rettung aus der Pazzi Verschwörung.) Fiel eine solche Figur von der Decke hinunter, konnte es lebensgefährlich werden. Also verlagerte man das überfüllte Wachskabinett in einen nach Michelozzos Plänen 1447 von Antonio Manetti gebauten »Votivkreuzgang« zwischen Eingangsloggia und Kirche. Vor 200 Jahren wurde die makabre Schau abgeschafft, dafür blieben uns an den Wänden – wenn auch etwas ramponiert – die Fresken von Andrea del Sarto und seinen Schülern Pontormo, Rosso Fiorentino und Franciabigio erhalten (Szenen aus dem Leben Mariens und des Servitenheiligen Filippo Benizzi). Das Kircheninnere ist reich an interessanten Kunstwerken und Gräbern. Hier eine Auslese für den Rundgang, ausgehend vom Silberaltar der Verkündigung: Den Christuskopf von Andrea del Sarto hielt Vasari für den schönsten, den es gibt. Andrea del Castagno frappiert mit der kühnen Perspektive in der Dreifaltigkeitsvision des hl. Hieronymus. In weiteren Kapellen: »Jüngstes Gericht« von A. Allori, Peruginos »Himmelfahrt«. Links vom Altartisch: Grabplatte von Andrea del Sarto. (Der Altarraum unter der Kuppel – in dem auch eine von Veit Stoss geschnitzte Rochus-Statue steht – wird derzeit restauriert. Dahinter schuf Giambologna seine eigene Grabkapelle.) Zum »Kreuzgang der Toten« führt ein Gang links neben der Kirche. In der Lünette (rechts hinten über der geschlossenen Verbindungstür): Andrea del Sartos letztes wichtiges Werk »Madonna del Sacco«, genannt nach dem Heusack, an den der hl. Joseph angelehnt ist – leider mit verblichenen Farben hinter dem zu spät angebrachten Schutzglas. In der Lukas-Kapelle liegen neben anderen Künstlern auch Pontormo und Cellini begraben. Die Fresken im Kreuzgang sind interessante

Alles im Blick: In der Mitte der harmonischen Piazza Santissima Annunziata wacht Großherzog Ferdinand I. über das Geschehen. Das Reiterdenkmal ist ein Werk Giambolognas.

Dokumente der Servitengeschichte (zum Beispiel zeigt eines den Besuch des Ordensgenerals Uguccione 1270 bei Rudolf von Habsburg, dem späteren Kaiser).
Piazza Santissima Annunziata

Santa Croce ■ H 6

XL TOP 20

Die »Heiligkreuz«-Kirche der Franziskaner mußte nach ihrer Einweihung (1442) zwei verheerende Katastrophen überstehen: um 1560 Vasaris Renovierungswut, der unter anderem fast der gesamte Freskenschmuck der Langschiffe zum Opfer fiel, und 1966 die Hochwasserschäden durch die meterhohen Fluten. Zwischendurch verschwanden 1714 die schönsten Fresken Giottos für fast anderthalb Jahrhunderte unter einer Kalktünche. So wurde das schlicht aus Backstein gebaute und mit einem Holzdach gedeckte gotische Gotteshaus ungewollt zu einem Symbol von Tod und Auferstehung. Rund 280 Gräber und Denkmäler der geistigen Elite vieler Jahrhunderte sind also am passenden Ort versammelt: ein italienisches Pantheon par excellence (→ 10x10, S. 8).

10x10

Den Bau der T-förmigen Riesenhalle von 115 Meter Länge begann 1294 Arnolfo di Cambio, der vielbeschäftigte Allround-Architekt der Stadt. Es wurde ein echtes Langzeitprojekt: Erst 1842 kam es zum Wiederaufbau des 1512 zusammengebrochenen Glockenturms. Seine Spitze, einem Minarett ähnlich, ist aus der Stadtsilhouette nicht mehr wegzudenken. Ein Jahrzehnt später kam es zum Bau der neugotischen Prunkfassade. Dafür legte der englische Kunstmäzen Sloane 12 000 Goldpfund auf den Tisch. Hätten die Franziskaner die Offerte der Quaratesi-Familie (100 000 Goldflorine!) im 15. Jahrhundert nicht ausgeschlagen und verweigert, ihr Wappen an der Fassade anzubringen, so hätte die Kirche eine zeitgemäße Front erhalten. Dante ruht nicht im hiesigen bombastischen

Den Toten zum Gedenken: Hinter der Prunkfassade von Santa Croce verbirgt sich das »Pantheon« von Florenz.

Monument, sondern im Exil in Ravenna. Michelangelos Leichnam wurde insgeheim aus Rom zurückgebracht und auf dem großen Tisch der Sakristei aufgebahrt. Mit keinem seiner Kunstwerke (nicht einmal der von ihm bestimmten Pietà) wollte man sein Grab **(22)** schmücken. Ob er allerdings unter Vasaris Dutzendwerk glücklich ruht, bleibt zu bezweifeln. Auch Machiavelli **(19)**, Galilei **(1)** oder Rossini **(16)** hatten nicht mehr Glück mit ihren Ruhestätten. Dem Dichter Vittorio Alfieri **(20)** gönnte man dagegen ein Werk des Canova. Unvergeßlich schön sind die im 15. Jahrhundert von den Brüdern Rossellino geschaffenen Grabmäler: für Francesco Nori **(23)**, der bei der Pazzi-Verschwörung sein Leben für Lorenzo il Magnifico opferte (bezaubernde Madonna rechts am ersten Pilaster), und für Leonardo Bruni **(17)**, den großen Huma-

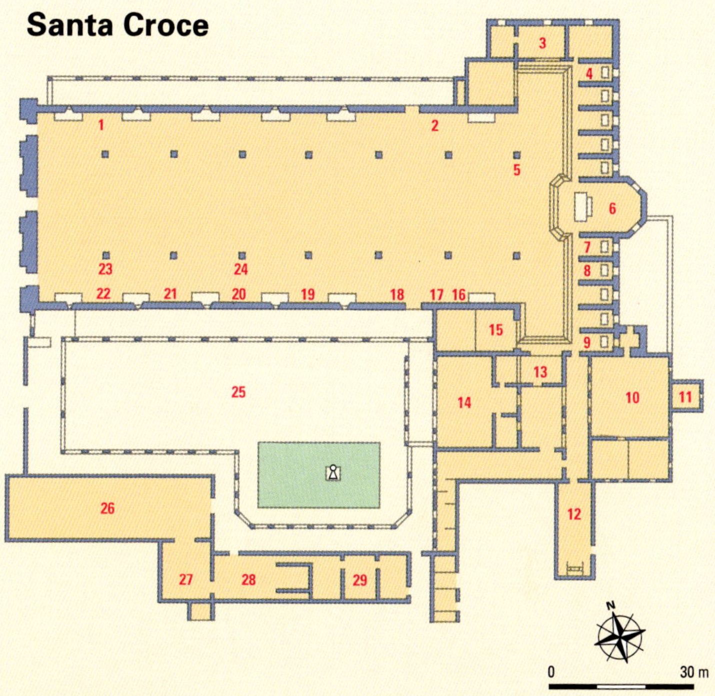

1 Grabmal Galileis (Foggini)
2 Grabmal Carlo Marsuppinis (Desiderio da Settignano)
3 Bardi-Kapelle (Donatellos Kruzifix)
4 Bardi-di-Vernio-Kapelle (Maso di Banco)
5 Grabmal Leon Battista Albertis (Bartolini)
6 Apsis „cappella maggiore" (A. Gaddi)
7 Bardi-Kapelle (Giotto)
8 Peruzzi-Kapelle (Giotto)
9 Velluti-Kapelle (Fresken Cimabue zugeschrieben)
10 Sakristei (T. Gaddi)
11 Rinuccini-Kapelle (G. da Milano)
12 Medici-Kapelle (Michelozzo)
13 Giugni-Baroncelli-Kapelle (T. Gaddi)
14 Pazzi-Kapelle (Brunelleschi, Luca d. Robbia)
15 Castellani-Kapelle (Fresken von A. Gaddi)
16 Grabmal Rossinis (Cassioli)
17 Grabmal Leonardo Brunis (B. Rosselino)
18 "Cavalcanti"-Tabernakel (Donatello)
19 Grabmal Niccolò Machiavellis (Spinazzi)
20 Grabmal Vittorio Alfieris (Canova)
21 Kenotaph Dantes (Ricci)
22 Grabmal Michelangelos (Vasari)
23 Grabmal Franceso Noris (A. Rosselino)
24 Kanzel (Benedetto da Maiano)
25 Erster Kreuzgang
26 Museo dell' Opera di Santa Croce
27 Kleines Refektorium
28 Canigiani-Kapelle
29 Grabmal des Kardinals Gastone della Torre (Tino di Camaino)

nisten. Er ist liegend dargestellt, mit seinem Buch »Lob auf Florenz« in der Hand (beispielhaftes, oft nachempfundenes Monument, wie es gegenüber das Grab des Humanistenkollegen Carlo Marsuppini **(2)** von Desiderio da Settignano zeigt). Unweit vom Bruni-Grab im rechten Seitenschiff: Donatellos »Cavalcanti«-Tabernakel **(18)** mit der gefühlvollen Verkündigungsszene aus grauem goldverziertem Sandstein. Sein von Brunelleschi einst als »bauernhaft« verschmähtes Kruzifix in der ersten Bardi-Kapelle **(3)** (Ende des linken Querschiffs) und Benedetto da Maianos der Franziskus-Legende gewidmete Kanzel **(24)** (am dritten Pfeiler rechts) sind weitere Höhepunkte der Skulptur in dieser Kirche. Für Fresken-Liebhaber bieten Querschiff und Sakristei **(10)** reichen Genuß, sofern sie restauriert sind (jene des Giotto-Schülers Maso di Banco in der Bardi-di-Vernio-Kapelle **(4)** sind noch in Arbeit). In der Apsis **(6)** erzählen die guterhaltenen Fresken des Agnolo Gaddi die Legende des hl. Kreuzes. Daneben, in den Kapellen Bardi **(7)** und Peruzzi **(8)**, sind **Giottos** von der Zerstörung geretteten berühmten Freskenzyklen aus dem Leben des hl. Franziskus, des Evangelisten Johannes und Johannes des Täufers zu bewundern (→ 10x10, S. 12). Besonders ergreifend: der Tod des Franziskus. In der Giugni-Baroncelli-Kapelle **(13)**, am Ende des rechten Kreuzschiffs, hinterließ Taddeo Gaddi (Giotto-Schüler und Vater von Agnolo G.) mit der Marienlegende ein ebenso großes Meisterwerk wie in der Sakristei **(10)**, wo er eine Wand mit der Kreuzigung Christi ausmalte. In der

10x10

Mittelwand der Sakristei stört leider das verschlossene Gitter den Blick in die Rinuccini-Kapelle **(11)**, die ringsherum reich bemalt ist mit Fresken des Giotto nacheifernden lombardischen Malers Giovanni da Milano (Szenen aus dem Leben der hl. Maria Magdalena und der Jungfrau Maria).

Piazza Santa Croce; Mo–Sa 7.15–12.30 und 15–18.30 Uhr (→ Museo dell'Opera di Santa Croce, S. 107)

Glänzende Barockorgel in der Kirche von San Marco. Auf dem Weg zum höchst sehenswerten Museum im gleichnamigen Kloster lohnt auch ein Blick ins Kircheninnere.

San Marco ■ G 2

Die Kirche mit ihrer eher bescheidenen Barockfassade ist weit weniger sehenswert als das dazugehörige Kloster und Museum nebenan (→ Museo di San Marco, S. 110). Leider ist im Inneren Michelozzos Renaissance-Architektur ebenfalls den Umbauten zum Opfer gefallen. Die Kapelle (links neben dem Chor), wo der hl. Bischof Antonino in seinem Schrein liegt, ist Giambologna zu verdanken. Die beiden namhaften Humanisten Angelo Poliziano und Pico della Mirandola sind auch hier begraben (zwischen zweitem und drittem Altar links). Das älteste Prachtstück: das byzantinische Mosaik der »Mater misericordiae« aus dem Oratorium des Papstes Johannes VII. in Rom (dritter Altar rechts).

Piazza San Marco

Santa Maria Maddalena dei Pazzi

Der Kreuzgang erwartet den Besucher mit einem harmonischen Ambiente. Er wurde von Giuliano da Sangallo zwischen 1492 und 1505 erbaut und erinnert an den Brunelleschi-Stil. Durch die innen gotisch erhaltene Kirche gerät man mit Hilfe der Sakristanerin zu den unterirdischen Gängen, die in den verborgenen Kapitelsaal führen. Hier hat man die Gelegenheit, sich in aller Ruhe in Peruginos meisterhaft gemalte »Kreuzigung« zu vertiefen. Als Triptychon ist dieses Fresko kompositorisch ideal in die Gewölbe-Architektur eingefügt. Der Gekreuzigte und die sym-

metrisch in die Landschaft gesetzten Heiligen strahlen eine mystische Melancholie aus. Diese spiegelt sich im sanfthügeligen umbrischen Hintergrund mit seinen schlanken, dünnbelaubten Bäumen. Ähnlich faszinierend ist ein kaum bekanntes Fresko aus der Perugino-Schule: Christus erscheint dem hl. Bernhard. Bewundernswert ist auch die Christusfigur aus bemaltem Pappmaché des sonst als Architekt berühmten Buontalenti. Gottlob konnte sie aus dem Hochwasser 1966 gerettet und restauriert werden.
Borgo Pinti 58 (bei Servizio klingeln!); tgl. 9–12 und 17–18.50 Uhr, So 17.20–18.10 wegen Messe geschl.; Eintritt 1000 Lire

»Santa Maria Nuova«-Krankenhaus mit Sant'Egidio-Kirche ■ G 4/H 4
Die von Buontalenti konzipierte, ausgewogene Barockfassade mit dem schönen Laubengang beherrscht den gleichnamigen Platz. In den Lünetten rechts vom Hauptportal erzählen vier etwas verwitterte Fresken des Pomarancio (1552–1626) die Mariengeschichte. Die große Wandfläche nach dem Eckknick hatte schon Taddeo Zuccari (1529–1566) mit der Verkündigungsszene bemalt. Hinter der nahen Eingangstür zur Röntgenabteilung kann man beim Empfang die Erlaubnis erhalten, den von Bicci di Lorenzo 1422 erbauten Kreuzgang mit seinen schönen Terrakotta-Reliefs (Giovanni della Robbia und Michelozzo zugeschrieben) zu besichtigen. Die Bogenschlußsteine zeigen das Wappen des Instituts: eine Krücke. Durch die linke Tür gelangt man zu einem Innenhof. Gleich rechts: das Grabmal der Monna Tessa mit den energischen Gesichtszügen einer tatkräftigen Frau und dem Gründungsdatum des Hospitals: 23. Juni 1288. Diese großherzige Wirtschafterin des Folco Portinari – Vater der von Dante angebeteten Beatrice – regte ihren Herrn zu seiner Stiftung an und gründete auch den Oblaten-Orden, dem die damals beispielhafte Krankenversorgung zu verdanken war. Eine Treppe führt hinter dem Hof zu den Verwaltungsbüros, die manches wertvolle Kunstwerk beherbergen. (Empfangszeit: 10.30–13.30 Uhr.) Im Zimmer Nr. 4 – Segreterìa Direzione Generale – erhält man die Zustimmung zur Besichtigung unter anderem der »Sala della Presidenza«, mit Andrea del Castagnos kraftvoll-dramatischem Kreuzigungsfresko an einer Wand.

Das mittlere Tor unter der Loggia führt in die einschiffige Barockkirche **Sant'Egidio**. Gleich rechts: das gotische Grab von Folco Portinari (respektlos mit Plakaten dekoriert). Außer Bernardo Rossellinos Pracht-Tabernakel in Form einer Renaissancekirche beeindruckt der Trompe-l'œil-Effekt, durch den das flache Deckenfresko wie eine Kuppel wirkt. Die schräg gemalten Säulen drohen schier auf den Betrachter herabzustürzen.
Piazza Santa Maria Nuova

Museen

Casa Buonarroti ■ H 5
Das Grundstück hatte Michelangelo 1508 gekauft, selbst aber nie hier gewohnt und es dann seinem Neffen Leonardo hinterlassen. Der jetzige Bau nach Plänen des Meisters entstand später. Michelangelo jr. zog die besten Florentiner Maler seiner Zeit heran, um zu Ehren seines Großonkels eine würdige Gedenkstätte einzurichten, samt den farbenprächtigen Räumen »Galleria« und »Studio«.

Im kleinen Museum faszinieren vor allem zwei Basreliefs, die der kaum 16jährige (!) Michelangelo in den Marmor meißelte: die nachdenkliche »**Madonna della Scala**« und das aufregende Gewühl im »**Kampf der Zentauren**« (→ 10x10, S. 13). Vom letzteren Lieblingswerk trennte er sich nie. Dem jungen Michelangelo wird auch der bewegend schöne Christus am Kreuz zugeschrieben, erst 1963 wiederentdeckt. Gewaltig ist der männliche Torso – eine Muskelmasse aus Ton, Flußsand, Holz, Tierhaar und Draht. Das Holzmodell für die Fassade der Kirche San Lorenzo läßt ahnen, welcher Verlust für die Nachwelt mit dem Liegenlassen dieses Projektes entstand.

Eine Kostprobe aus der Michelangelo-Zeichnungssammlung wird bei gelegentlichen Sonderausstellungen gezeigt. 1997 eröffnete das Museum einen Saal (rechts vom Eingang) mit der interessanten archäologischen Kollektion der Buonarroti-Familie.
Via Ghibellina 70; tgl. 9.30–13.30 Uhr, Di geschl.; Eintritt 10 000 Lire

Casa di Dante ■ G 5

Dieses Haus als Dantes Geburtsstätte anzupreisen ist ein Touristen-Lockmittel ersten Ranges! Sicher ist nur, daß Italiens Dichterfürst, Schöpfer der »Göttlichen Komödie«, irgendwo in der Nähe auf die Welt kam. 1911 war das Geburtsjahr dieses »Museums«, wo alles nachempfunden und nachgestellt ist. Man wird an Dante erinnert, aber es sind nur Kopien und Reminiszenzen vorhanden. Fazit: Es lohnt sich kaum, die steile Treppe hinaufzuklettern.
Via Santa Margherita 1; Mo–Sa 10–18, So und Fei 10–14 Uhr, Di geschl.; Eintritt 5000 Lire

Galleria dell'Accademia ■ G 3

1873 wurde Michelangelos kolossale Davidstatue von der Piazza della Signorìa hierher transportiert. Seitdem strömen die Besucher in die Akademie, die das weltberühmte Originalwerk den Kopien (vor dem Palazzo Vecchio und am Piazzale Michelangelo) vorziehen. Großherzog Pietro Leopoldo ließ 1784 hier den Sitz der Akademie der Schönen Künste einrichten.

XL TOP 20

Hochgesteckte Ziele: Die Studenten der Accademia di Belle Arti müssen sich ständig mit erstklassigen Künstlern messen.

Perugino-Saal
Im ersten Raum – neben schönen Gemälden unter anderem von Perugino und Fra' Bartolomeo – überwältigt Giambologna mit der schneeweißen Gipsversion seiner Statue **»Raub der Sabinerinnen«** (1582). Vor allem wenn man um die drei sich spiralförmig nach oben windenden Körper herumgeht, begreift man die großartige Leistung dieses Künstlers (→ 10x10, S. 13).

10x10

Michelangelo-Saal
Unter der Kuppel der »Tribuna« ragt Michelangelos über vier Meter hohe David-Statue empor. Dieser David ist ein Übermensch nach der Idealvorstellung von Lorenzo il Magnifico und seiner Freunde in der Neoplatonischen Akademie, gleichzeitig ein selbstbewußter Held und Symbol für die Stadt im Kampf um ihre Freiheit.

Etwa 20 Jahre später entstanden die fürs Grabmal des Papstes Giulio II. vorgesehenen sogenannten Sklavenfiguren. Es sind im Marmorblock gefangen gebliebene Körper, die verzweifelt versuchen, sich aus der irdischen Materie zu befreien. Ebenso unvollendet blieb das Projekt der zwölf Apostel für die Domfassade. Michelangelo hinterließ in der Figur des »hl. Matthäus« (→ 10x10, S. 10) sein erstes halbvollendetes Werk, das für seine Arbeitsweise besonders aufschlußreich ist. Die »Pietà von Palestrina« ist eines der letzten Werke des Künstlers, der mit dieser Thematik viel gerungen hat.

10x10

Florentinische Säle
Rechts von der »Tribuna« sind drei Säle der florentinischen Renaissance-Malerei gewidmet (unter anderem Werke von Botticelli, Baldovinetti). Das Paradestück ist die kunstvoll bemalte Vorderfront der »Adimari«-Aussteuertruhe. Die Szene: prächtig gekleidete Gäste gratulieren dem Brautpaar Lisa Ricasoli und Boccaccio Adimari. Masaccios Halbbruder Giovanni verewigte 1420 mit dem Pinsel die Eleganz und Anmut dieser florentinischen Hochzeitsgesellschaft, als säße er am Laufsteg einer Modeschau. So elegant gekleidet zog die vornehme Gesellschaft im 14. Jahrhundert zu einer Hochzeit.

Byzantinische Säle
In drei an die »Tribuna« anschließenden Räumen sind die ältesten Gemälde der Sammlung ausgestellt, die zumeist im byzantinischen Stil aus der Zeit vor Giotto stammen (13. und 14. Jahrhundert).

Erster Stock
Hier sind weitere Werke der Florentiner Schule aus Spätgotik und Frührenaissance ausgestellt. Ein kunstvolles Beispiel für den Übergangsstil ist Lorenzo Monacos »Christus am Ölberg« (1395–1400).
Via Ricasoli 60; Di–Sa 9–19, So 8.30–13.50 Uhr; Kassenschluß: 18.15 bzw. 13.05 Uhr

Galleria degli Uffizi (Uffizien)
■ F6/G6

(→ Extra, Die Uffizien: vom Verwaltungsbüro zum weltbekannten Kunstmuseum, S. 96)

Extra

Für die Uffizien muß man sich reichlich Zeit nehmen. Man kann sie nicht einfach bewältigen oder »abhaken«. Dafür ist Italiens Top-Museum viel zu anspruchsvoll und erlebnisreich. Wie macht man es also am besten? Nach einem allgemeinen Überblick kann man sich – je nach Anliegen und Geschmack – die besten Rosinen aus dem Kuchen herauspicken, um am Ende des Rundgangs zu den Lieblingsgemälden zurückzukehren. Man kann sich aber auch auf eine Stilperiode oder auf einen liebgewonnenen Maler konzentrieren, denn die Sammlung ist beispielhaft übersichtlich nach chronologischen und stilistischen Gesichtspunkten (13. bis 18. Jahrhundert) geordnet

XL TOP 20

10x10 (→ 10x10, S. 10). Wir steigen Vasaris Ehrentreppe empor zur Galerie. Im Vestibül auf halber Höhe ist der Eingang zur weltberühmten graphischen Sammlung **Gabinetto dei Disegni e delle Stampe**, die heute etwa 110 000 Werke bedeutender Künstler, von Botticelli über Dürer bis Morandi, bewahrt. Gelegentliche Sonderausstellungen aus dem Bestand sind immer ein Ereignis. In der östlichen Galerie angelangt, sind wir gleich in die Medici-Zeit zurückversetzt: Amüsante Grotesken zieren die Decken, antike Statuen säumen die Wände. Mit den Meisterwerken der Malerei geht es gleich links beim ersten Saaleingang los.
Saal 1, mit antiker Skulptur, ist allerdings vorübergehend geschlossen und wird zur Zeit als Restaurierungswerkstatt genutzt.

Galleria degli Uffizi

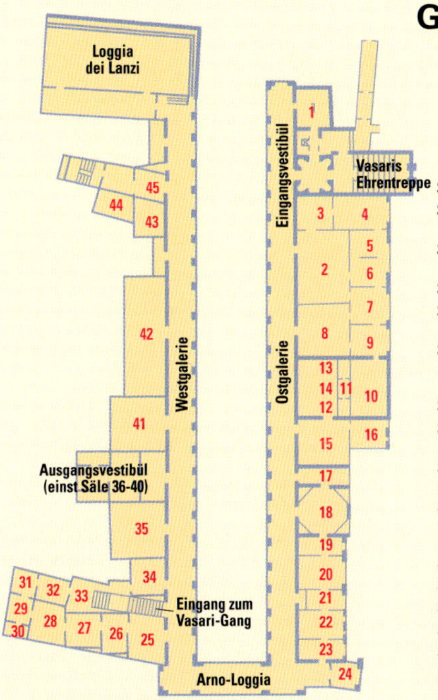

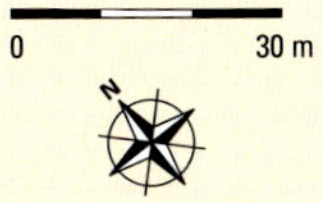

Saal 1 Antike Skulpturen (bis auf weiteres: Restaurierungswerkstatt)
Saal 2 Meister des 13. Jh. (Cimabue, Duccio, Giotto)
Saal 3 Sieneser Meister des 14. Jh. (Simone Martini, Ambrogio und Pietro Lorenzetti)
Saal 4 Florentiner Trecento (Bernardo und Taddeo Gaddi, Andrea Orcagna)
Saal 5-6 Meister der Spätgotik (Lorenzo Monaco, Gentile da Fabriano)
Saal 7 Florentiner Meister der Frührenaissance (Paolo Uccello, Fra' Angelico, Piero della Francesca)
Saal 8 Filippo und Filippino Lippi, Alessio Baldovinetti
Saal 9 Antonio und Piero del Pollaiuolo
Säle 10-14 Sandro Botticelli und Hugo van der Goes
Saal 15 Leonardo da Vinci, Andrea del Verrocchio, Piero di Cosimo
Saal 16 Saal der Landkarten
Saal 17 Saal des Hermaphroditen (bis auf weiteres geschlossen)
Saal 18 Die „Tribuna" des Buontalenti (Mediceische Venus, Bilder der großen toskanischen Manieristen)
Saal 19 Perugino und Luca Signorelli
Saal 20 Albrecht Dürer und andere deutsche Meister
Saal 21 Giovanni Bellini und die Giorgione-Schule
Saal 22 Flämische und deutsche Meister (Hans Holbein, Albrecht Altdorfer, Hans Memling)
Saal 23 Correggio und Andrea Mantegna
Saal 24 Miniaturenkabinett
Saal 25 Michelangelo Buonarroti
Saal 26 Raffael und Andrea del Sarto
Saal 27 Pontormo und Rosso Fiorentino
Saal 28 Tizian
Saal 29 Parmigianino
Saal 30 Kabinett der emilianischen Manieristen
Saal 31 Dosso Dossi
Saal 32/33 Malerei des 16. Jh.
Saal 34 Paolo Veronese
Saal 35 Tintoretto
Saal 41 Peter Paul Rubens
Saal 43 Annibale Carracci, Caravaggio
Saal 44 Rembrandt
Saal 45 Malerei des 18. Jh. (Boucher, Chardin, Nattier)

Die Säle **27-33** und **41-45** sind momentan nicht zugänglich.

Säle 2 bis 7 (Gotische Malerei in Florenz und Siena bis zur Frührenaissance)
Die thronenden Madonnen (Maestà) von Cimabue, Duccio, Giotto, die delikate »Verkündigung« mit der ängstlich zurückschreckenden Jungfrau des Simone Martini, Lorenzo Monacos »Krönung Mariä« und »Anbetung der Könige« leiten uns zu einem Spitzenwerk der höfisch eleganten Hochgotik: Gentile da Fabrianos »Anbetung« (Saal 5–6). Gold- und Farbpracht einer aristokratischen Modeschau verbinden sich hier mit einer Landschaftsidylle in freier Natur.

Nun kommt aber im Saal 7 die Schockwirkung. Verwirrt denkt der Betrachter, er sehe nicht recht: »Die Schlacht von San Romano« von **Paolo Uccello** – Surrealismus, Kubismus, naive Malerei unseres Jahrhunderts (→ 10x10, S. 12)? Die bunten Pferde im Vordergrund, die gepanzerten Krieger im Gewühl, das aufregende Spiel mit der Perspektive. Eine berauschende Modernität... Dabei entstand diese Szenerie vor über 500 Jahren. Noch erstaunlicher: Das Gemälde sollte das Schlafgemach des Lorenzo il Magnifico schmücken. Mit diesem Meilenstein der Malerei sind wir schon mittendrin in der Renaissancezeit. Im selben Saal: das berühmte Doppelbildnis mit den Profilen des Herzogpaares von Urbino, Federigo da Montefeltro (mit gebrochener Hakennase) und Battista Sforza, von ihrem unvergleichlichen Hofmaler Piero della Francesca (um 1420–1492) verewigt. Kaum sonst wurden in der Malerei Herrschaftssinn, Macht über Land und Menschen, stolze Überlegenheit mit solcher Kraft zum Ausdruck gebracht wie in Federigos Antlitz unter dem zinnoberroten Hut.

10x10

Säle 8 und 9 (Die Renaissance-Malerei blüht auf)
Hier sind beeindruckende Werke solcher Größen des Quattrocento (15. Jahrhundert) zu bewundern wie Masaccio, Masolino, Fra' Angelico, Domenico Veneziano, die Brüder Antonio und Piero Pollaiuolo, Vater und Sohn Filippo und Filippino Lippi. Die zarte »Madonna mit Kind und Engeln« von Filippo Lippi besticht besonders mit ihrer durchsichtigen Kopfbedeckung.

Säle 10–14 (Sandro Botticelli)
Im Raum des einstigen Medici-Theaters ist das weltweit umfangreichste Ensemble von Botticellis Meisterwerken ausgestellt (→ 10x10, S. 12).

10x10

Der Sohn des Gerbers Filipepi – **Sandro Botticelli** genannt – ist hier würdig durch echte Highlights vertreten. »Der Frühling« – wie Vasari das rätselhafte Bild nannte – und die »Geburt der Venus« gehören dazu. Das erste Gemälde entstand 1477/78 im Auftrag von Lorenzo di Pierfrancesco Medici (Vetter des Lorenzo il Magnifico). Im Mittelpunkt des Bildes steht eine Venusgestalt, diesmal aber schwanger, als Symbol der Fruchtbarkeit. Auf dem Blumenteppich im Orangenhain, an ihren beiden Seiten: Einzelfiguren und Gruppen, die nicht viel Interesse füreinander zeigen und nur durch den musikalischen Rhythmus in Botticellis fließender Linienführung, die Symmetrie des Bildaufbaus, die melancholische Anmut ihrer Mimik und Gestik auf einen gemeinsamen Nenner kommen.

An der anschließenden Wand des Saales prangt die »Geburt der Venus« – etwa acht Jahre später entstanden, für denselben Auftraggeber, in derselben Technik (Tempera auf Holz), mit derselben Inspirationsquelle. Botticelli stand ja in enger Beziehung zum humanistischen Gelehrtenkreis am Medici-Hof. Die Werke des Marsilio Ficino (Begründer der Neoplatonischen Akademie) und Agnolo Poliziano beeinflußten ihn, die mythologisch-allegorischen Themen faszinierten ihn. So steht hier ebenfalls im Bildzentrum die Liebesgöttin Venus.

Nackt steigt sie aus einer Riesenmuschel. Ihr Körper wirkt durch die schamhafte Geste ihrer Hände, durch die Linienführung der Arme und der welligen Haarpracht wie das Symbol der Unschuld par excellence. Melancholie in ihrem Blick, Regungslosigkeit in ihrem Schritt entrücken sie der Realität. Irreal sind auch die stylisierten Meereswellen. Im Bild dominiert eindeutig die strahlende Schönheit dieser Göttin, in der viele Simonetta Vespucci erkennen wollen. Sie war Botticellis still verehrte Muse und die Geliebte Giuliano de' Medicis. (Dieser soll übrigens als Merkur am linken Rand des »Frühlings« dargestellt sein.)

Im selben Saal steht jetzt auch der »Portinari-Altar«, das Meisterwerk des Flamen Hugo van der Goes (um 1435/1440–1482). Mit seiner damals modernen Öltechnik übte es einen überwältigenden Einfluß auf die zeitgenössischen Maler in Florenz aus. Stilelemente der mystischen Gotik und der Renaissance-Realistik verschmelzen in der Komposition zu einer harmonischen Schönheit, die kaum ihresgleichen hat. Die Hauptthemen sind Christi Geburt und die Anbetung der Hirten. Tommaso Portinari, Bevollmächtigter der Medici-Bank in Brügge, gab den Flügelaltar 1475 bei dem Genter Maler in Auftrag. Am frappierendsten ist die Gruppe der drei Hirten, die aussieht, als käme sie tatsächlich aus einem flämischen Dorf. Die natürliche Menschendarstellung wirkte revolutionär und beeinflußte besonders Ghirlandaio. Ohne Pomp und Zeremoniell dargestellt: drei Altersstufen, mit dem Ausdruck andächtiger Ergriffenheit im Gesicht und in der Haltung der rauhen Hände.

Saal 15 (Leonardo da Vinci)
Neben der weltberühmten »Verkündigung« von Leonardo da Vinci hängt die »Taufe Christi« seines Lehrers **Andrea del Verrocchio** (1435–1488) (→ 10x10, S. 12). In dessen prosperierender Werkstatt – dieser bedeu-

10x10

Der Eindruck trügt: Alljährlich strömen über eine Million Besucher in die weltberühmte Galleria degli Uffizi.

tenden Ausbildungsstätte des Quattrocento in Florenz – lernte und arbeitete – neben Botticelli – auch der junge Leonardo. Während die plastischen Körper der Hauptgestalten und der rechte der beiden Engel mit dem andächtigen Augenaufschlag auf Verrocchios Hand schließen lassen, ist die links kniende Engelfigur unverkennbar von Leonardo. Seine ersten Sporen verdiente er mit dem feinen Modellieren des verträumten Gesichts. Ihm wird auch die malerische Landschaft im Hintergrund zugeschrieben. Leonardos charakteristisches »Sfumato« (nuanciertes Helldunkel) tritt hiermit auf die Bühne des Kunstgeschehens.

Saal 16 (Saal der Landkarten)

Saal 17 (Saal des Hermaphroditen)
Vorübergehend geschlossen

Saal 18 (Tribuna)
Der achteckige Kuppelsaal ist der Medici-Familie gewidmet. Die meisten hier gezeigten Medici-Bildnisse malte der Manierist Agnolo Bronzino (1503–1572). Faszinierend: das noble Porträt von Eleonora da Toledo, Frau des Cosimo I., mit Sohn Giovanni, dem zukünftigen Kardinal; das pausbäckige Brüderchen Garcia und seine herzige Schwester Isabella. Künstlerisch noch eindrucksvoller: Lucrezia Panciatichi mit ihrer geheimnisvollen Aura. **Jacopo** 10x10 **Pontormo** (1494–1556) (→ 10x10, S. 12), Bronzinos Lehrer, malte den ausdrucksstarken Cosimo d. Ä., Giorgio Vasari den markanten Lorenzo il Magnifico. (Beide Porträts sind postum.) Rosso Fiorentino (1495–1540) erfrischt uns mit dem Charme seines musizierenden Engels, dem sich keiner entziehen kann. An Anmut fehlt es auch der Marmorfigur der »Mediceischen Venus« nicht, die unter den griechisch-römischen Statuen in diesem Saal hervorsticht.

Saal 19 (Perugino und Luca Signorelli)
Neben den Werken von Perugino und Signorelli fallen auch zwei unbekanntere Gemälde auf: die Venus von Lorenzo di Credi (schöner, weicher als Cranachs Frauen) und das ausdrucksstarke Porträt des Evangelista Scappi, von Francesco Francia gemalt.

Saal 20 (Albrecht Dürer und die deutsche Malerei)
Hier fasziniert die Gegenüberstellung von Adam und Eva, jeweils von Dürer und Lucas Cranach gemalt. Meisterhaft ein Jugendwerk Dürers: Bildnis des Vaters.

Saal 21 (Giovanni Bellini und Giorgione-Schule)
In diesem Saal besticht die »Heilige Allegorie«, dargestellt in einer sehr pittoresken Landschaft. Giovanni Bellini (um 1430–1516) beweist sich auch hier als großer Meister der venezianischen Malerei im 16. Jahrhundert.

Saal 22 (Holbein, Memling, Altdorfer)
Hervorragende Porträts von Hans Memling und Hans Holbein d. J. Altdorfer ist mit der Florian-Legende zugegen.

Saal 23 (Correggio und Mantegna)
Ein großer Wurf Andrea Mantegnas (1431–1506): das Porträt des kantigen Kardinals Carlo de' Medici. Das leuchtendrote Gewand hebt das gebräunte Gesicht mit den stahlblauen Augen hervor. Die Mantegna-Werke bilden einen harten Kontrast zu Correggios süßlichen Madonnen.

Nicht weniger als fünf Säle in den Uffizien sind den Werken Botticellis gewidmet. Die verfeinerte, durch die Medici geprägte Kultur des 15. Jahrhunderts kommt auch in dieser allegorischen Minerva-Darstellung zum Ausdruck.

Saal 24 (Miniaturen)
Die fast 500 Bildnisse umfassende Sammlung ist die zweitgrößte der Welt (nach jener im Victoria & Albert Museum in London). Besonderen Wert hat eine Serie des französischen Hofmalers François Clouet mit 14 Porträts des Königs Henri II., samt Familie.

Saal 25 (Michelangelo)
Weltberühmt ist das »Tondo Doni« Michelangelos. Er schuf dieses Rundbild 1504 anläßlich der Hochzeit für das Brautpaar Maddalena Strozzi und Angelo Doni. Der Künstler malte die Figuren, als wären sie mit dem wuchtigen Meißel des Bildhauers geformt. Die gelungene Restaurierung legte die leuchtende Pracht der Lieblingsfarben Michelangelos wieder frei – vom kostbaren Lapislazuliblau bis zum Antimongelb. Die Heilige Familie wirkt wie aus einem Block gehauen, mit großer innerer Spannkraft.

Saal 26 (Raffael und Andrea del Sarto)
In der Nähe des populären Selbstbildnisses des jungen Raffael hängt eines seiner bedeutendsten Meisterwerke: »Papst Leo X. mit zwei Kardinälen«, ein kirchliches Familienporträt von drei Florentiner Erfolgsmenschen. Giovanni de' Medici (Sohn des Lorenzo il Magnifico, seit 1513 Papst mit dem Namen Leo X.) mit seinen beiden Vettern Giulio de' Medici (dem späteren Papst Clemens VII.) und Luigi de' Rossi. Die Namen erinnern nicht nur an Vetternwirtschaft, Ablaßskandal, Schisma, Reformation und Gegenreformation. Leo X. war ein hochgebildeter Kulturmäzen. Darauf weist der illuminierte Kodex vor ihm hin. Die drei Porträts sind enthüllende Studien menschlicher Charaktere. Nach der Restaurierung 1996 leuchtet wieder die ursprüngliche Farbsymphonie – Purpurrot des Samtstoffes und warmes Perlweiß des Seidenbrokats. Seit 1984 strahlt auch die »Harpyien-Madonna« des Andrea del Sarto in ihrer originalen Farbpracht. Das Ergebnis bezeugt nicht nur einen Höhepunkt in der künstlerischen Entwicklung des Meisters, sondern überhaupt eine glückliche Sternstunde der Renaissance-Malerei.

Die **Säle 27** bis **33** und **41** bis **45** wurden nach dem Bombenanschlag von 1993 noch nicht zugänglich gemacht. Die wichtigsten Meisterwerke sind provisorisch im Saal 35 ausgestellt.

Saal 34 (Paolo Veronese)
Zum goldgelb leuchtenden Haar und zu der Seide in Veroneses »Heiliger Familie mit der hl. Barbara« bildet das melancholische Porträt des schwarzgekleideten Grafen Pietro Secco Suardo von G.B. Moroni einen düsteren Kontrast.

Saal 35
Unser Blick bleibt am schmiegsamen Frauenkörper, mit Farbe und Licht weich modelliert, wie gefesselt hängen. Unter den Renaissance-Frauenakten gibt es wohl keinen verführerischeren als Tizians »Venus von Urbino«. Ganz anders dagegen Parmigianinos manieristisch-aristokratische »Madonna mit dem langen Hals«. Glänzend gemalt, aber dekadent wirkt der »Bacchus« von Caravaggio (1571–1610), als wäre er eine männliche Geisha – passend zur Tafelrunde der Transvestiten, die der Mäzen des Malers, Kardinal del Monte, gern um sich hatte.

Ausgangsvestibül
Die Säle **36** bis **40** wurden aufgegeben, als für den neuen Ausgang die ursprüngliche Treppenflucht des Vasari-Nachfolgers Buontalenti wieder instandgesetzt wurde. Aus ihnen entstand ein Vestibül. Hier steht die römische Marmorkopie des hellenistischen Bronzeebers, den Pietro Tacca zum Vorbild für seinen »Porcellino«-Brunnen (1612) am Mercato Nuovo nahm.

Vasari-Gang (»Corridoio Vasariano«) Zwischen Saal **25** und **34** führt eine Treppe hinunter zur berühmten Selbstporträt-Galerie im Vasari-Gang, der die Uffizien über dem Ponte Vecchio mit dem Palazzo Pitti verbindet. Als mahnende Erinnerung an das Bombenattentat von 1993 hängt im Stiegenhaus (links das dritte Bild) das nunmehr aus Farbfetzen rekonstruierte »Konzert« von Bartolomeo Manfredi (1582–1622). Hierher kamen aus beschädigten Sälen des Museums das von Frauenhand gemalte grausigste Bild: Artemisia Gentileschis »Judith tötet Holofernes« und die Caravaggio zugeschriebene »Ungläubigkeit des hl. Thomas«. Von den rund 700 Bildern gehören fast 500 zur Selbstporträt-Sammlung, die genau über dem Ponte Vecchio liegt. Natürlich nimmt Vasari den ersten Platz ein. Dann geht es weiter mit Tizian, Tintoretto, Rembrandt, Van Dyck, Dürer, Velázquez und anderen Größen zu den Damen Rosalba Carriera, Angèlica Kauffmann, Elisabeth Vigée Lebrun bis zu Reynolds, Delacroix, Ingres, Lenbach, Chagall. An der rechten Wand ist auch eine Miniaturensammlung angebracht (24 Porträts aus der Medici-Familie). Wenn man jetzt – nach dem Ponte Vecchio – links Ausschau hält, kann man einen Blick hinunter auf den Altar der Santa-Felicìta-Kirche werfen. Hier wohnten die Medici inkognito und ungefährdet der Messe bei. Wer seinen Besuch nicht in den Bòboli-Gärten beenden will, kehrt durch den Gang in die Uffizien zurück.

Der Vasari-Gang ist nur mit Führung – nach einmonatiger telefonischer Voranmeldung, Tel. 2 38 86 51/2) – zu besichtigen. Man bezahlt dafür nur den für die Uffizien jeweils gültigen Eintrittspreis. Piazzale degli Uffizi; Di–Sa 8.30–19, So und Fei 8.30–14 Uhr, Mo geschl.; Kassenschluß 18.15 bzw. 13.15 Uhr, Anfang Juli bis Mitte Sept. Do–Sa auch 20.30–23.30 Uhr; Kassenschluß: 22.45 Uhr; Eintritt 12 000 Lire

Das lange Schlangestehen – an manchen Tagen bis zu 500 Besucher – kann man vermeiden, wenn man den »Uffizi Reservation Service« (Tel. 2 34 79 41, Fax 2 47 82 32) in Anspruch nimmt. Es gibt zwei Möglichkeiten:

a) gleich bei der Ankunft am Hauptbahnhof Santa Maria Novella im I.T.A.-Büro (Informazioni Turistiche Alberghiere, neben der Apotheke, gegenüber Gleis 16), am Schalter des »Uffizi Reservation Service« den Besuchszeitpunkt fixieren, gegen Bezahlung des Eintrittspreises einen entsprechenden Voucher entgegennehmen. Gegen diesen erhält man die Eintrittskarte am Sonderschalter für Reservierungen in den Uffizien.

b) Von auswärts kann man den Besuchszeitpunkt telefonisch vereinbaren und dann die Vorauszahlung mit Kreditkarte per Fax vornehmen. Treffpunkt links vom Eingang als »Meeting Point« gekennzeichnet. Ab 8.50 bis 17 Uhr, in 20minütigen Abständen (bei uneingeschränkter Aufenthaltsdauer), gibt es Einlaß für die vorangemeldeten Besucher. Für Nachtbesuche gibt es keine Voranmeldung. Erfahrungsgemäß gibt es dann meistens – wenn überhaupt – kein Schlangestehen von langer Dauer.

Museo Archeologico Nazionale

■ H 3

Wer sich für ägyptische Kunst interessiert, kommt in dieser nach Turin zweitgrößten Sammlung Italiens voll auf seine Kosten. Als Beispiel sei ein eindrucksvolles Kunstwerk im Saal VII erwähnt: der Oberpriester Ptahmosis (14. Jahrhundert v. Chr.) als sogenannter »Würfelhocker«, kompakt wie ein Kubus aus dem rötlichen Quarzstein gemeißelt. In der Toskana waren die Etrusker zu Hause: Kein Wunder, daß die etruskische Kollektion hier zu den reichsten der Welt zählt und das Rückgrat des Archäologischen Museums (→ 10x10, S. 10) bildet. **10x10**

Die Uffizien: vom Verwaltungsbüro zum weltbekannten Kunstmuseum

Am Anfang waren hier nur Büros. Das Wort »Uffizi« bedeutete schließlich auch nichts anderes als »Ämter«. Großherzog Cosimo I. de' Medici beauftragte 1559 seinen vertrauten Allroundkünstler am Hof, **Giorgio Vasari**, mit der Errichtung des imposanten Baukomplexes. Das schönste aller Vasari-Projekte sollte der Sitz sämtlicher Verwaltungsbehörden des Großherzogtums Toskana werden. Wie bei einer Bezirkssanierung wurde für das U-förmige Bauwerk ein Teil des mittelalterlichen Stadtkerns zwischen Palazzo Vecchio und Arno-Ufer geschleift. Vasari konnte 1565 den nach ihm benannten Privatkorridor für den Weg des Großherzogs zwischen Büro und Residenz – von den Uffizien über den Ponte Vecchio zum Palazzo Pitti – in der Rekordzeit von fünf Monaten fertigstellen. An den Uffizien arbeitete aber nach seinem Tod (1574) der ebenfalls vielseitige Meister des Manierismus **Bernardo Buontalenti** weiter. Der passionierte Freund von Kunst und Wissenschaft, Großherzog Francesco I., bildete mit ihm ein ideales Gespann, um dieses einzigartige Museum ins Leben zu rufen. Die reichen Kunstsammlungen der Medici-Familie wurden in der oberen Loggia des Ostflügels untergebracht. 1581 gilt als Gründungsjahr des Museums. 1590 hatte es schon sein eigenes Inventar, und ab 1591 konnten es, auf Antrag, auserwählte Besucher aus nah und fern bestaunen. Mit einer genialen Idee hatte Buontalenti den »Tribuna« genannten achteckigen Kuppelsaal zum Mittelpunkt erkoren. Wände und Decke waren dort einst reich geschmückt mit der kombinierten Symbolik der vier Elemente (Feuer, Erde, Wasser, Luft) und der Medici-Macht. Bei dem Vorzeigen von Gemälden, Skulpturen und – der damaligen Mode entsprechend – allerlei Kostbarkeiten der Kleinkunst ging es nicht nur um eine narzistische Nabelschau des Herrschers. Stolz wollte er auch Prunk, Pracht, Geschmack und Macht demonstrieren. Generationen der Medici-Dynastie erweiterten die Kollektion im Laufe der Jahrhunderte. Dem Graphik- und Selbstporträt-Fan Kardinal Leopoldo ist der Grund-

Florenz Extra

Diese Groteske an der Decke im ersten Korridor, in der Nähe von Saal 15, ist recht pikant für ein Büro...

stock für die berühmten Sammlungen zu verdanken, die im Kabinett für Zeichnungen und Stiche bzw. im Vasari-Gang aufbewahrt sind. Kurfürstin Annamaria Ludovica, die letzte in der Erbfolge, vermachte 1737 mit dem couragierten »Familienpakt« (1743 durch ihr Testament bestätigt) der Toskana den gesamten Kunstbesitz. Ihre einzige Bedingung war: Alle Werke müssen für immer in Florenz bleiben, um der Öffentlichkeit zu dienen und das Interesse der fremden Besucher zu wecken. Diesen Wunsch – der den Grundstein für den Kulturtourismus in Florenz legte – erfüllte Pietro Leopoldo, der erste Großfürst aus dem Habsburg-Lothringer Haus. In der zweiten Hälfte des 18. Jahrhunderts gestaltete er die Sammlungen zu einem wissenschaftlich organisierten Museum um – und öffnete dem Volk die Tore. Damals ein bahnbrechender Schritt: fürstlich und revolutionär zugleich.

Grandi Uffizi Eine neue Revolution steht nun vor der Tür des Jahres 2000. Das Ergebnis soll ebenfalls fürstlich sein. »Grandi Uffizi« (Große Uffizien) heißt das anspruchsvolle Projekt nach dem Vorbild des Pariser Grand Louvre. Voraussetzung war der Auszug des Staatsarchivs aus rund 400 Räumen der Uffizien. Endlich wird der langgehegte Traum vieler Uffizienfreunde wahr werden: Die über 2000 Gemälde im Depot können allmählich der breiten Öffentlichkeit zugänglich gemacht werden.

Die weltberühmte Bronze-Chimäre von Arezzo (5. Jahrhundert v. Chr.) bewacht es gleich neben dem Treppenaufgang. Die zweckmäßig modernisierte etruskische Abteilung im ersten Stock ist ein Erlebnis. Besonderer Höhepunkt: Am Ende der oberen Ausstellungsebene glänzt die wunderbar restaurierte Silberamphore (4. Jahrhundert n. Chr.), die plattgedrückt bei Baratti gefunden und mit ihren einmaligen Reihen von Reliefmedaillons hier zu neuem Leben erweckt wurde. Eine riesige Sammlung attischer Vasen (600–350 v. Chr.) befindet sich im zweiten Stock. Paradestück ist die restaurierte »François«-Vase, genannt nach ihrem Entdecker 1844 in Chiusi (Saal 1). Die Figuren in der Mitte stellen die Hochzeit der Eltern von Achilles, Tethys und Peleus dar. Die Autorin hat ein Faible für das Hydrien-Paar im sogenannten »blühenden« Stil des Malers Meidias (um 405 v. Chr.) mit roten Figuren auf schwarzem Grund: Aphrodite mit Adonis, Nymphen und Eroten (Saal X). Im Gang daneben lächelt uns geheimnisvoll der sogenannte »Milani«-Apollo zu. Weitere bemerkenswerte Statuen: »Idolino«, ein fescher griechischer Jüngling beim Trankopfer (Saal XIII); der »Arringatore« (Wahlredner in Etrurien, 1. Jahrhundert v. Chr.) mit erhobenem Arm und die stolze Minerva, eine etruskisch-römische Bronzekopie des Marmor-Originals von Praxiteles (beide in Saal XIV).

Via della Colonna 38; Di–Sa 9–14 Uhr, 2. und 4. So des Monats: 9–13 Uhr (wenn So geschl., dann am darauffolgenden Mo 9–14 Uhr geöffnet, sonst Mo geschl.; Eintritt 8000 Lire

Seit 1996 ist er erstmals zugänglich: der »Medici-Korridor«. Ein Leckerbissen für Liebhaber von Gemmen und Kameen: Prachtstücke aus der Medici-Sammlung in hübschen Vitrinen vorgeführt im nun renovierten Geheimkorridor der Medici zur Kirche Santissima Annunziata.

Nur mit Führung in kleinen Gruppen (max. 10 Pers.); werktags 9.30, 10.30 und 11.30, Fei auch 12.30 Uhr

Geschichtliche Spurensuche: Für Freunde etruskischer Kunst ist das Museo Archeologico Nazionale eine wahre Fundgrube.

Museo Diocesano di Santo Stefano al Ponte ■ F6
Einst versammelten sich hier die Mitglieder der Goldschmiedezunft. Künstler der Gotik sind in der Sammlung tonangebend. An der Spitze: eine thronende Madonna mit Kind und Engeln von Giotto, als mahnendes Beispiel. Die Überschwemmung von 1966 und das Bombenattentat der Mafia 1993 hinterließen nicht zu übersehende Schäden. Bewußt beließ man bei der Restaurierung die von einem Bombensplitter verursachte Wunde am Herzen eines Engels. Leider wurden Madonna und Jesuskind im Gesicht so dunkel »renoviert«, als hätte man ihnen einen Bart verpaßt. Kuriose Seltenheit: Moderevue in klerikalem Gewand (32 verschiedene Mönchstrachten der in Florenz bekannten Orden aus dem 17. Jahrhundert).
Piazza Santo Stefano 5; Sa–So nur mit Führung alle 40 Minuten von 15–19 Uhr; Eintritt 8000 Lire

Museo della Fondazione Horne ■ G6
Den Renaissance-Palast mit dem harmonischen Innenhof baute vermutlich Simone del Pollaiuolo, gen. Cronaca. Als der Londoner Kunstexperte Herbert Percy Horne (1864–1916) den kleinen Palazzo erwerben konnte, bemühte er sich, ihn wieder in den ursprünglichen Zustand zu bringen. Er vererbte ihn dem italienischen Staat. In den intimen sechs Sälen der zwei Etagen sind wertvolle Gemälde, Möbel und Kleinplastiken zu besichtigen. Das bedeutendste Meisterwerk, den hl. Stephanus des späten Giotto (Saal 2) – einst wohl Teil eines Flügelaltars –, entdeckte Horne bei einem Londoner Antiquar und erwarb das verkannte Gemälde für eine lächerlich geringe Summe. Seine erste Anschaffung war das Tondo mit der hl. Familie des Manieristen Beccafumi.
Via dei Benci 6; Di–So 9–13 Uhr; Eintritt 8000 Lire

Museo Nazionale di Antropologia ed Etnologia ■ G5
Im Palazzo Nonfinito, den Buontalenti 1593 für Alessandro Strozzi mit dem schönen Renaissancehof entwarf (und der nie ganz zu Ende gebaut wurde), ist seit 1869 das älteste und interessanteste anthropologische und ethnologische Museum Italiens untergebracht. Völkerkunde und Frühgeschichte sind mit reichen Beständen nach den Herkunftsländern – von Pakistan bis Peru – geordnet und dokumentiert.
Via del Proconsolo 12; Do–Sa und 3. So des Monats 9–13 Uhr, Fei geschl.; Eintritt frei

Museo Nazionale del Bargello ■ G5
Erst im Bargello wird es einem richtig bewußt, zu welcher Größe sich die Bildhauerkunst im Florenz der Renaissancezeit hochgeschwungen hat. Das 1865 im mittelalterlichen Palazzo geschaffene Nationalmuseum für Skulptur ging ebenso aus den Medici-Sammlungen hervor wie die Uffizien. Ihnen steht es an Bedeutung keineswegs nach: ein Skulpturen-Mekka ohnegleichen (→ 10x10, S. 10)! Wenn man den gotischen Innenhof hinter den trutzigen Mauern betritt, kann man sich kaum vorstellen, daß dort einmal der Galgen stand und der Palazzo im Laufe der Jahrhunderte zum Mittelpunkt der Spitzelwirtschaft, zum Sitz des Polizeichefs (»Bargello«) (→ 10x10, S. 9) und zum miserablen Kerker degradiert wurde.

Michelangelo-Saal (1)
Gleich im großen Saal neben der Eingangshalle werden wir mit den eindrucksvollen Werken der großen Bildhauer des Florentiner Cinquecento (16. Jahrhundert) konfrontiert. Michelangelo könnte nicht vielfältiger vertreten sein als hier. Sein Relief »Tondo Pitti« vereint Ruhe und Heiterkeit; männlich ist die Ausstrahlung seines **»Brutus«**; beschwipst, keck und feminin

Das Stendhal-Syndrom

Eine treffliche Wortprägung! Der Begriff »Stendhal-Syndrom« stammt von Graziella Magherini. Zehn Jahre lang Leiterin der psychiatrischen Abteilung im Florentiner Krankenhaus »Santa Maria Nuova«, befaßte sie sich in Praxis und Theorie mit dem Florenz-Trauma seelisch labiler Touristen. Sie betreute gut über hundert davon betroffene Patienten. Zum ersten Mal brachte sie in ihrem Buch »Das Stendhal-Syndrom« 1989 ihre Erfahrungen und Folgerungen an die Öffentlichkeit. Sie konnte sich überzeugen, daß die Beschwerden ihrer ausländischen Patienten (Italiener reagieren erfahrungsgemäß gelassener auf überwältigende Kunsterlebnisse) eigentlich nichts Unerhörtes waren. Schlag nach bei Stendhal!

Die Erkenntnisse der modernen Psychiatrie führten zurück zu ihm. Sein Name brachte auch der Dottoressa Magherini durchschlagenden internationalen Erfolg. Sogar das tonangebende »Devoto Oli«-Lexikon nahm den Begriff »Stendhal-Syndrom« in den italienischen Wortschatz auf. Mit dem Pseudonym Stendhal veröffentlichte 1817 in Paris der französische Romancier und Essayist Henry Bleyle (1783–1842) – Diplomat und leidenschaftlicher Italienliebhaber zugleich – die Reisenotizen »Rom, Neapel und Florenz«. Sein Einfühlungsvermögen in das Ambiente und seine Sensibilität für Kunst und Geschichte lassen ihn als ein Vorbild des aufgeweckten modernen Kulturreisenden schlechthin erscheinen. Er ist der erste Schriftsteller, der das Kunsterlebnis nicht nach den klassischen Maßstäben der objektiven Wertskala schildert, sondern als ein Gefühlsereignis voller Emotionalität, als sei er jäh einem unkontrollierbaren Rausch ausgeliefert.

Beim Besuch der Kirche Santa Croce bewundert er die damals geschätzten Sibyllen-Fresken von Volterrano an der Decke der Niccolini-Kapelle. Der Gedanke, in Florenz und in unmittelbarer Nähe der Gräber vieler großer Gestalten der Geistesgeschichte (z. B. Michelangelo, Machiavelli und Galilei) zu sein, bringt ihn in einen ekstatischen Zustand. Herzklopfen, Atemnot, Nervenanfall, Schwindelgefühl, fast bis zum Umfallen. Sein Gleichgewicht findet er dann auf einer Bank der Piazza wieder, beim lesen der romantischen Verse des seelenverwandten Dichters Ugo Foscolo über die Gräber in Santa Croce (»Dei Sepolcri«).

Florenz Extra

Auch im Bargello, dem Skulpturen-Mekka von Florenz, kann geballter Kunstgenuß zu Ekstase führen...

Den Ausweg aus dem Erregungszustand findet also der Schriftsteller mit Hilfe eines Dichterkollegen und nicht eines Psychiaters. So viel zum Urmodell des Stendhal-Syndroms.

Bei einem Gespräch weist uns Graziella Magherini darauf hin, daß Kunstwerke oft auf die tiefsten Schichten des Unterbewußtseins einwirken. Florenz biete ein solches Übermaß an geballter Kunst, daß man plötzlich einem Schock ausgesetzt sein könne. Die Tage seien zu kurz, um alle Kunsterlebnisse richtig einzuordnen, zu verarbeiten. Das führe zu Desorientierung, Beklemmungszuständen, könne latente Depressionen und sogar eine Identitätskrise hervorrufen. Gefährdete Opfer eines unbewältigten Kunstschocks seien sensible Gemüter, zumeist alleinreisende Frauen in ihren besten Jahren. Früher waren es eher Männer. Rilke »konnte dieses Schauen nicht mehr ertragen«, Freud sprach 1919 vom »Unheimlichen«, die Goncourt-Brüder sahen in den Florentiner Palazzi »festungsähnliche Gefängnisse«. Botho Strauss beschrieb die Wirkung des Überwältigenden vortrefflich: Besuch der Romanfigur Almut in den Uffizien (»Der junge Mann«, 1986). Rilke ergriff 1898 die Flucht ans Meer. Ist aber Florenz mit seinen Hügeln nicht der magische Ort, an dem Mensch und Harmonie einander finden? Wenn nur das Auge der Stimme der Stille zuhören will...

der **»Bacchus«**; dramatisch gewunden der Körper des Jünglings (Apoll oder David?) (→ 10x10, S. 13).

10x10

Michelangelos markantes Gesicht hat Daniele da Volterra meisterhaft in Bronze verewigt. Benvenuto Cellinis Büste des Cosimo I. bringt den unsteten, kalten Blick des Mächtigen zum Ausdruck. Giambolognas »Merkur« fasziniert mit dem Paradox seiner schwebenden Bewegung und gleichzeitig statischen Stabilität. Neben Ammannatis und Bandinellis Marmorgruppen sticht die klassisch abgeklärte Schönheit des »Bacchus« von Sansovino hervor. Wer sich für gotische Skulpturen **(2)** interessiert, sollte sich in einem kleinen Saal, auf der anderen Seite des Innenhofs, unter anderem eine besonders anmutige Madonna mit Kind von Tino di Camaino nicht entgehen lassen.

Die schöne Freitreppe führt zur Loggia **(4)**, wo Giambolognas realistische Vogelfiguren (Pfau, Adler, Truthahn) und sein unterkühlt wirkender Marmorakt der »Architektur« aufgestellt sind.

Saal des Generalrats (5)

Hier sind vor allem großartige Werke Donatellos – dem Bahnbrecher der Skulptur ins moderne Zeitalter – in einer unvergleichbaren Sammlung zu bewundern. Von der Kirche Orsanmichele kam das Marmor-Original des hl. Georg hierher. Donatello schuf 1416 mit diesem stolzen Standbild des Schutzpatrons der Zunft der Waffenschmiede eine der anerkannt schönsten Statuen der Renaissance. Das Gesicht des raffinierten Politikers Niccolò da Uzzano aus bemalter Terrakotta scheint ein Porträt des modernen Intellektuellen zu sein. Ein weiterer Höhepunkt der Sammlung sind der **»Amor«** und die **»David«**-Statuen von Donatello (→ 10x10, S. 13). Und wie hat sich nun der David verändert? Zwischen Marmor- und Bronzestatue liegen rund 20 Jahre. Beide posieren als Sieger, doch strahlt die Bronzefigur – nackt mit

10x10

Leicht modellierbar und schneller zu bearbeiten als Marmor: farbenprächtiges Terrakotta-Relief von Giovanni Della Robbia im Museo Nazionale del Bargello.

Hut, Stiefeln und Schwert – mehr mädchenhafte Melancholie als kämpferische Genugtuung aus. Diese ist seit der Antike die erste Aktskulptur auf dem Markt (1430). Unter den anderen im Saal vertretenen Bildhauern besticht Desiderio da Settignanos liebliche Knabenbüste. Im »Paradies«-Fresko in der Kapelle des »Podestà« **(8)** (Bürgermeisters) erkennt man das berühmte Dante-Profil aus der Giotto-Werkstatt. Wie sich Handwerk zur großen Kunst erhöht, kann man in den weiteren Sälen bewundern. Beachtliche Sammlungen mit Elfenbein und Holzschnitzereien, Münzen, Kleinbronzen, Keramik-, Eisen-, Glas-, Kupferarbeiten und Schmuck sind hier aus verschiedenen Jahrhunderten und Ländern ausgestellt. Unter den Raritäten: eine tragbare Orgel (17. Jahrhundert) mit roter Samthülle und eine Reiseschatulle mit einem Set von 15 Gewürz-Flakons (18. Jahrhundert).

Zweiter Stock

In der zweiten Etage, neben dem Rüstungsraum **(13)**, prangt im Saal des »Giovanni Della Robbia« **(17)** seine Krippe, ein Terrakotta-Relief, blau-weiß-gelb-grün glasiert. Von seinem Vater Andrea Della Robbia ist im Nebensaal, aus dem gleichen Material, das meisterhafte Porträt einer Edel-

dame mit Perlenschmuck im Haar! Im Saal der »Bronzetti« (Kleinbronzen) sind hervorragend: die kämpfenden »Hercules und Antäus« von Antonio Pollaiuolo (1498) und der junge »Ganymed« von Benvenuto Cellini.

Verrocchio-Saal (15)

In diesem Raum überfällt einen fast das Stendhal-Syndrom (→ Extra, Das Stendhal-Syndrom, S. 100). Zuviel des Guten! Die vielen Porträtbüsten von Spitzenkünstlern der Renaissance wie Benedetto da Maiano, Antonio Rossellino, Mino da Fiesole und Antonio del Pollaiuolo wirken so realistisch, als wollten sie uns ansprechen. Von Andrea del Verrocchio, dem Lehrer Leonardos, ist erstklassig der dreiste David mit dem leisen Lächeln und die zarte Büste einer Edelfrau mit Blumenstrauß. Rossellinos Terrakotta-Porträt des Matteo Palmieri, mit der gemütlichen Knollnase, erinnert an den gebildeten Allround-Apotheker, in dessen Laden Humanisten und Künstler gerne einen kleinen Schwatz hielten. In den beiden Räumen dahinter sind in den Vitrinen über 1000 Medaillen ausgestellt. Für die stilgerechte Einführung sorgen die erlesenen Porträtmedaillen aus der Kollektion des Lorenzo il Magnifico.
Via del Proconsolo 4; tgl. 8.30–13.20 Uhr; 1., 3. und 5. So und 2. und 4. Mo des Monats geschl; Eintritt 8000 Lire

Museo dell'Opera del Duomo ■ G4

Im bewundernswerten Dommuseum gibt es eine ganze Reihe von Meisterwerken, die vor dem Zerfall gerettet werden sollten. Man kann hier aus allernächster Nähe die durch Kopien an Dom und Campanile ersetzten Skulpturen bestaunen, welche sich sonst dem Blick entziehen: etwa Papst Bonifaz VIII. sowie die Madonna mit den Glasaugen vom Bildhauer und ersten Dom-Baumeister Arnolfo di Cambio (→ 10x10, S. 10).

Mezzanin

Im Stiegenhaus befindet sich Michelangelos ergreifende dritte »Pietà« (beendet 1555), die 1981 aus dem Dom hierhergebracht wurde. Eigentlich hatte sie der Künstler für sein eigenes Grab geschaffen, konnte sie aber vor seinem Tod nicht vollenden. Die linke Figur der Magdalena mußte sein Schüler Andrea Calcagni fertigstellen. Der Kopf des Nikodemus an der Spitze der als Pyramide komponierten Gruppe soll die Gesichtszüge Michelangelos tragen.

Erster Stock

Ein weiteres unvergeßliches Erlebnis sind die beiden wunderbar restaurierten **Sängerkanzeln** von **Luca della Robbia** (→ 10x10, S. 13) und Donatello. Zum Anbeißen: della Robbias lachende, fröhlich singende, musizierende, tanzende Kinder. Die zehn Marmorreliefs veranschaulichen den Text des 150. David-Psalms mit der Genauigkeit einer Partitur. Auf Donatellos Werk tanzen, spielen die Putten und laufen einander zwischen den Säulen hinterher. Dramatischer Kontrast hierzu: die fast lebensgroße, erschütternde Holzfigur der hl. Magdalena Donatellos. Knielanges Haar bedeckt den ausgemergelten Körper der Büßerin. Ihr hingebungsvoller Gesichtsausdruck ist voll menschlicher Würde.

Die sechs Donatello-Statuen von Propheten und Patriarchen, die für den Glockenturm bestimmt waren, sind gleichfalls die Verkörperung der Suche des Künstlers nach den Geheimnissen der menschlichen Seele.

Alterswerk von bestechender Ausdruckskraft: Zu den herausragenden Ausstellungsstücken im Museo dell'Opera del Duomo zählt Michelangelos »Pietà«.

Saal der Campanile-Reliefs

König David von Andrea Pisano ist ebenfalls eindrucksvoll, und auch seine von Giotto für den Campanile entworfenen 21 sechseckigen Marmorreliefs bezeugen die Vielfalt seines Talents. Am Campanile durch Gipsabgüsse ersetzt, überraschen diese Kleinreliefs mit ihrer Schönheit, wie sie nacheinander von ihrer Schmutzschicht befreit werden. Die letzten fünf Reliefs der Serie stammen von Luca della Robbia. Die Thematik umfaßt biblische und mythologische Szenen sowie verschiedene Berufe. Besonders plastisch: Jubal unter dem Zelt, mit seinen Schafen und dem Schäferhund.

Saal des Silberaltars

Nicht links liegenlassen sollte man die 27 – mit Seiden- und Goldfäden – handgestickten Episoden aus dem Leben von Johannes dem Täufer, nach den Zeichnungen des Antonio Pollaiuolo. Eine Sisyphusarbeit, an der sieben Stickerinnen 15 Jahre lang schufteten. Der Silberaltar des Heiligen (fast 400 Kilogramm schwer!), ein Meisterwerk von zehn großen Silberschmieden und Bildhauern (unter anderem Michelozzo, Verrocchio, Pollaiuolo), brauchte allerdings mehr als ein Jahrhundert, bis er für das Baptisterium, ebenfalls 1480, fertig wurde. Dieser Altar wuchs aus der Gotik hinein in die Renaissance.

Die bei der Überschwemmung 1966 beschädigten Ghiberti-Reliefs der »Porta del Paradiso« des Baptisteriums wurden sorgfältigst restauriert. Vier der Originale sind hier in ihrer Goldpracht ausgestellt.

Piazza del Duomo 9; Mo–Sa 9–19, Fei 9–14 Uhr, Kassenschluß 18.20 bzw. 13.20 Uhr; So geschl; Eintritt 8000 Lire

Große Herausforderung: Nach der schweren Flutkatastrophe vom 4. November 1966, bei der das Wasser im Klosterbereich bis zu fünf Meter hoch stand, mußten zahllose Fresken im Museo dell'Opera di Santa Croce aufwendig restauriert werden.

Museo dell'Opera di Santa Croce ■ H 6

Im Hintergrund des Kreuzgangs von Santa Croce: Brunelleschis verwirklichtes architektonisches Ideal, die Kapelle der Pazzi-Familie, der gefährlichsten Rivalen der Medici. Nicht zu übertreffen an eleganter Harmonie in den Proportionen und in der schlichten Dekoration!

XL TOP 20

Die zwölf Apostel in den blau-weiß glasierten Terrakotta-Medaillons von Luca Della Robbia fügen sich diskret ein ins ausgewogene Ensemble. Brunelleschi entwarf auch den stimmungsvollen zweiten Kreuzgang, einen der schönsten in Florenz. Nirgendwo findet man eine solche Harmonie von Ruhe und Geborgenheit wie hier. Daneben, im gotischen Refektorium, befindet sich das Santa-Croce-Museum. Als trauriges Mahnmal steht – nach seiner problematischen Restaurierung – jetzt hier das vom Hochwasser 1966 zum Großteil zerstörte Kruzifix (13. Jahrhundert) des Cimabue.

Von den fünf Meter hohen Fluten wurde Taddeo Gaddis großes Abendmahl-Fresko (1350) ebenfalls beschädigt. Die Kreuzigungsszene darüber entfaltet sich zum dekorativen Lebensbaum: ein schönes Beispiel für den Übergang zwischen Gotik und Renaissance. Unter den sechs Freskenfragmenten aus Orcagnas Zyklus »Triumph des Todes« und »Jüngstes Gericht« beeindrucken die Gesichter von vier klagenden Bettlern: eine Vorwegnahme der Kunst des Pieter Bruegel um 200 Jahre! Von den Skulpturen sind erwähnenswert Donatellos vergoldeter hl. Ludwig von Toulouse und das Marmorgrabmal des Kardinals Gastone della Torre von Tino di Camaino (13. Jahrhundert).

Piazza Santa Croce; 1. März–31. Okt. tgl. 10–12.30 und 14.30–18.30, 1. Nov.–28. Feb. tgl. 10–12.30 und 15–17 Uhr, Mi geschl.

Museo dell'Opificio delle Pietre Dure ■ G 3

Wer die prunkvollen Einlegearbeiten der Medici-Grabkapelle bewundert, fragt sich, wo und wie diese Halbedelsteinmosaiken entstanden sind. Die »Werkstätten der harten Steine« wurden 1588 von Großherzog Ferdinand gegründet. 1796 kamen sie aus den Uffizien ins hiesige Gebäude des einstigen Klosters San Niccolò, gleich neben der Kunstakademie. Im Jahre 1995 hat man das neuorganisierte Museum eröffnet, in dem auf zwei Ebenen schöne Beispiele der hergestellten Intarsienarbeiten, Werkstatt-Einrichtung und -Ausstattung, aber auch eine bunte Palette der verwendeten Materialien (Onyx, Karneol, Achat, Obsidian, Porphyr, Alabaster usw.) gezeigt werden (→ 10x10, S. 10). Die Naturtreue der Steinbilder ist faszinierend, ob es sich um farbreiche Blumen, Obst, Vögel oder Landschaften handelt. Heute sind die Werkstätten vor allem mit Restaurierungsarbeiten beschäftigt.

10x10

Via Alfani 78; Di–Sa 9–14 Uhr; Eintritt 4000 Lire

Museo di Palazzo Vecchio ■ G 6

Nach der erneuten Machtergreifung der Guelfen-Partei begann unter Baumeister Arnolfo di Cambio die Arbeit an den zwei repräsentativsten Wahrzeichen der Stadt: am Dom 1296 und am Palazzo della Signorìa 1299 (später Palazzo del Popolo, dann Palazzo Vecchio genannt). Die neue Regierung brauchte einen ihrer Macht angemessenen und auch verteidigungsfähigen Palast. Wie eine Trutzburg erhebt sich – neben den Uffizien – der massive Block aus Quadersteinen mit seinem zinnengekrönten Wehrgang und dem in 94 Meter Höhe ragenden Turm. Stolz trägt dieser den goldglänzenden Marzocco, den Löwen mit dem Florentiner Lilienbanner (→ 10x10, S. 9).

XL TOP 20

10x10

Innenhof

So einfach wie jetzt konnte man in früheren Zeiten nicht durch das zweifach gesicherte Tor in den Innenhof gelangen. Michelozzo ist die graziöse Renaissance-Umgestaltung des Hofes zu verdanken. Die stark verblaßten Ansichten der wichtigsten Städte des Habsburg-Reiches entstanden ringsherum anläßlich der Heirat des Thronfolgers Francesco de' Medici mit Johanna von Österreich. Spaßig Verrocchios Bronzeputto mit dem wasserspeienden Delphin in Hofmitte. Das Original dieser Brunnenfigur wird im Museum aufbewahrt.

Erster Stock

So wie das Palazzoinnere sich heute als Museum präsentiert, geht es vor allem auf den Hofarchitekten und -maler von Großherzog Cosimo I. zurück. Seine bombastischen Fresken und Deckengemälde sind zwar reich an devotem Pomp für die Herrscherfamilie, dafür aber arm an Seele und künstlerischer Ausstrahlung. Interessant ist höchstens die kriegerische, politische oder mythologische Thematik. Wen fasziniert aber heute noch die Krönung des Großherzogs im Himmel, wie der Maler sie im Mittelmedaillon der Kassettendecke des »Salone dei Cinquecento« darstellt?

Salone dei Cinquecento (1)

Diesen »Saal der 500« baute Cronaca zur Zeit der Savonarola-Republik für die 500 Mitglieder des Großen Rats; unter Cosimo I. wurde daraus ein festlicher Empfangssaal. Vasari erhöhte ihn später um sieben Meter! Von den Wänden der Riesenhalle ließ er jedoch jede Spur der einst Leonardo und Michelangelo anvertrauten Schlachtfresken verschwinden. Die Höhepunkte im Saal sind Skulpturen: Die sechs Taten des **Herkules** schuf Vincenzo de' Rossi (→ 10x10, S. 13); ihnen überlegen **10x10**

Eindrucksvolles Entree, das diskret, aber unmißverständlich Macht symbolisiert: der schöne Innenhof des Palazzo Vecchio, den man von der Piazza della Signorìa aus erreicht.

sind die zwei Siegesstatuen von Michelangelo und Giambologna. Seinerzeit munkelte man, Michelangelos junger Sieger trage die Gesichtszüge seines geliebten Freundes Cavalieri. Die drei jüngst restaurierten Medici-Statuen (die Päpste Leo X., Klemens VII. und Großherzog Cosimo I.) sind von Bandinelli.

Das »Studiolo« (2) von Francesco I.

Die kleine Studierkammer ist ein Schmuckkasten manieristischer Malerei, allerdings ohne Fenster etwas bedrückend. Die allegorischen Bildserien sind der Natur und der Kunst gewidmet, unter der Ägide des Prometheus. Bronzinos Porträts der Eltern von Francesco I. schauen sich unter dem Gewölbe von beiden Enden des Raumes zu. Bevor wir noch eine Etage höher steigen, betreten wir das Quartier des Medici-Papstes Leo X. **(8)**, wo der weiß-rote Original-Terrakottaboden (16. Jahrhundert) am eindrucksvollsten ist.

Zweiter Stock

Von hier aus führt die Treppe eine Etage höher. Zuerst besichtigt man die der griechischen Mythologie gewidmeten Räume. Im kleinen »Terrazzo di Giunone« **(13)** steht neuerdings der freche Bronze-Putto von Verrocchio. Vom »Herkules«-Saal **(14)** und der offenen Loggia daneben eröffnet sich ein herrlicher Ausblick auf die Dächer von Florenz, Santa Croce, San Miniato und Forte di Belvedere.

Bevor man zu den Räumen der Großherzogin Eleonora von Toledo gelangt, blickt man vom Emporengang hinunter auf den gewaltigen Saal der 500. Die kleine Kapelle Eleonoras **(17)** (neben dem »grünen Zimmer«) birgt Bronzino-Fresken mit Szenen aus Moses Leben: Der ohne jede Dramatik allein auf die kühle Perfektion der Schönheit ausgerichtete Manierismus des Künstlers erreicht hier einen Höhepunkt. Ausdrucksvoll das schreiende Baby und der

Luxuriös ist auch die Innenausstattung des Palazzo Vecchio: Prunkvolle Fresken und Deckengemälde künden vom ungebrochenen Selbstverständnis der damaligen Machthaber.

gierig trinkende Mann in der Manna-Szene. Das Altarbild ist ebenfalls eine Spitzenleistung Bronzinos. Aber nicht der Schmerz spielt in dieser Kreuzabnahme die Hauptrolle, sondern eine Art von dekorativer Eleganz (zum Beispiel wie bei der hinter Maria ins Zentrum gerückten Hofdame). Die Dekoration der weiteren Zimmer ist berühmten Frauen (Sabinerinnen **(20)**, Esther **(21)**, Penelope **(22)**, Gualdrada **(23)**) gewidmet. Im letzteren Raum erkennt man in acht Veduten das Florenz der Medici-Zeit, wie es lebte und feierte.

Kapelle der Prioren (24) (oder der Signorìa)
Ein Blick nach links zur Totenmaske Dantes, bevor man in die Kapelle der Prioren kommt, die Ridolfo Ghirlandaio – Sohn des großen Domenico – 1514 ausgemalt hat. Wir sind nun in die Zeit der Republik zurückgekehrt, als hier noch die Prioren ihre Residenz hatten. Gegenüber dem Altar: die Darstellung der Verkündigung (»Annunciazione«) mit der Kirche Santissima Annunziata im Hintergrund. Die nächsten beiden Säle (»Audienz«- **(25)** und »Lilien«-Saal **(26)**) haben prachtvolle Kassettendecken von den Brüdern Giuliano und Benedetto da Maiano und Fresken von Cecchino Salviati sowie **Domenico Ghirlandaio**

10x10

(→ 10x10, S. 12). Die Lilien am Plafond gehören zum Stadtwappen von Florenz. Aus der Froschperspektive beeindruckt hier Donatellos imposante Bronzestatue der Judith, wie sie Holofernes erschlägt. Diese ist das restaurierte Original – vor dem Palazzo durch eine Kopie ersetzt. Aus dem Kissen, das Donatellos Signatur trägt, sprudelte ursprünglich Brunnenwasser im Garten des Medici-Palazzos. Als Savonarola die Statue vor dem Palazzo della Signorìa als Mahnmal aufstellen ließ, erhielt sie den Sockel mit der Inschrift: »Beispielhaft für das Gemeinwohl« (!). In der »Cancelleria« **(27)**, wo einst Machiavellis Büro war, sieht man seine Büste und sein Ölporträt, postum gemalt von Santi di Tito. Die sogenannte »Garderobe« **(28)** ist mit 53 Landkarten tapeziert. Ab 1563 arbeiteten daran hintereinander Fra' Ignazio Danti und Stefano Buonsignori 25 Jahre lang. Danti schuf auch die riesige Erdkugel aus Pappmaché in der Mitte des Saales.
Piazza della Signorìa; Mo–Sa 9–19, Fei 8–13 Uhr, Do geschl.; Eintritt 10 000 Lire

Museo di San Marco ■ G 2

XL TOP 20

San Marco, das besterhaltene Kloster in Florenz, gibt heute alle seine Geheimnisse zur Besichtigung frei. Cosimo d. Ä. war der spendable Mäzen, der ab 1430 seinen Hausarchitekten Michelozzo das Dominikanerkonvent ausbauen ließ. Dabei entstand auch die erste öffentliche Bibliothek Europas in einem Renaissancesaal, dessen zwei Säulenreihen in Eleganz mit den beiden Kreuzgängen wetteifern. Wenn man die dahinführende Treppe hochgeht, wird man gegenüber plötzlich wie geblendet von **Fra' Angelicos** Meisterwerk »Die Verkündigung«, deren zarte Farben und Formen der Maler mit ähnlichen Säulen einrahmte (→ 10x10, S. 12). Der beste Wegweiser zu Fra' Angelicos Kunst, die wir an den Fresken der Mönchszellen ebenso bewundern können wie im Kapitelsaal und im »Ospizio« (beide im Erdgeschoß). Besonders poetisch in einer Zelle: die »Noli me tangere«-Szene. Bankier Cosimo hatte eine Doppelzelle zur Verfügung, wenn er sich um seine Seele kümmern wollte. Die Wand ziert nicht zufällig eine Anbetung der Dreikönige: Der hl. Josef öffnet die Geschenkbüchse mit der Gebärde eines Kaufmanns, der den Inhalt prüft. Am Ende des Korridors sind die Zellen, die als Abt der hl. Antonino – Vertrauter Cosimos und Förderer Fra' Angelicos – und später der Maler selbst bewohnten. Auch Savonarola lebte in

10x10

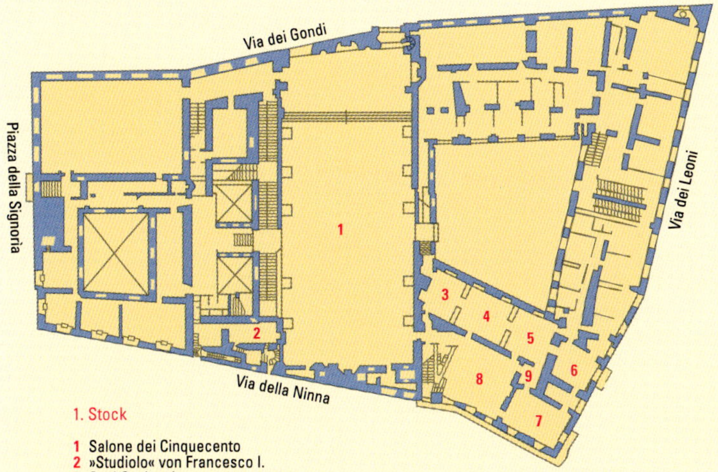

1. Stock

1 Salone dei Cinquecento
2 »Studiolo« von Francesco I.
3 Saal Cosimo I.
4 Saal des Lorenzo il Magnifico
5 Saal Cosimos d. Älteren
6 Saal des Giovanni dalle Bande Nere
7 Saal Clemens VII.
8 Saal von Leo X.
9 Kapelle

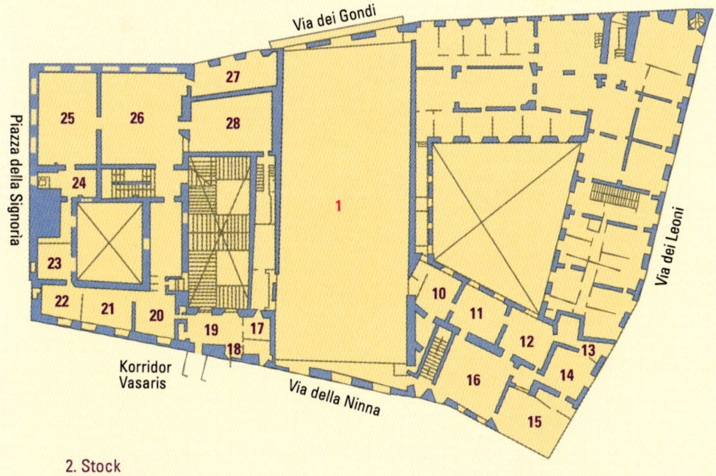

2. Stock

10 Saal der Ceres
11 Saal der Göttin Ops
12 Saal des Jupiter
13 Terrazzo di Giunone (Saal der Juno)
14 Saal des Herkules
15 Terrasse des Saturn
16 Saal der vier Elemente
17 Kapelle von Eleonora di Toledo
18 Schreibzimmer der Herzogin
19 Grünes Zimmer
20 Saal der Sabinerinnen
21 Saal der Esther
22 Saal der Penelope
23 Saal der Gualdrada
24 Kapelle der Prioren
25 Saal der Audienzen
26 Saal der Lilien
27 Cancelleria
28 "Garderobe" (Aufenthaltsraum mit Sammlungen)

N

Museo di Palazzo Vecchio

Der ewige Tourist Michelangelos

Wenn ich vorbeikomme, versäume ich nie, meinen alten Freund mit einem Augenzwinkern zu begrüßen. Kaum ein anderer nimmt von ihm Kenntnis, aber das stört ihn nicht besonders. Er schaut zur Seite und bleibt phlegmatisch gelassen. Wer seine Bekanntschaft machen will, braucht nur die sechs Stufen zum Eingang des Palazzo Vecchio zu nehmen. Statt zwischen den beiden Marmorfiguren, die einst mit einer Sperrkette verbunden waren, in den Hof einzutreten, pirscht man vorsichtig in Richtung Uffizien voraus, fast bis zur Ecke. In der dritten Quaderreihe von unten, da ist er: eingemeißelt in die rauhgraue Fläche des vorletzten Steinblocks.

Was dieser Stein erzählt, ist längst eine florentinische Legende geworden. Legenden haben es so in sich. Schöpfer des flachen Reliefs ist wohl Michelangelo gewesen. Aber wie und warum? Vielleicht ist er eines schönen Tages im Jahre 1504 beim Verlassen des Palazzo auf einen Bekannten gestoßen, möglicherweise auf den Kollegen und Konkurrenten Leonardo da Vinci. Beide hatten damals einen Fresken-Auftrag für ein Schlachtgemälde (die Siege von Cascina und Anghiari) für den großen Saal des Palazzo Vecchio. Treffen sich zwei geniale Künstler, die nur eine gegenseitige Feindschaft verbindet, so kann man sich lebhaft ausmalen, daß ihr Gespräch mit hinterlistigen Anspielungen und zweideutigen Komplimenten gewürzt gewesen sein mag. Wie dem auch sei, Michelangelo nähert sich währenddessen mit dem Rücken der Palastmauer. Er hat den Meißel in der Hand und beginnt rücklings das Gesicht, das uns heute anschaut, in den Stein zu hauen, ohne sich auch nur einmal zur Kontrolle umzudrehen, ohne Leonardo aus den Augen zu verlieren, ohne aufzuhören, mit ihm zu reden. Leonardos Aufmerksamkeit kann natürlich weder die Arbeit noch deren Sinn entgehen: Michelangelo beweist ihm seine eigene handfertige Virtuosität.

So haben wir nun vor uns das blindlings in den Buckelquader gehauene Profil als wegweisendes Beispiel des neuen Michelangelo-Stils des »Nichtfertigen« (»Non finito«). Nicht beendet – eigentlich gar nicht richtig begonnen. Michelangelo hat hier kein erkennbares Porträt geschaffen. Deswegen kann dieses unbekannte Gesicht für je-

Florenz Extra

Der Hauch eines Profils, an der Außenwand des Palazzo Vecchio leicht übersehbar, gibt Anlaß zu Spekulationen.

den gelten, der die Piazza della Signorìa durchquert. Ich erkenne in ihm den ewigen Touristen: Er kommt an, schaut sich um, staunt und geht am Ende fort... »Se non è vero, è ben trovato«: Und wenn's nicht wahr ist, so ist's doch gut erfunden. Dies gilt auch für eine andere Michelangelo-Anekdote. Der Künstler arbeitet an den Skulpturen der Medici-Grabkapelle zu jener schmerzvoll tragischen Zeit, als die Armee des Kaisers Karl V. Rom erobert und ausplündert, Florenz belagert und die Republik stürzt. Unglück und Enttäuschung ergreifen die geplagte Seele Michelangelos. Düstere Gefühle führen seinen Meißel, während er die Statuen aus dem Marmor haut. So entstehen die auf den beiden Sarkophagen liegenden Aktfiguren der Morgen- und Abenddämmerung, des Tages und der Nacht: erschütternde Symbole für die Vergänglichkeit der Zeit. In einer schönen Stanze läßt Michelangelo die Frau sprechen, die den Schlaf und die Nacht verkörpert. Nichts sehen und nichts hören: darin liegt das Glück in Zeiten der Schmach und Schande. Der Bildhauer soll aus dem verwendeten Marmor noch einen kleinen Block für sich aufbewahrt haben, um daraus eine Ratte zu meißeln. Sie wäre ein unmißverständliches Symbol der damaligen Zeitläufe, aber auch der gefräßigen Vergänglichkeit gewesen. Nur hat die Zeit die Ratte Michelangelos, wie viele andere seiner Pläne, verschlungen.

Zart und eindringlich zugleich: Fra' Angelicos Meisterwerk »Die Verkündigung« im Museo di San Marco.

diesen Wänden, bevor er 1498 vor der Bibliothek verhaftet wurde.

Nun zurück ins Erdgeschoß, um im »kleinen Refektorium« Domenico Ghirlandaios prunkvolles Abendmahl-Fresko und im Kapitelsaal Fra' Angelicos grandiose Kreuzigungsszene zu bewundern.

Im **Ospizio** (einstige Pilgerherberge) am Antonino-Kreuzgang ist eine beachtenswerte Bildergalerie mit Fra' Angelicos Hauptwerken aus Florentiner Kirchen eingerichtet. Spiritualität und Farbreichtum der spätgotischen Malerei paaren sich hier mit den modernsten Errungenschaften Uccellos und Masaccios für Perspektive und Körperlichkeit – alles liebevoll mit dem Pinsel und mit der Kraft des Glaubens gemalt. Altarbilder mit thronenden Madonnen umgeben von Heiligen; Sujets wie »Kreuzabnahme« (mit bezaubernder Landschaft und Stadt im Hintergrund); »Martyrium der Medici-Schutzpatrone Kosma und Damian«; »Das Jüngste Gericht«, wo sich Himmel und Meer berühren, Hölle und Paradies durch offene Gräber getrennt sind; »Beweinung Christi«, mit schönem toskanischen Background. Die vier Paneele eines Schranks für Silbergerät aus der Kirche Santissima Annunziata sind mit ihren 35 kleinen bemalten Feldern ein Geheimtip für Kunstkenner – auch wenn die dazugehörige »Flucht nach Ägypten« nicht mehr unbekannt ist. Im »großen Refektorium« samt Waschraum sind Gemälde von Fra' Bartolomeo und Baldovinetti untergebracht (wegen Restaurierung z. Zt. geschl.). Indessen kann man den Gang entlanggehen, der zum »Museum des antiken Florenz« am kleinen alten Kreuzgang führt. Hier sind beim Abbruch des alten Marktviertels gerettete Fundstücke ausgestellt. Die Lünetten über den Türen bemalte Fra' Bartolomeo mit Mönchsporträts.

Piazza San Marco 3; Di–Sa 8.30–13.50 Uhr; 1., 3. und 5. So des Monats; 2. und 4. Mo des Monats geöffnet; Eintritt 8000 Lire

Museo di Storia della Scienza ■ G 6
Im 17. Jahrhundert spielte die Wissenschaft die bedeutendste Rolle im geistigen Leben von Florenz (→ 10x10, S. 10). Großherzog Ferdinando II. und sein jüngster Bruder Leopoldo – beide einst Schüler des Hofmathematikers Galileo Galilei – gründeten 1657 die wissenschaftliche Akademie (»Accademia del Cimento«) mit dem Motto: »Versuch's immer wieder«. Von dieser Akademie erworbene oder hergestellte Geräte und Instrumente bildeten den Grundstock zu den Sammlungen in diesem Museum.

10x10

In 21 Sälen werden von astronomischen und topographischen Meßinstrumenten (arabische Himmelskugel von 1080, Astrolabien, Armillarsphären, Sonnen- und Nachtuhren, Winkelmeßgeräte), nautischen Instrumenten berühmter Kunsthandwerker aus der Toskana, aus Deutschland, England und anderen Ländern Europas bis zum bahnbrechenden meteorologischen Instrumentarium des 17. und 18. Jahrhunderts Paradebeispiele der wissenschaftlichen Entwicklung präsentiert. Den Ehrenplatz nehmen im vierten Saal, um Galileis Fingerreliquie herum, die von ihm benutzten Instrumente und seine Modelle ein. Die Medizin ist im Saal 18 mit dem krudelen Instrumentarium von G. A. Brambilla (1728–1800), dem Militärchirurgen und Hofarzt Kaiser Joseph II., würdig repräsentiert. Die Hauptattraktion sollte nicht abschreckend, sondern aufklärend wirken: Man drückt den Daumen für eine glückliche Geburt, wenn man alle Phasen und Probleme von Schwangerschaft und Entbindung in aufwühlend naturgetreuen Wachs- und Tonplastiken vor sich hat.
Piazza dei Giudici 1; Mo–Sa 9.30–13, Mo, Mi, Fr auch 14–17 Uhr; für Behinderte am Eingangstor Extraklingel für Hilfe

Museo Storico Topografico »Firenze com'era« ■ G 4
Wer sich einen Überblick davon verschaffen will, wie sich Florenz und seine Umgebung seit dem 15. Jahrhundert weiterentwickelt haben, ist hier an der richtigen Adresse für einen kurzen Spaziergang durch die Jahrhunderte. Die topographischen Ausstellungsstücke sind sehr aufschlußreich. Beeindruckend die große Farbkopie des in Berlin aufbewahrten sogenannten »Kettenplans« mit Rundblick aus der Vogelperspektive auf die Stadt von 1470. Die Lünetten-Serie aus der Medici-Villa »La Ferdinanda« in Artimino malte 1599 der Flame Justus Utens. Diese Ansichten der Medici-Villen samt Gärten zeigen den damaligen Zustand, den wir sonst kaum kennen würden. 66 Zeichnungen und Aquarelle von Martani und Della Gatta aus der Levi-Sammlung geben die romantische Stimmung im alten Stadtkern vor der Sanierung wieder. Den Baubestand um 1870 zeigt das detailtreue Modell im Maßstab 1:100, an dem Silio Silli bis 1993 fünf Jahre gearbeitet hat.
Via dell'Oriuolo 24; Mo–Sa 9–14, So und Fei 8–13 Uhr, Do geschl.; Eintritt 5000 Lire

Raccolta d'Arte Contemporanea »Alberto Della Ragione« ■ F 5
Das Museum zeitgenössischer Kunst, in neun Sälen der ersten Etage des Palazzo Bombicci (18. Jahrhundert) untergebracht, wirkt wie eine ruhige Oase im Trubel der Piazza della Signorìa – ausgezeichnet geordnet und mit herrlichem Ausblick auf den Platz. Es besteht aus zwei Teilen: Sammlung des Alberto Della Ragione (20. Jahrhundert) und Hinterlassenschaft des bedeutenden Florentiner Malers Ottone Rosai (1895–1957). Dank dem Spürsinn des Sammlers Della Ragione und der Großzügigkeit der Rosai-Erben genießen wir hier einen überzeugenden Querschnitt der inzwischen historisch

Wie man Karriere macht und sich dabei den Hals bricht – Savonarola

Am 23. Mai bedeckt stets ein Haufen frischer Blumen die runde Bronzeplatte vor dem Neptunbrunnen auf der Piazza della Signoria. An der Stelle wurde 1498 an diesem Tag Girolamo Savonarola, der Dominikanermönch aus Ferrara, mit seinen zwei vertrautesten Anhängern am Galgen hingerichtet und verbrannt. Die Republik Florenz war immer schon ein risikoreiches Pflaster für die politisch Ambitionierten. Um so mehr mußte es schief ausgehen mit dem Bemühen eines Idealisten, der zwar in Glaubenssachen ein Profi, in der Politik aber ein Dilettant war, Gottes Reich in seiner Stadt zu errichten. Dies im unerschütterlichen Sendungsbewußtsein eines alttestamentarischen Propheten – aber auch mit Hilfe der Gewalt. Heute würde man einen Moralapostel seines Formats wohl zum Fundamentalisten erklären. Als Gottes Sprachrohr wetterte Savonarola mit seiner krächzenden Stimme gegen die Medici-Wirtschaft und die Unsitten der Florentiner Gesellschaft seit 1481, als er 29jährig aus Bologna ins Kloster San Marco versetzt wurde. Sein eingefallenes Gesicht, mit der großen Hakennase, den schwulstigen Lippen und den blitzsprühenden grünen Augen, seine von wildem Gestikulieren begleitete apokalyptische Sprache zogen solche Mengen an, daß er seine Predigten aus San Marco in die Kathedrale verlegen mußte. »Bereue Florenz, bereue, solange dafür noch Zeit ist!« – war sein Spruch beim Vorwerfen aller nur möglichen Sünden des Fleisches, von Luxus zu Laster und Lotterei. Dazu berichtete der mantuanische Gesandte seinem Herrn: »Ein Dominikanermönch hat alle Florentiner so eingeschüchtert, daß sie ganz der Frömmigkeit ergeben sind.« Nachdem 1494 die französische Armee des Königs Karl VIII. auf dem Weg nach Neapel in Florenz einzog, und die Medici aus der Stadt verjagt wurden, blieb die eigentliche Regierungsmacht in den Händen Savonarolas. Im formell demokratischen Rahmen einer neuen Verfassung wechselte Florenz von der Medici-Oligarchie zu einer sittenstrengen Theokratie über. Damals war der Prediger bereits Prior von San Marco. Von dort erließ er seine Verordnungen. Keine Karnevalsfeiern mehr, dafür aber mehr Fasten; keine modische Eleganz in den Stra-

Florenz Extra

Ein fanatischer Glaubenskämpfer, der den Lebensstil der Medici verpönte und seine politische Fehlkalkulation mit dem Leben bezahlen mußte.

ßen, dafür Kinderprozessionen mit heiligen Gesängen. Die Kinder sollten auch ihre Eltern anzeigen, wenn diese das sittliche Gesetz nicht befolgten. Spektakulärster Höhepunkt war zur Faschingszeit 1497 der riesige »Scheiterhaufen der Eitelkeiten« auf der Piazza della Signoria, der sogar »anstößige« Kunstwerke und Bücher zum Opfer fielen. Es dauerte nur noch ein Jahr, bis sein Schicksal Savonarola ebenda ereilte. Er hatte sich verkalkuliert. Florenz schloß sich nicht der »Heiligen Liga«, der vom – ihm verhaßten – Papst gegen die Franzosen geschmiedeten Allianz, an. Er folgte dann nicht der päpstlichen Vorladung nach Rom und widersetzte sich der Exkommunikation. Der keineswegs nach Savonarolas Prinzipien lebende Borgia-Papst Alexander VI. drohte nun, den Kirchenbann über die ganze Stadt zu verhängen. Damit war das Maß für die Florentiner voll. Von Seuche, Hunger und dem Krieg gegen Pisa geplagt, von Medici-Anhängern und mit den Dominikanern konkurrierenden Franziskanern angestachelt, stürmte am Palmsonntag die enttäuschte Menge San Marco. Savonarola wurde verhaftet, angeklagt und der Ketzerei schuldig befunden. Seine Asche streute man in den Arno. Statt einer Reliquie blieb aber bis heute der Name seines Lieblingssessels, mit den typisch gebogenen Quersprossen, erhalten: »Savonarola«.

gewordenen Moderne unserer Zeit. Fast jeder Maler ist mit einer größeren Anzahl seiner Werke vertreten. Außer Rosai – dessen Künstlerfreunde und geliebtes Florenz das Hauptthema seiner Werke sind – findet man geballt die Crème de la crème der italienischen Malergilde: De Pisis, Sironi, Carrà, De Chirico, Morandi, Tosi, Casorati, Mafai, Scipione, Severino. Der Bildhauer Marini ist nicht nur mit einem seiner Pferde, sondern auch mit drei guten Porträts zugegen.
Piazza della Signorìa 5; Mo, Mi–Sa 9–13, So 8–13 Uhr, Di geschl.; Eintritt 4000 Lire

Rinaldo Carnielo Galleria
nördlich ■ I2
Wer sich für die Florentiner Prägung des Sezessionsstils interessiert, ist gut beraten, dieses intime Museum aufzusuchen. Vielleicht findet er dann die Statuen schon frisch vom Staub gereinigt vor, dem Motto des einstigen Hausherrn – des Bildhauers Rinaldo Carnielo (1853–1910) entsprechend. Über dem Eingang seines Jugendstil-Palazzos steht: »Ehret die Kunst; sie ist das Wesen des Lebens!« Seitdem sein Sohn den Nachlaß des eklektischen Künstlers der Stadt Florenz vererbte, bleiben seine hübschen Frauenporträts und Kleinskulpturen aus Terrakotta nicht mehr verborgen. Weniger überzeugend sind einige Gipsentwürfe für »Fin de siècle«-Denkmäler. Zu den besten Ausstellungsstücken gehören die Messalina-Büsten. Für den heutigen Geschmack wirken sie aber eher gediegen als erotisch.
Piazza Savonarola; 10, Sa 9–13 Uhr; Eintritt frei

Spedale degli Innocenti ■ H3
An der Piazza Santissima Annunziata – mit ihren harmonischen Renaissance-Arkaden ringsherum die wohl schönste Piazza der Stadt – befindet sich eine kleine Pinakothek. Früher war dieser Palazzo, 1419 vom Domkuppel-Architekten Brunelleschi erbaut, das erste Findlingshaus Europas. Die herzbewegenden Wickelkinder in den blauglasierten Rundbildern von Andrea della Robbia an der Fassade erinnern noch heute an die karitative Aufgabe des Hauses: Bis 1875 konnten hier jährlich rund tausend verlassene Babies abgegeben werden. Unter einer schönen »Verkündigung« desselben Künstlers betritt man das Stiegenhaus, um in den früheren Schlafsaal zu kommen. Hier finden wir – neben mittelmäßigen Gemälden und Freskenbruchstücken – das hervorragende Terrakotta-Relief von Luca della Robbia (1448): Madonna mit dem Kind, das ein Band in der Hand hält mit den Worten »Ich bin das Licht der Welt«. Man denkt daran, wenn man im Hintergrund des farbenprächtigen Ghirlandaio-Meisterwerks »Anbetung der Könige« die Szene des Kindermordes in Bethlehem erblickt.
Piazza Santissima Annunziata 12; Mo–Sa 8.30–14, So und Fei 8–13 Uhr, Mi geschl.; Eintritt 4000 Lire

An der Nordseite der Piazza della Signorìa steht – nur wenige Meter vom Palazzo Bombicci mit dem Museum zeitgenössischer Kunst entfernt – der wuchtige Palazzo Uguccioni mit der Büste von Cosimo I. über dem Eingangsportal. Die sehr originelle Spätrenaissancearchitektur ist Mariotto di Zanobi Folfi zu verdanken (1549), der aus Rom den Michelangelo oder Antonio da Sangallo zugeschriebenen Entwurf erhielt.

Essen und Trinken

La Baraonda ■ I 6
Welcher Kontrast: die Kühle der weißgekachelten Wände und der temperamentvolle Vortrag von Duccio, der die Menüvorschläge ohne Karte mit Grandezza rezitiert. Sein heißer Tip: »Spaghetti alla sessuale«: Diese »Sex-Spaghetti« sind mit Rogen zubereitet.
Via Ghibellina 67 r; Tel. 2 34 11 71; So und Mo mittag geschl.; Mittlere Preisklasse (AE, DC)

Da Benvenuto ■ G 6
An der Ecke der Via de' Neri verbirgt sich eine schlichte Trattoria, wo man zu reellen Preisen recht gut essen kann. Und zum Glück hat es sich noch nicht überall herumgesprochen…
Via Mosca 16 r; Tel. 21 48 33; So und Mi geschl.; Untere Preisklasse (keine Kreditkarten)

Caffè Italiano (Kaffeehaus) ■ G 5
Sympathisches Stehcafé mit K.-u.-k.-Flair, von der Einrichtung wie vom Kaffeeangebot her. Das Geheimnis des »Gran Caffè« und des »Caffè Crema« wird wohl gehütet.
Via della Condotta 56 r; So geschl.

Cantinetta dei Verrazzano (Imbißstube) ■ G 5
Beliebter Treff der Einheimischen zum gepflegten Quick Lunch. Eine bessere »Focaccia« (salzige Fladenschnitte) als hier gibt es sonst nirgendwo. Nicht zu verachten auch die »Pasqualina« (heißer Fladen mit Rohschinken und fließendem Stracchino-Käse). Der Chianti-Wein kommt mit anderen Leckerbissen vom eigenen Gut. Saal für Nichtraucher.
Via de' Tavolini 18/20 r; Tel. 26 85 90; tgl. bis 21 Uhr, So geschl.

I' chè c'è, c'è ■ G 6
Nach Ginos Menü-Tips geht man auf Nummer Sicher. Schlichtes Ambiente bedeutet keine schlechte Küche: Diese ist echt florentinisch, wie es im Buche steht
10x10 (→ 10x10, S. 15).
Via Magalotti 11 r; Tel. 21 65 89; Mo und Di mittags geschl.; Mittlere Preisklasse (AE, Visa)

Im Rivoire an der Piazza della Signorìa gibt es nicht nur köstliche Trinkschokolade, sondern auch verführerisches Gebäck. Ecco la torta della nonna (»Großmutters Kuchen«)!

Il Chiasso ■ F 6
Im ehemaligen »Monkey Business« hat man den ausgestopften Elephanten weggeräumt. Ansonsten ist außer dem Namen alles beim alten geblieben: der gleiche Besitzer und dieselben Dschungel-Fresken an den Wänden. Aus dem Rahmen fallen die Gerichte: Wie wär's mit Spaghetti in Biersauce oder Salat »in facoccio« (von Fladenteig umhüllt) mit Avocado, Äpfeln und Pinienkernen? Die Papagei-Bar nebenan lädt die Jugend bis 1 Uhr früh ein.
Chiasso dei Baroncelli 1; Tel. 28 82 19; So geschl.; Untere bis Mittlere Preisklasse (AE, DC, EC, Visa)

Il Cibrèo ■ I 5
Eine kulinarische Weltanschauung, wofür Fabio und Benedetta Picchi, Shooting-Stars der örtlichen Gastronomie-Szene, geradestehen: Nach echt toskanischer Tradition wird Suppe großgeschrieben, Pasta hingegen von der Speisekarte ver-

bannt. Cremesuppe aus gelben Paprikaschoten oder die Polenta ähnlicher Konsistenz sind unvergleichlich. Die Küche verbindet das noble Restaurant mit der einstigen Kutscherstube (→ 10x10, S. 15). In beiden Räumen gibt es einen gleichwertigen Gaumengenuß; doch die Preise sind im kargen Nebenzimmer leichter zu verdauen. Gegenüber, auf der Terrasse des Cafés, schmeckt die Schokoladentorte der eigenen Konditorei himmlisch.
Via del Verrocchio 8; Tel. 2 34 11 00; So und Mo geschl.; Luxusklasse (AE, DC, EC, Visa)

10x10

Cucciolo (Imbißstube) ■ G 5
Schon als Kind habe ich mich gefreut, wenn meine Tante mich zum »Bombolone«-Genuß mitnahm: Diese frischen, federleichten Krapfen zergehen wie ihre Füllung auf der Zunge.
Via del Corso 25 r; tgl. 8–12 und 15.30–19 Uhr

I Fratellini (Stehimbiß) ■ G 5
Toskanische Schmankerln im Vorbeigehen. Die Reserven sind im Weinkeller; Bedienung überm Tresen am Gehsteig. Familienbetrieb seit 1875. Die scharfe Zunge der Brüder Perino paßt gut zum gewürzten Spanferkelbraten, Wurst und Käse.
Via dei Cimatori 38 r; So geschl.

Gauguin ■ G 3
Das vegetarische Abendrestaurant mit Künstler-Flair im Uni-Viertel von Florenz. Abwechslungsreiche, schmackhafte Gerichte (ob salzig oder süß – sie haben alle denselben Preis). Raucher und Nichtraucher sitzen getrennt.
Via degli Alfani 24 r; Tel. 2 34 06 16; So geschl.; Mittlere Preisklasse (AE, EC, Visa)

Giuliano Centro Rosticceria ■ G 6
Auf den ersten Blick merkt man nicht, daß hinter dem bunten Angebot in der Auslage an sieben Tischen auch getafelt werden kann. Besonders appetitlich: der knusprigsaftige »galletto« (kleines, gegrilltes Hähnchen).
Via dei Neri 74 r; tgl. bis 20.30 Uhr, So bis 15 Uhr, Mo geschl.

Il Granduca (Eisdiele) ■ F 5
Ein Tempel für Eisanbeter. Über 30 Sorten, für Milchreis- und Bacio-Eis steht man in der längsten Schlange.
Via Calzaiuoli 57 r; So geschl.

Speisen unter Fresken: Das traditionsreiche Restaurant Paoli existiert schon seit 1824.

La Mescita (Imbißstube) ■ H 4
Seit 1919 ist diese schlichte Schenke sich immer treu geblieben. Täglich wechselnde warme Gerichte und was noch so auf toskanisch dazugehört. Ein Glas »Fragolino«, Erdbeerwein, setzt die Krone auf.
Via degli Alfani 70 r; So geschl.

Paoli ■ G 5
Die Fresken unter dem Gewölbe versetzen uns in Dantes Zeit. Auch die Atmosphäre aus dem Gründungsjahr 1824 ist erhalten geblieben. Köstlich: die luftigen »Tortellini alla cardinale« aus frischem Eierteig, im abwechslungsreichen Fixpreismenü.
Via de' Tavolini 12 r; Tel. 21 62 15; Di geschl.; Mittlere Preisklasse (AE, DC, EC, Visa)

Pennello ■ G 5
Pennello heißt Pinsel. Hier trafen sich die Pinselführer schon gegen 1500, gehörte doch das Lokal ihrem Kollegen, dem Renaissance-Maler Albertinelli. Im versteckten Insider-Lokal in Dom-Nähe werden die Stammgäste von flinken Kellnern betreut. Nach einer Besteigung der Domkuppel tankt man hier seinen Körper zu vernünftigen Preisen wieder auf. Ich tat es mit sämigem Artischocken-Risotto.
Via D. Alighieri 4 r; Tel. 29 48 48; So abend und Mo geschl.; Untere bis Mittlere Preisklasse (AE, EC, Visa)

Perchè no! (Eisdiele) ■ F 5/G 5
In 60 Jahren hat sich nur die Einrichtung verjüngt; die Qualität der endlosen Auswahl an Gelati ist die alte geblieben. Schlecktip: weiße Schokolade und Erdbeermousse.
Via dei Tavolini 19 r; Di geschl.

La Pergola (Eisdiele) ■ G 3
Mitten im Uni-Viertel, ein echtes Studenten-Refugium. Bei Angelo und Salvina ist man gut aufgehoben. Die Sizilianerin bietet an heißen Sommertagen Frucht-»Granita« (Gramolata) an, köstlich wie sonst nur auf ihrer Heimatinsel.
Via degli Alfani 27 r; Mo geschl.

Perseo (Café mit Eisdiele) ■ F 5
Gutes Eis zu stolzem Preis, mit Gratis-Blick zu sämtlichen Statuen auf dem Rathausplatz (→ 10x10, S. 16). **10x10**
Piazza Signorìa 16 r, Ecke Via Calzaiuoli

Pinchiorri ■ H 5
Kein Restaurant hat in Italien eine größere Auswahl an Spitzenweinen. Diese mit den künstlerischen Kreationen der Königin der Küche Annie Feolde harmonisch zu kombinieren fordert echte Könnerschaft. Phantastisch sind auch die Preise – aber zum Glück wurde mein Begleiter zur Kasse gebeten. Er schwitzte, ich genoß aber die Kühle unter der Palme im eleganten Innenhof beim Flackern des Kerzenlichts (→ 10x10, S. 15). **10x10**
Via Ghibellina 87; Tel. 24 27 77; So, Mo und Mi mittags geschl.; Luxusklasse (AE, DC, EC, Visa)

Rivoire (Kaffeehaus) ■ F 6
Kaum in Florenz angekommen, folge ich meinem Lieblingsritual: heiße Schokolade mit Schlagsahne auf der Piazza vor dem Palazzo Vecchio trinken. Dann erst fühle ich mich wieder richtig heimisch (→ 10x10, S. 16). **10x10**
Piazza della Signorìa; Mo geschl.

Robiglio (Stehcafé) ■ F 5/G 4
Hier schmecken die luftige »meringa alla panna« (Sahnebaiser) und der warme »budino di riso« (Reistörtchen) am allerbesten in Florenz (→ 10x10, S. 16). **10x10**
Via Tosinghi 11 r und Via dei Servi 112 r; So geschl.

Vivoli (Eisdiele) ■ H 5
In der dritten Generation schmeißen die Enkelinnen Silvana und Patrizia den Laden in der populärsten Eisdiele der Stadt. Mich verlocken am meisten Rum-Krokant und »Crema« (Vanille), mit unverwechselbarem Eigelb-Geschmack (→ 10x10, S. 16). **10x10**
Via Isola delle Stinche 7; Mo geschl.

Treffpunkt für Gourmets mit Kreditkarte: In der Enoteca Pinchiorri erwarten Sie traumhaft kreierte Speisen und eine unübertroffene Auswahl an Spitzenweinen.

Einkaufen

Bücher

Libreria Feltrinelli International ■ G 3
Der deutschen Firmenchefin Inge F. ist das große Sortiment an deutschen Büchern und Kunst-Bildbänden zu verdanken.
Via Cavour 12
Detaillierte Land- und Trekkingkarten finden Sie im Untergeschoß der Filiale in Via Cerretani 30/32 r

Für Kinder

Bartolucci ■ G 5
Seit 1997 alles aus gedrechseltem Holz, was das Kinderherz höher schlagen läßt, mit viel Pfiff und Phantasie: augenzwinkernde Tieruhren an der Wand, lustig lachende Figuren aus der Märchenwelt. Der Super-Gag für die Väter: das Öko-Motorrad als polierte Holzskulptur fürs Herrenzimmer.
Via Condotta 12 r

The Disney Store ■ F 5
Disneyland etablierte sich 1997 in der Nähe von Ghibertis Paradiestor. Das Kinderparadies ist auch nicht ohne. Im Gegenteil: Alles, was Mickymaus den Kleinen bieten kann, ist hier zu finden.
Via Calzaiuoli 69–71

Kaufhäuser

Coin ■ F 5
Zuverlässiges Kaufhaus mit mittlerem Preisniveau und guter Qualitätsware.
Via Calzaiuoli 56 r

La Rinascente ■ F 5
1996 hat Italiens eleganteste Kaufhauskette seine Tore auch in Florenz aufgemacht. Vom 1. März bis 31. Oktober kann man im sechsstöckigen modischen Einkaufszentrum auch sonntags zwischen 10.30–20 Uhr Shopping machen.
Piazza Repubblica/Ecke Via Speziali

Kunstgalerien

Ken's Art Gallery ■ F 6
Herzerfreuend zu erleben, wie Walter Bellini sich für die von ihm vertretenen Künstler aus der Toskana einsetzt. Primär für Bildhauer, wie den namhaften Galligani, aber auch für eigenwillige Keramiker und surrealistische Maler. Weder Auge noch Geldbeutel sind überfordert.
Via Lambertesca 15–17 r

Valentino Moradei ■ F 6
In Deutschland durch seine Lübecker Ausstellung 1997 eingeführt – aber auch in Japan zu Hause –, ist der Vollblut-Bildhauer eigener Galerist in seinem Atelier. Er arbeitet ohne Modell, wie ihm der Körper aus der Hand wächst.
Via Lambertesca 9

Kunsthandwerk

L'Arte Fiorentina delle Pietre Dure ■ H 7
Vater und Sohn Raddi stellen in dieser Werkstatt mit größter Präzision aus Halbedelsteinen Einlegearbeiten, auch nach Auftrag, her: Tischplatten, Bilder, Schatullen, Rahmen mit naturgetreuen Blumen, Tieren, Landschaften, Dekomotiven. Ohrclipse, Halsketten, Schachbretter gibt es zur Auswahl (→ 10x10, S. 17). **10x10**
Lungarno delle Grazie 18

Cavallero & Torrini ■ G 6
Es lohnt sich, die Treppe in die weiträumige Kellerwerkstatt hinunterzusteigen, wo die beiden Herren C & T kunstvoll ihre Holzfiguren, Bilderrahmen, Lampenständer und Tabletts schnitzen. Reiche Auswahl, gleich zum Mitnehmen.
Via dei Benci 38 r

Giorgetti ■ I 6
Alte Möbel reparieren, Bilderrahmen restaurieren und vergolden tun viele Florentiner Handwerker. Renato schnitzt aber auch noch drollige Tauben und schnurrende Katzen aus hartem Holz, bezieht und patiniert sie mit Gips und Farbe, veredelt sie mit echter Silberfolie. Jedes Tierchen hat seine eigene Persönlichkeit in der Visage.
Via Ghibellina 91 r

Nencioni ■ G 5
Wertvolle Original-Stiche und preiswerte Reproduktionen (mit passendem Rahmen) in rauhen Mengen. Themenkreis: unbegrenzt.
Via della Condotta 36 r

Sbigoli Terrecotte ■ H 5
Seit 1850 werden bei Sbigoli Keramik und Terrakotta handwerklich hergestellt. Im großen Ausstellungsraum reiche Auswahl an allerlei Gefäßen und Geschirr für Haus und Küche vom Eierbecher bis zu großen Vasen auch für den Garten. Es werden auch Töpferkurse angeboten.
Via Sant' Egidio 4 r

Lebensmittel und Wein
Alessi ■ G 5
Ein Paradies für Weinkenner: rund 1300 Weinsorten (darunter auch preiswerte Tropfen!), edle Grappe aus dem Chianti Classico und Brunello, 20 toskanische Olivenöle zur Auswahl.
Via delle Oche 27–29 r

Dolci & Dolcezze ■ K 5/G 5
Bei Florentiner Gourmets hat es sich längst herumgesprochen: Hier ist der Schokoladenkuchen eine Sensation. Klein (nur 1 Zentimeter hoch!), aber vom Feinsten.
Piazza C. Beccarìa 8 r und Via del Corso 41 r

Pegna ■ G 5
140 Jahre und kein bißchen veraltet: Die Ware ist immer frisch und erlesen. Feinkost kann nicht feiner sein!
Via dello Studio 8

Lederwaren
Peruzzi ■ H 6
Ein Lederwarenkaufhaus mit Taschen und Jacken in Hülle und Fülle.
Via Magliabechi 23–27 r

Scuola del cuoio ■ H 6
Als wär's noch in der Zeit der Zünfte: Im Franziskanerkloster an der Kirche Santa Croce werden Lehrlinge fürs Lederwaren-Handwerk ausgebildet. Ihre Arbeit kann man in den Gängen bewundern und die hochwertigen Erzeugnisse (vor allem Taschen) in den einstigen Mönchszellen kaufen.
Piazza Santa Croce 16 (Zugang: am rechten Ende des Querschiffs)

Leuchter
Emporio San Firenze ■ G 5
Alles, was mit Licht zu tun hat, ob modern oder historisch, ist hier zu finden – aus eigener Produktion (→ 10x10, S. 17). **10x10**
Piazza San Firenze 9 u. 14

Holzbildhauer bei der Arbeit: Noch heute gibt es in Florenz viele kleine Betriebe, die von der langen Tradition des hiesigen Kunsthandwerks künden.

Märkte

Flohmarkt ■ I 5

Die Renaissance-Arkaden der ehemaligen Fischmarkthalle von Vasari schauen hinüber zu den Holzbaracken, wo die Trödlerstände untergebracht sind. Man muß allerdings schon etwas Glück haben, um hier wirklich fündig zu werden.
Piazza dei Ciompi; Mo–Sa und letzter So des Monats 9–13 und 16–19 Uhr; im Winter Mo geschl.

Mercato di Sant'Ambrogio ■ I 5

Unweit von der Sant' Ambrogio-Kirche decken die Küchenchefs der umliegenden Restaurants ihren täglichen Bedarf an frischem Obst und Gemüse. Vor der Markthalle prangen die Stände in allen Farben, prallbeladen mit Bergen von Auberginen, Paprika, Zucchiniblüten, Tomaten, Pfirsichen, Melonen. Im Inneren eine prächtige Auswahl an jeder Sorte von Fleisch, Käse, Wurst. Bekommt man beim Einkaufen Heißhunger, stillt man ihn gleich an Roccos Stand auf florentinisch: mit »Trippa« (Kutteln).
Piazza Ghiberti; Mo–Sa 7–14 Uhr

Mode

Roberta Laurenti ■ H 4/F 5

Auf Wunsch auch nach Maß fertigen die Schwestern Roberta und Cesi ihre Strickkleider und -kostüme aus feinster Wolle. Klassische Linie und dezente Farben kleiden die elegante Signora mit Schick und Charme. Ein Geheimtip.
Borgo Pinti 22 r
Via Roma 19–21 r

Emilio Pucci ■ G 4/E 5

Nach dem Tod des Florentiner Modezaren führt Tochter Laudomia seit 1992 die Tradition des Hauses weiter. Die papageibunten Farben der gewagten geometrischen Muster (nicht nur bei Blusen, auch bei Herrenkrawatten!) springen knallig in die Augen. Die Preise nicht weniger – noblesse oblige!
Via Ricasoli 36 r und Via Vigna Nuova 97–99 r

Papierwaren

Pineider ■ F 6/E 5

Aus dem Grödner Tal kam der Firmengründer 1774 nach Florenz, als hier noch Peter Leopold, Sohn von Kaiserin Maria Theresia, regierte. Seitdem kann die Hautevolee das noble Briefpapier, die Visitenkarten und Einladungen unverändert unter derselben Adresse bestellen. Alles für den exklusiven Schreibtisch – auch aus feinstem Leder.
Piazza della Signorìa 13 r und Via Tornabuoni 76 r

Schuhe

Raspini ■ F 6/F 5

Ein Florentiner Schuhimperium, das sich auch anderen Lederartikeln nicht verschließt. Von klassisch bis ausgeflippt reicht die Auswahlpalette.
Via Por Santa Maria 72 r, Via Roma 25 r
Via Martelli 3–7 r

Romano ■ F 5

In den Schuhen von Romano hat man leichten Gang und stolzen Schritt. Der letzte Renner: Sandalen aus Pythonleder in orange, grasgrün, fuchsienrot.
Piazza Repubblica 22–24 r

Wäsche

Cirri ■ F 6

Wer hätte es schon geahnt? Signora Veneziani zeigt stolz in der Wunderkammer hinter dem kleinen Laden ihre verborgenen Kostbarkeiten aus Seide, Spitze, Organza und feinstem Leinen, in sorgfältiger Handarbeit genäht, gesäumt, bestickt: traumhaft schöne Nachthemden, Tischdecken, Babykleider.
Via Por Santa Maria 38–40 r

Ein Blick in die Auslagen der Modeboutiquen lohnt sich immer: Florenz ist nicht nur die Stadt großer Maler und Bildhauer, sondern auch renommierter Couturiers.

Betrachtet man den Domplatz und die Piazza San Giovanni als eine harmonische architektonische Einheit in der Mitte des Stadtzentrums, so ist es gerechtfertigt, den Dom samt Campanile und Baptisterium in den Rahmen unseres Spaziergangs im westlichen »Drittel« der Stadt einzufügen. Überhaupt paßt dieses fast maßlose Bauwerk mit seiner unvergleichlichen und das gesamte Stadtbild beherrschenden Kuppel ideal zu den stolzen Renaissance-Palazzi in den umliegenden Straßen.

Andere prunkvolle Kirchen mit ihrem Freskenreichtum, aber auch das Luxusmilieu der Edel-Boutiquen und Mode-Salons im Shopping-Viertel der Modezaren um die Via Tornabuoni, die einladenden Caféterrassen auf der Piazza della Repubblica ergänzen das erlesene Ambiente. Palazzo Medici-Riccardi, Palazzo Rucellai, Palazzo Strozzi stehen als Musterbeispiele für die Entwicklung der Florentiner Renaissancepaläste im 15. Jahrhundert, von der trotzigen Festung zur herrschaftlichen Prunkresidenz. Aus dem Mittelalter grüßt noch die Gotik herüber aus dem Palazzo Davanzati oder der Trutzburg Spini-Feroni. Daß diese die Sprengung der Trìnita-Brücke überlebte und heute der Stützpunkt der Schuh- und Modedynastie Ferragamo ist, gilt genauso als florentinische Kontinuität besonderer Art wie der Aufstieg, Fall und Wiederaufstieg der Familie Pucci unter der Medici-Herrschaft. Vom Tischlermeister avancierte sie zum Fürsten, allerdings mit einem makabren Zwischenspiel: Im Abstand von 15 Jahren wurden, nach mißglückter Rebellion, Vater Pandolfo, dann auch Sohn Orazio an ein Fenster des Bargello gehängt. Nun sind der enorme Fürstenpalast in der Via de' Pucci und das moderne Modeimperium, unter dem alten Emblem des Mohrenkopfs, unzertrennlich miteinander und mit dem heutigen Florenz verbunden. Guccis Modetempel ist wiederum aus der Via Tornabuoni nicht wegzudenken.

Auf dieser abends wie eine elegante Schaubühne beleuchteten Luxus-Einkaufsmeile tummeln sich in buntem Durcheinander die ausländischen Kunden mit dickem Portemonnaie. Man erkennt unter ihnen ab und zu die bei jedem Wetter äußerst soigniert gekleideten, distinguierten Vertreter der Florentiner Nobelfamilien: Beim Anblick eines wie aus edlem Holz geschnitzten Männerprofils etruskischer Prägung hat man fast den verblüffenden Eindruck, die hagere Gestalt wäre soeben aus einer Ghirlandaio-Freske auf die Straße getreten. Die reichste und vornehmste Kundschaft liegt allerdings schon unterm kalten Marmor der Grabmäler in den Medici-Kapellen. Aber das Volk drängt sich, wie eh und je, unter den Arkaden des Mercato Nuovo, zwischen den Ständen an der San-Lorenzo-Kirche und in der Jugendstil-Markthalle, um das Begehrte anzuschaffen.

Ein Traum in weiß-grünem Marmor: Dank eines steinreichen Gönners konnte Leon Battista Alberti im 15. Jahrhundert die wunderschöne Renaissancefassade von Santa Maria Novella erschaffen und mit so vielen raffinierten Details versehen, daß sie für weitere Jahrhunderte wegweisend wurde.

IOHANES ORICELLARIUS PAU F ANSALMCCCCLXX

GiLLi
SAVOY
SAVOY-HOTEL

Für Antiquitäten sind die zahlreichen Läden in der **Via de' Fossi** kompetent. Neben dem reichen Konsumangebot ist die Kultur in diesem Stadtteil freilich kein Waisenkind. Die historischen **Bibliotheken**, die **Laurenziana** und die **Riccardiana**, der **Palazzo Corsini** mit seiner zwar etwas verstaubten, aber imponierenden Privatgalerie, die Freskenzyklen in den prominenten Kirchen **Santa Maria Novella**, **Santa Trìnita, Ognissanti**, die Mosaiken und die Tore des **Baptisteriums**: Alle sind Zeugen einer Blütezeit von Höchstleistungen des menschlichen Genius. Vom Renaissance-Kunstpapst Leon Battista Alberti spannt sich der Bogen bis zum Bildhauer Marino Marini unserer Zeit:

Das Schaffen all der Jahrhunderte bietet sich den Augen des Besuchers in einer beispiellosen örtlichen Konzentration an. Wer aus diesem Ballungszentrum der Florentiner Kultur-Show ins Freie ausbrechen will, braucht nur wenige Schritte bis zum Lungarno zu gehen. Richtung West kann er am **Teatro Comunale**, dem Musiktempel des Maggio Musicale vorbei, die grünen Alleen und Wiesen der **Cascine** erreichen. Wendet er sich gen Osten, empfangen ihn die schönsten Brücken über dem Arno, **Ponte Santa Trìnita** oder **Ponte Vecchio**, zum Atemholen.

Hier war einst der Nabel von Florenz: Die markante Säule »Colonna dell´ Abbondanza« auf der Piazza della Repubblica trägt eine 1721 von G.B. Foggini angefertigte Kopie der unwiderruflich zugrunde gegangenen allegorischen Skulptur »Dovizia« des Donatello. Sie steht genau an der Stelle, von der aus früher die Stadt vermessen wurde. Die beiden Benennungen bedeuten Überfluß oder Fülle. Sie paßten trefflich zum »Mercato vecchio«, dem bei der Sanierung zerstörten alten Marktplatz, wo die Statue schon immer stand.

Spaziergang

Diesen Spaziergang beginnen wir am besten mit einem Schaufensterbummel auf dem **Ponte Vecchio**. Stadteinwärts entdecken wir im **Vicolo di Santo Stefano** (erstes Gäßlein rechts von der Via Por Santa Maria) die Sandsteinfassade der entweihten Santo-Stefano-Kirche mit ihrer dekorativen Torumrahmung aus weiß-grünem Marmor. Es lohnt sich, einen Blick auf die geschwungene Barocktreppe vor dem Altar zu werfen. Die vom Bombenattentat 1993 schwer beschädigte Kirche – eine der ältesten der Stadt – ist inzwischen frisch restauriert worden und dient wieder als Konzert- und Ausstellungssaal. Die Einkaufsstraße **Via Por Santa Maria** gehörte bis zu ihrer Zerstörung 1944 zu den beliebtesten von Florenz. Der gotische **Palazzo di Parte Guelfa** (am Beginn der Via delle Terme/Ecke Via del Capaccio) war Hauptquartier der Welfenpartei, der auch Dante angehörte. Von Brunelleschi stammen die schön gegliederte Rückfront und der feudale Festsaal (nur selten geöffnet: Tel. 29 08 32-3). Vasari fügte eine kleine Loggia hinzu.

An der Ecke zur Via Vacchereccia erblickt man genau in der geometrischen Achse den **Palazzo Vecchio** (originelles Fotomotiv!), bevor man links den preisgünstigen Leder- und Strohmarkt **Loggia del Mercato Nuovo** erreicht. An der Südseite steht der kleine Brunnen mit dem **Porcellino**, dem bronzenen Wildschwein von Pietro Tacca (1612), nach dem römischen Marmor-Vorbild in den Uffizien. Seine Schnauze wurde von unzähligen Händen blankgestreichelt. Glück soll auch bringen, wenn man eine Münze in den Brunnen wirft. Am Abend, wenn die Verkaufsstände verschwunden sind, kommt die Formschönheit der Loggia noch mehr zur Geltung. Dahinter, auf der breiten **Via Calimala** – der einstigen Hauptstraße (cardo maior) der alten Römer –

bemerkt man drei eingerahmte Felder im Pflaster. Sie sind für die Straßenmaler reserviert! Es macht Spaß, ihnen bei der Arbeit zuzuschauen. Wenige Schritte weiter erreichen wir die belebte **Piazza della Repubblica** mit dem Flair der ehemaligen Hauptstadt. Rechts, Ecke Via degli Speziali, prangt die neue Niederlassung von »La Rinascente«, Italiens elegantestem Kaufhaus. Unter den noblen Caféterrassen war und ist heute wieder »Giubbe Rosse« der Lieblingstreff von Künstlern und Literaten. Die **Via Roma** führt zum achteckigen **Baptisterium** und zum gewaltigen **Dom**. Wer dazu Lust hat, kann hier eine Marschetappe in Himmelsrichtung Ost absolvieren: Zur Domlaterne führen 463 unbequeme Stufen, in die Höhe des Glockenturms nur 414, die zwar bequemer, dafür aber weniger erlebnisreich sind. Der Blick von oben ist die Strapaze jedenfalls wert.

Gegenüber dem Campanile ist die kleine Kirche **San Sebastiano** (Piazza del Duomo 19) ein Geheimtip: Sie gehört dem freiwilligen Rettungsdienst »Misericordia« und ist ein Musterbeispiel gekonnter Restaurierungsarbeit. Unbedingt zu besichtigen ist das **Dommuseum** hinter der Dom-Apsis (Nr. 9) – nicht nur wegen Michelangelos Pietà. Auf dem Weg zum Palazzo Medici-Riccardi lassen wir uns von drei sonst kaum beachteten Kunstwerken überraschen. Pontormos »Heilige Familie«, ein eindrucksvolles Jugendwerk (1518) des Meisters, am zweiten Altar rechts in der Kirche **San Michele Visdomini** (Anfang Via dei Servi) hat jetzt ein eigenes Licht zum Anknipsen. Auf der anderen Straßenseite (Nr. 15) prangt die mit Graffiti und Fresken geschmückte Fassade des **Palazzo Niccolini**. 1854 ließen die damaligen Besitzer Boutourline ihren Renaissance-Palazzo nach alten Vorbildern reich dekorieren. Prachtvoll ist auch der Innenhof. In der **Via dei Pucci** reicht der monumentale **Palazzo Pucci** (heute noch im Besitz der Familie des verstorbenen Modepapstes) von der **Via dei Servi** bis zur **Via Ricasoli**. Entrée und Hof des feudalen Mitteltraktes sind besichtigungswert. Am Ende dieser Straße stößt man auf den imposanten **Palazzo Medici-Riccardi** (→ 10x10, S. 9). Ein Must: die brillant gemalte Freskenreportage von Benozzo Gozzoli in der Hauskapelle im ersten Stock. Dann von der Hauskapelle zur Pfarrkirche der Medici: **San Lorenzo** mit ihrer eleganten Innenarchitektur und der alten Sakristei, dem schönen Kreuzgang und Michelangelos Vestibül als Entree zur **Biblioteca Laurenziana**. Ein separater Eingang führt zu den zwei weltberühmten **Medici-Kapellen**.

10x10

Anschließend eine kleine Verschnaufpause bei Nuti in Borgo San Lorenzo (Nr. 39 r und vis-à-vis), der die beste Pizza der Stadt auftischt. Den Espresso trinkt man hinterher bei Nannini (7 r) oder bei Scudieri, gegenüber vom **Baptisterium** (Piazza San Giovanni 19 r). Wer feiner tafeln möchte, erreicht über die Via de' Pecori die Cantinetta Antinori im feudalen gleichnamigen **Palazzo** – von Giuliano da Maiano (15. Jahrhundert) erbaut – auf der gleichnamigen Piazza (Nr. 3). Gegenüber thront über den Stufen die luxuriöse Barockkirche **San Gaetano**, deren Wände mit blumenbestickter weißer Seide behangen sind. Der schönste Laden für Spitze und Seide von Loretta Caponi (Nr. 4 r) ist die beste Einstimmung zu einem exklusiven Bummel in der Via Tornabuoni, die Luxusmeile par excellence. Bei Procacci (Nr. 64 r) ist alles noch wie vor 100 Jahren. Die duftenden »panini« mit Trüffelcreme zum Prosecco sind der ideale Appetizer. Gegenüber dem Florentiner Modetempel Coveri strotzt der buckelquadrige **Palazzo Strozzi** (→ 10x10, S. 9), ein Meisterwerk dreier namhafter Renaissance-Architekten: Maiano, Sangallo und Cronaca. Auf der **Piazza Santa Trìnita** erinnert die Säule der Justiz an den Sieg Cosi-

10x10

mos I. in der Schlacht bei Montemurlo 1537 über die Rebellenarmee der konkurrierenden Strozzi. In der Kirche **Santa Trìnita** versäume man nicht, die freskenreiche Sassetti-Kapelle aufzusuchen. Baccio d'Agnolo – der auch am Palazzo Antinori mitarbeitete – hat im römischen Renaissancestil 1517 den aparten **Palazzo Bartolini-Salimbeni** (Nr. 1) errichtet. Der zinnengekrönte **Palazzo Spini-Ferroni** (Via Tornabuoni 2) (→ 10x10, S. 9) hat noch seinen Festungscharakter bewahrt. Heute gehört er zum Ferragamo-Mode-Imperium. Das Ambiente, in dem die wohlhabenden Herrschaften im Mittelalter gelebt haben, zeigen beispielhaft die eingerichteten Räume im **Palazzo Davanzati** (Via Porta Rossa 13. Einen noch pompöseren Rahmen bietet der **Barockpalast Corsini** (Via del Parione 11) (→ 10x10, S. 9), in dem die größte Privatpinakothek von Florenz untergebracht ist. Eine Monumentaltreppe führt zum ballsaalähnlichen Vorraum hinauf (Führungen Mo, Mi, Fr vormittags nach tel. Anmeldung Tel. 21 89 94). In der Quergasse Via del Parioncino kommen wir an der urigen Trattoria »Coco Lezzone« (Nr. 26 r) vorbei und gelangen über die Via del Purgatorio zur **Piazza Rucellai**. Rechts: die aparte Loggia, wo die Rucellai die großen Feste bei Hochzeiten und Taufen feierten. Schräg gegenüber (Nr. 18) steht der von Leon Battista Alberti entworfene **Palazzo Rucellai**, mit Abstand der schönste Renaissance-Palast in ganz Florenz (→ 10x10, S. 9). Am Ende der linken Seitenmauer (Via Palchetti 6 r) hat sich aus dem alten Weinausschank der Rucellai nach Kriegsende eine der besten und sympathischsten Trattorien gemausert. Rechts, am Ende der Via dei Federighi, kommen in der entweihten Kirche **San Pancrazio** Pferdenarren auf ihre Kosten: Hier ist das **Museo Marino Marini** untergebracht. Um die Ecke

10x10

10x10

10x10

Unter »far bella figura«, einen guten Eindruck machen, versteht jeder Italiener etwas anderes. Aber grundsätzlich kommt dem richtigen In-Szene-Setzen, auch im Alltag, eine enorme Bedeutung zu.

(gegenüber Via della Spada Nr. 8) verbirgt sich die Familienkapelle der Rucellai, gen. »del Santo Sepolcro«. Hier steht das schöne Renaissancegrab des Giovanni Rucellai im grün-weißen Inkrustationsstil, ein weiteres Meisterwerk des Freunds des Hauses Leon Battista Alberti (1467). (Die Mini-Kapelle ist nur während der Samstagmesse um 17.30 geöffnet.) Nach der Kreuzung mit der Via del Moro erreicht man die **Piazza Santa Maria Novella** mit der gleichnamigen Kirche, deren harmonische weiß-grüne Fassade auch von Leon Battista Alberti stammt. Bei der Besichtigung sollten Sie das Sintflut-Fresko von Paolo Uccello im Kreuzgang (Eingang links) nicht verpassen!

Gegenüber der Kirche erstreckt sich die harmonische **Loggia** des einstigen Krankenhauses San Paolo, von Giovanni di Paolo Rucellai gesponsert. Den Dominikanermönchen von Santa Maria Novella ist auch der Ursprung der gleichnamigen historischen **Apotheke** (Via della Scala 16) zu verdanken

Extra (→ Extra, Für jeden seine eigene Duftnote, S. 158). Die Via dei Fossi zieht Freunde von Antiquitäten und Kunsthandwerk an. Rechts, im Borgo Ognissanti 20, werfe man einen Blick auf die hufeisenförmige Ehrentreppe der barocken Eingangshalle des Krankenhauses **Spedale di San Giovanni di Dio**. Zu diesem von seiner Familie gestifteten Krankenhauskomplex gehört das Geburtshaus von Amerigo Vespucci, dem großen Seefahrer, dessen Namen Amerika trägt. Die **Casa Galleria** (Nr. 26) ist das originellste Jugendstilhaus der Stadt, eine aparte Kreation von Giovanni Michelazzi (1911). Nach dem Besuch der **Ognissanti-Kirche** und des »Letzten Abendmahls« von Ghirlandaio im **Kloster** daneben (→ Extra, Die schönsten »Letzten Abendmahle«, S. 70) **Extra** lege man die verdiente Verschnaufpause bei deftiger Kost im »Sostanza« ein (Via del Porcellana 25 r, → S. 153).

Dauer: 3–4 Stunden (ohne Museumsbesuche)

Karte: → Klappe vorne, Klappe hinten

Gewissensprüfung: Ob die genügsamen Nonnen den irdischen Versuchungen eines Valentino tatsächlich widerstehen?

Sehenswertes

Cascine ■ A2/A3
Aus dem früheren Jagdrevier der Medici wurde dank dem Großherzog Pietro Leopoldo 1787 ein gepflegter öffentlicher Park, »Cascine« genannt nach den Gutshöfen und Meiereien auf dem Gelände. Die Rolle des Pariser »Bois de Boulogne« zur Jahrhundertwende spielten in Florenz die Cascine für die elegante Gesellschaft und die Halbwelt. Heute lockt die riesige grüne Lunge in der Stadt Spaziergänger, Jogger, Rollerblader und sonstige Sportler an. Auf dem 118 Hektar großen Areal stehen – außer den Alleen und Spielwiesen – Pferderennbahn, Schwimmbad und Tennisplätze zur Verfügung. Die »Ode to the Westwind«, Shelleys berühmtes Gedicht, ist 1819 in diesem Park geboren. Am westlichen Ende des Cascine-Parks steht das Denkmal für den 1870 20jährig in Florenz verstorbenen Maharadscha von Kolhapur.

Nach Sonnenuntergang hat der Park allerdings kaum mehr etwas mit Romantik zu tun. Je später der Abend, um so mehr wird er zum Tummelplatz von dubiosen Gestalten. Der Aufenthalt hier ist dann nicht mehr zu empfehlen.
Piazza Vittorio Veneto

Cenacolo di Fuligno (»Letztes Abendmahl« von Perugino) ■ E3
Die Klausur der Franziskanernonnen im Sant'Onofrio-Kloster und eine später errichtete Trennmauer bewahrten dieses eindrucksvolle »Letzte Abendmahl« des Perugino bis 1845 vor den neugierigen Blicken der Öffentlichkeit **Extra** (→ Extra, Die schönsten »Letzten Abendmahle«, S. 70). Erst schrieb man es sogar Raffael zu, dann wiederum dem Perugino-Mitarbeiter Rocco Zoppo. Wie dem auch sei: Es lohnt sich, dieses seit 1990 restaurierte Fresko – eine der wichtigsten Abendmahl-Darstellungen in Florenz – in seiner vollen Pracht im einstigen Refektoriumssaal kennenzulernen. Es ist nicht dramatisch wie das von Castagno, nicht erzählerisch, wie jenes von Ghirlandaio, eher sanft poetisch auf Peruginos umbrische Art. Besonders reizvoll kommt sein Stil in der mit leichter Hand feinfühlig gemalten Landschaft der Gethsemani-Szene im Hintergrund zur Geltung. Interessant sind noch im Saal die aus dem Kloster herübergeretteten Fresken und Sinopien des ersten dort beschäftigten Malers Bicci di Lorenzo (1373–1452) und das Kruzifix von Benedetto da Maiano zugeschrieben.
Via Faenza 42 (bei Calamandrei klingeln!); tgl. 9–12, Sa nur 11–12 Uhr; Eintritt frei (Trinkgeld empfohlen)

Cenacolo di Sant'Apollonia (»Letztes Abendmahl« von Andrea del Castagno) ■ G2
Hart sind die, wie gemeißelt, scharf konturierten Formen und vom Rot dramatisch beherrschten Farben in dem Abendmahlfresko (um 1450) von Andrea del Castagno (→ Extra, Die schönsten »Letzten Abendmahle«, S. 70) **Extra**. Erst 1860, als die Nonnen schon aus dem Kamaldulenserkloster Sant' Apollonia ausgezogen waren, entdeckte man dieses Meisterwerk an der Refektoriumswand. Im streng geometrischen Rahmen der Perspektive haben die einzelnen Personen eine gewaltige Ausdruckskraft. Der gefühlvollen Dreiergruppe Petrus – Jesus – Johannes sitzt Judas isoliert gegenüber; sein Profil mit dem bösen Blick hat etwas Mörderisches an sich. In der Maserung der Marmorplatte im Hintergrund bringt Castagno mit einem wilden Farb- und Formwirbel zum Ausdruck, was in den Seelen dieser Hauptdarsteller vor sich geht. Zu jener Zeit ist diese kühne Kombination von Realismus und Surrealismus eine fast prophetische Vorwegnahme der Moderne.
Via XXVII Aprile; tgl. 8.30–13.50 Uhr, 2. und 4. Mo des Monats geschl.; Eintritt frei (an der Tür klingeln!)

Ognissanti ■ D 5

Mit der Barockfassade, einem der ersten Bauwerke dieses Stils in Florenz, hatte Matteo Nigetti 1638 alles andere als Erfolg bei seinen Mitbürgern: Sie entsprach nicht der einheimischen Tradition. Über dem zweiten Altar rechts in dieser Hauskirche der mit den Medici befreundeten Vespucci-Familie begegnen wir gleich ihren Mitgliedern, wie sie vor der Schutzmantelmadonna auf Domenico Ghirlandaios Fresko (1470) knien. Unter der Prominenz glaubt man zu erkennen: den Seefahrer Amerigo Vespucci, dessen Namen Amerika trägt (zwischen Maria und dem weißhaarigen Sponsor), wie auch die schöne Simonetta (rechts im roten Gewand), Giuliano de' Medicis Flamme und Botticellis Muse. Auch Botticelli liegt in der Krypta der »Allerheiligen«-Kirche begraben, unter einem runden Grabstein seines Vaters Mariano Filipepi (hinter der Brüstung am Ende des rechten Querschiffs). 1480 malte er hier sein aussagekräftiges Freskobildnis des hl. Augustinus (zwischen dem dritten und vierten Altar). Im gleichen Jahr malte Ghirlandaio das genau gegenüberliegende Porträt des hl. Hieronymus. In der Seitenkapelle links, vor der Sakristei: das Gewand, das der hl. Franziskus von Assisi trug, als er die Wundmale Christi empfing.

In der Sakristei: Taddeo Gaddis Kreuzigung, nicht minder schön als ihr Pendant in der Sakristei von Santa Croce.

Links von der Ognissanti-Kirche (Nr. 42) kommt man durch den von Michelozzo entworfenen Kreuzgang in das gotische Refektorium des Franziskanerklosters. Domenico Ghirlandaio schuf hier 1480 ein »Letztes Abendmahl«, das mit jenem von San Marco wetteifert (→ Extra, Die schönsten »Letzten Abendmahle«, S. 70). Ghirlandaios Stärke liegt nicht in der Dramatik, sondern im Erzählerischen. Wüßte man nicht, worum es hier geht, könnte man meinen, einem gemütlichen Festmahl am reichgedeckten Tisch beizuwohnen. Leonardo da Vinci hat sich wohl von dieser großartigen Darstellung wichtige Anregungen für sein Mailänder Abendmahl geholt, denn er verließ Florenz erst 1482.

Extra

Borgo Ognissanti 42; Mo, Di, Sa 9–12 Uhr

Palazzo Medici-Riccardi – Cappella dei Magi ■ F 4/G 4

15 Jahre dauerte unter Michelozzos Leitung der Bau des von seinem Mäzen Cosimo de' Medici d. Ä. 1444 in Auftrag gegebenen Wohn- und Geschäftssitzes der Bankiersfamilie (→ 10x10, S. 9). Dort hielt Cosimo alle Fäden von Wirtschaft und Politik der Republik Florenz in der Hand. Der strenge, aber wohlproportioniert dreigeschoßige Palazzo mit seinen Buckelquadern, den doppelbögigen Fenstern, dem herausragenden Gesims und dem Prunkhof samt Garten wurde ein Musterbeispiel für die späteren aristokratischen Renaissance-Palazzi der Stadt, aber auch eine Heimstätte für Kunst und Kultur. Die wechselvolle Geschichte der Medici-Familie bestimmte sein Schicksal, bis er 1659 für teures Geld in den Besitz des Marchese Gabriello Riccardi überging. Umbauten vergrößerten dann den ursprünglich quadratischen Palast erheblich. Die offene Loggia an der Ecke wurde schon 1517 mit den auf großen Voluten »knieenden Fenstern« verschlossen. Diese sogenannten »finestre inginocchiate«, nach einem Entwurf Michelangelos entstanden, waren die ersten in Florenz.

10x10

Zum Verweilen: Hinter dem Prunkhof des Palazzo Medici-Riccardi liegt, angrenzend an die Via de' Ginori, ein kleiner Garten mit Skulpturen.

Himmlische Heerscharen: Das reichgeschmückte Gotteshaus Ognissanti gilt als Hauskirche der Kaufmannsfamilie Vespucci, aus der auch der berühmte Seefahrer Amerigo Vespucci stammt.

Die Hauskapelle im ersten Stock hat ihre von Benozzo Gozzoli 1459 bis 1460 als »Dreikönigszug« gemalte Freskendekoration bewahrt. Eine 1992 beendete meisterhafte Restaurierung stellte die ursprüngliche Farbpracht mit dem Tiefblau des Himmels und dem Gold der feudalen Kostüme wieder her. Den historischen Rahmen gab der Einzug des Kaisers von Byzanz, Johannes VII. Paleologos, und des Patriarchen von Konstantinopel Joseph zum 1439 von Ferrara nach Florenz verlegten Konzil. Der traditionell prunkhafte Dreikönigszug der Florentiner »Bruderschaft der Weisen aus dem Morgenland« war auch ein günstiger Vorwand, um die mit dieser Gemeinschaft eng verbundene Medici-Sippe, samt ihren Vertrauten, als Teilnehmer an der biblischen Epiphaniefeier zu verewigen. Das Gruppenbild mit Kaiser wurde Anlaß zu einem beliebten Bestimmspiel unter den Kunsthistorikern. Ist der melancholische Jüngling auf dem Schimmel wirklich der spätere Lorenzo il Magnifico? Ist der mit dem Geparden sein ermordeter Bruder Giuliano? Unter roter Kopfbedeckung reiten tatsächlich Vater Piero und Großvater Cosimo auf den prächtig gezäumten Rössen? Im Gedränge einer Gruppe von geltungssüchtigen Zuschauern hat der Maler sich selbst sicherheitshalber mit den Worten »Opus Benotii« (Benozzos Werk) am Saum seiner roten Mütze erkennbar gemacht. Lebhaft dargestellte Jagdszenen und singende Engelscharen im Hintergrund der zauberhaften toskanischen Landschaft tragen zu unserer Faszination bei.

Mit dem Lift kann man im zweiten Treppenhaus zu den Büros und dem Ratssaal der Provinzverwaltung gelangen. Historisch Sehenswertes gibt es dort in mehreren Salons. Künstlerische Spitze ist das beim Eingang des Sonnino-Saals hinter Glas aufgestellte **Madonnenbild** von **Filippo Lippi** (→ 10x10, S. 12).

10x10

Stilvoller Platz zum Träumen: In vollendetem Bogen spannt sich der elegante Ponte Santa Trìnita zwischen den Palazzi Spini-Ferroni und Frescobaldi über den Arno.

Bemerkenswert sind in der Riccardi-Galerie die allegorischen Deckenfresken des Luca Giordano und die Spiegel mit buntgemalter Dekoration: Der Rokokostil kündigt sich an.
Via Cavour 1; Vorbuchung für Kapellenbesuch möglich: Tel. 2 76 03 40; Mo–Sa 9–12.45 und 15–17.45, So und Fei 9–12.45 Uhr, Mi geschl.; Eintritt 6000 Lire; Eingang zur Biblioteca Riccardiana in Via Ginori 10; Mo–Sa 8–14 Uhr

Ponte Santa Trìnita ■ E 6

Eine formschönere Brücke als die Ponte Santa Trìnita gibt es kaum auf der Welt; kein Wunder, daß die Florentiner eine Art von Liebesbeziehung zu ihr haben. Bartolomeo Ammannati baute nach dem Einsturz von 1557 die vierte Brücke an dieser Stelle des Arno. Das Verbindungsglied zwischen den beiden Geschäftsstraßen Via Tornabuoni und Via Maggio wurde im August 1944 Opfer der Sprengminen, nicht eines Hochwassers wie die Vorgänger.

Beim Wiederaufbau nach dem Krieg verarbeitete man das alte Material mit der Technik des 16. Jahrhunderts unter genauer Beachtung der Zeichnungen Ammannatis und der verfügbaren Fotos. Dies entsprach den Wünschen der Florentiner, die sogar darüber heftige Auseinandersetzungen führten, ob an den Brückenköpfen die aus den Fluten gefischten Statuen der vier Jahreszeiten wieder aufgestellt werden sollten. Als 1961 endlich auch der noch fehlende Kopf der charmanten Frühlingsdame des Giambologna-Schülers Pietro Francavilla gefunden wurde, feierte die ganze Stadt mit. Woher die keiner geometrischen Regel entsprechende, malerisch wirkende Linienführung der Bögen stammt? Dieses Geheimnis konnte anläßlich der Restaurierung gelöst werden: Die Bogenlinie richtet sich ziemlich treu nach der eigenartigen Wölbung der Sarkophagdeckel, auf die Michelangelo seine Aktstatuen in der Medici-Kapelle bettete.

Santi Apostoli ■ F6

Diese 1000 Jahre alte, von außen eher unscheinbare Kirche sollte man nicht links liegen lassen. Sie steht an der kleinen Piazza del »Limbo« (wörtlich »Vorhölle«), wo einst ein Friedhof für noch ungetaufte Kinder war. Grünweißer Marmor aus Prato schmückt sowohl das Portal der schlichten Fassade als auch die schönen Säulen im Inneren der Kirche. Santi Apostoli zieht weniger die Touristen als eher die Gläubigen an. Im Halbdunkel dieser romanischen Mauern finden sie Frieden und Geborgenheit. Der Majolika-Tabernakel von Giovanni della Robbia (links vom Altar) fügt sich diskret in diesen harmonischen Rahmen ein.
Piazza del Limbo

San Lorenzo ■ F4

XL TOP 20

Inmitten des Markttrubels dominiert die rohe Fassade von San Lorenzo, der früheren Pfarrkirche der Medici-Familie. 393 hatte dort der hl. Ambrosius, Erzbischof von Mailand, die erste Laurentius-Kirche eingeweiht. Es zeigt die Bedeutung dieser Kultstätte, daß der 1060 fertiggewordene Neubau im romanischen Stil für einige Zeit die wichtigste Kathedrale der Florentiner wurde (→ 10x10, S. 8). Die sieben bedeutendsten Familien des Stadtteils San Lorenzo beschlossen 1418 den Erweiterungsbau. Ausschlaggebend war das Wort des Giovanni di Bicci de' Medici, dem Gründer der Bank und der späteren Dynastie mit dem berühmten Namen. Er beauftragte Brunelleschi mit der Arbeit und sorgte für die Finanzierung: Jede Familie trug die Kosten einer Kapelle, Bicci sponserte zusätzlich den Bau der sogenannten »Alten Sakristei«. Der Rest ging zu Lasten der Stadtkasse. Der Zufall wollte es so, daß Brunelleschi auch seinen Kuppelentwurf für den Dom 1418 vorstellte und daß 1461 – als die Kuppel fertig wurde – der Hauptaltar von San Lorenzo seine Weihe hatte.

10x10

Den schönsten Entwurf für die Fassade machte Michelangelo (→ Casa Buonarroti, S. 86.), doch das Projekt wurde nicht realisiert. Die Innenfassade trägt jedoch Michelangelos Handschrift.

Im Innenraum bestechen die für Brunelleschi so wichtigen Proportionen, die geometrisch seine Architektur bestimmen. Das klassische Gleichgewicht der vom Licht modellierten Säulenreihen, der Bögen mit den darüber verlaufenden horizontalen Linien der Fenster und der Kassettendecke des Hauptschiffs erfaßt den Besucher unwiderstehlich mit seiner harmonischen Wirkung. In den Seitenschiffen lohnt es sich haltzumachen bei der zweiten Kapelle rechts und der sechsten links, um die »Verlobung Mariä« des Manieristen Rosso Fiorentino und den hl. Joseph als Tischler von dem 1988 in Florenz verstorbenen Erfolgsmaler Pietro Annigoni zu betrachten. Wenige Schritte weiter in Richtung Querschiff stößt man auf das etwas mißglückte Riesenfresko Bronzinos: »Martyrium des hl. Laurentius«. Man braucht aber diesem Bild nur den Rücken zu kehren, und schon hat man die letzten Schöpfungen Donatellos vor Augen: Bronzereliefs an den Seiten der beiden Kanzeln, mit fast rahmensprengend dramatischen Darstellungen (Märtyrertod des Kirchenpatrons, Christi Leiden und Auferstehung). In Brandreden wetterte von hier sogar Savonarola gegen die Medici. Das Marmortabernakel des Desiderio da Settignano (am Ende des rechten Seitenschiffs) bildet einen lyrischen Kontrapunkt zu den Kanzeln. Die Figur des Jesuskinds

Nichts für hektische Touristen: Nur wer Ruhe und Einkehr sucht, sollte sich still zu den Gläubigen in der Kirche Santi Apostoli gesellen.

gehört zu den beliebtesten populären Kunstwerken. Viel Anklang findet auch Filippo Lippis Altarbild mit der graziösen Verkündigungsszene in der Martelli-Kapelle (linkes Querschiff). Verborgen zwischen zwei Beichtstühlen in der zweiten Kapelle rechts vom Hauptaltar entdeckt man eine faszinierende Frauengestalt. Hockend schreibt sie an die Wand: »Florentinis ingeniis nil ardui est«. Ja, dem Florentiner Geist ist nichts zu schwierig! Das Marmorrelief (19. Jahrhundert) erinnert an den Goldschmied Bernardo Cennini, der 1471 das erste Buch in Florenz druckte: Vergils »Bucolica« (Abbildung → S. 50/51).

Vor dem Hauptaltar schmückt das Medici-Wappen das Gitterwerk, unter dem Cosimo d. Ä. in der Krypta begraben ist. Die Inschrift »Pater patriae« erinnert an den ihm offiziell verliehenen Titel »Vater des Vaterlandes«. Der von ihm so geförderte Donatello hat den Ehrenplatz in seiner Nähe. Cosimos Vater Giovanni di Bicci und seine Frau ruhen hingegen, dem Wunsch des Giovanni entsprechend, unter dem Tisch in der Mitte der »Alten Sakristei«, Brunelleschis wegweisenden Kuppelbaus. Mit seinem schlichten quadratischen Grundriß ist dieser von Donatello und Verrocchio ausgeschmückte kleine Raum im wahrsten Sinne des Wortes ein Schmuckkasten der Frührenaissance. Von Verrocchio ist der Porphyr-Sarkophag, Ruhestätte von Piero und Giovanni, den beiden Söhnen Cosimos. Von zauberhaftem Charme: die Terrakottabüste des hl. Lorenzo – wohl mit Recht dem Donatello zugeschrieben (zumeist unter einer Glasglocke auf der Platte eines Sakristeischranks, rechts vom Eingang).

Links von der Kirchenfassade öffnet sich Brunelleschis prachtvoller doppelgeschößiger **Kreuzgang**. Von hier aus führt die Treppe in den ersten Stock zum architektonischen Meisterwerk

Bewußte Inszenierung von Licht und Schatten: Das wohlproportionierte, an Basiliken des frühchristlichen Rom erinnernde Kirchenschiff von San Lorenzo trägt unübersehbar die Handschrift Brunelleschis.

Michelangelos: dem Vestibül der **Biblioteca Laurenziana**. Mit einem genialen Trick löste der Künstler das Problem des Platzmangels. Die Säulenpaare wurden in Wandnischen untergebracht, die geschwungenen Stufen bringen Bewegung in die Enge. Die optische Täuschung erhöht das Raumgefühl des Besuchers, sie führt schon an die Grenze zwischen Manierismus und Barock. Im großen Bibliothekssaal besticht der Terrakottaboden mit seinen elfenbein-rostbraunen Motiven, aber die angeketteten illuminierten Kodexe sind auch sehenswert, besonders in den vier anschließenden Räumen.
Piazza San Lorenzo; Mo–Sa 9–13 Uhr, So geschl.; Eintritt frei
Öffnungszeit der Alten Sakristei: Mo, Mi, Fr und Sa 10–11.45; Di, Do 16–17.45 Uhr, So und Fei, 1. Dez.–15. Feb. sowie 1. Juli–15. Sept. geschl., Trinkgeld

Santa Maria Novella ■ E4

Hinter dem weiß-grünen Renaissancetraum der Marmorfassade von Leon Battista Alberti erfüllt das gotisch erhaltene Innere die schönsten Erwartungen des Besuchers (→ 10x10, S. 8). Die Dominikaner fingen 1279 mit dem Bau der ältesten unter den großen Florentiner Kirchen an. »Novella« (neu) nennt sie sich, weil sie das frühere kleine Gotteshaus ersetzte. Jacopo Talenti führte die von den beiden Mönchen Sisto und Ristoro begonnene Arbeit zu Ende; von ihm stammt auch der Glockenturm (1330). Als man 1350 mit dem unteren Teil der Fassade begann, entstanden hier die typischen Bögen der Familiengrüfte (»avelli«). 1456 beauftragte der steinreiche Kaufmann Giovanni Rucellai seinen Freund, den Allround-

10x10

XL TOP 20

Geschichte in Bildern: Der Freskenzyklus in der Hauptchorkapelle von Santa Maria Novella, im Bild »Heimsuchung« von Domenico Ghirlandaio, besticht durch teils sehr präzise Darstellungen des damaligen Florenz.

künstler und Humanisten L. B. Alberti, auf seine Kosten die Fassade in der schönen Florentiner Inkrustationstechnik zu vollenden. Das Gesims trägt dafür den Wappenspruch der Rucellai-Familie und ihr Wahrzeichen: das vom Wind aufgeblähte Segel. Alberti brachte es fertig, die bereits vorhandenen Stilelemente rücksichtslos in eine Renaissance-Komposition einzubeziehen und dabei das Ganze harmonisch zu vereinen: eine Glanzleistung seiner Ästhetik! Albertis Realisierung der Fassade mit dem Tympanondreieck und den Voluten wurde wegweisend für weitere Jahrhunderte. Der gotische Innenraum zeigt die toskanische Variante der aus Frankreich importierten Zisterzienserarchitektur. Mit einem raffinierten perspektivischen Trick erreichten die dominikanischen Baumeister, daß das fast 100 Meter lange Mittelschiff den Eindruck eines noch größeren Raumes erweckt. Vor dem Kreuzschiff verringerten sie die Säulenabstände zur optischen Täuschung. Den wirksamsten Trompe-l'œil-Effekt hat aber Masaccio mit seinem Dreifaltigkeitsfresko erzielt (linkes Seitenschiff). Masaccio erreicht diese Wirkung durch die präzise perspektivische Verkleinerung der Kassetten im Gewölbe.

Domenico Ghirlandaios monumentale Freskenzyklen hinter dem Hauptaltar bieten bezaubernde Szenen aus dem öffentlichen und häuslichen Leben im Florenz des 15. Jahrhunderts. Das große Werk wurde vom Bankier Giovanni Tornabuoni finanziert, dessen Schwester Lucrezia die Mutter von Lorenzo il Magnifico war. Kein Wunder, daß sowohl sie als auch andere Damen der Familie in den Geburtsszenen zugegen sind. Die gesellschaftliche Prominenz kommt besonders in der Tempelszene des Johannes-Zyklus (rechte Wand) mit der »Verkündigung an Zacharias« zur Geltung: Vom Stifter und seinen Verwandten bis zu einer Gruppe der humanistischen Gelehrten der »Neuplatonischen Akademie« tritt mit Charakterköpfen die Crème de la crème der damaligen Elite auf (Lichtautomat benutzen!). **Brunelleschis** edel geschnitztes **Kruzifix** (→ 10x10, S. 13), mit dem er Donatellos Werk in Santa Croce übertreffen wollte, hängt in der **Gondi-Kapelle** (links vom Hauptaltar). Einige Stufen führen links hinauf zur **Strozzi-Kapelle**, in der Werke der Orcagna-Brüder dominieren. Die wenige Jahre nach Dantes Tod entstandenen Fresken sind ein Erfolgsbeweis für seine »Göttliche Komödie«: Diese war die Quelle der Inspiration für die Darstellung von Himmel und Hölle. In der Sakristei: poetisches Landschaftsbild aus Majolika über dem Marmorbecken von Giovanni della Robbia (1498) und ein schönes Kruzifix des jungen Giotto (Ende des 13. Jahrhunderts). Rechts vom Hauptaltar, in der Kapelle des Filippo Strozzi, prangen an den Wänden Filippino Lippis Spätwerke: Geschichten aus dem Leben der Apostel Philip und Johannes. Strozzis Grabmal schuf Benedetto da Maiano, der Architekt seines berühmten Palazzos.

Piazza Santa Maria Novella; → Museo d'Arte Sacra di Santa Maria Novella, S. 148

Santa Trìnita ▦ E5

Die Dreifaltigkeitskirche war eng verbunden mit dem 1039 vom hl. Giovanni Gualberto gegründeten Benediktinerorden der Vallombrosaner, der auch im öffentlichen Leben von Florenz eine wichtige Rolle spielte (→ 10x10, S. 8). Die schlichte Barockfassade (1594) ist von Buontalenti. Die schönsten Kunstwerke im gotischen Inneren stammen aus dem 15. Jahrhundert.

Eine echte Attraktion ist die **Cappella Sassetti**. Diese Grabkapelle des Ehepaares Sassetti ist eigentlich voll mit Leben. Francesco Sassetti – langjähriger und nicht gerade erfolgreicher Geschäftsführer der

Prunkvolle Marienverehrung: Die Dreifaltigkeitskirche, Santa Trìnita, birgt schöne Kunstwerke, vornehmlich aus dem 15. Jahrhundert.

Medici-Bank – ließ sie von Domenico Ghirlandaio mit der Lebensgeschichte des hl. Franziskus von Assisi ausmalen. Diese Fresken und das Altarbild »Anbetung der Hirten« gehören zu den faszinierendsten Werken des Malers. Der jüngste der drei Hirten soll Ghirlandaio selbst sein. Die modernsten Errungenschaften der flämischen Öl-Maltechnik und der an die spätgotische Tradition des Benozzo Gozzoli anknüpfende Dreikönigszug im Hintergrund des Bildes fließen in diesem genialen Kunstwerk zu einer Einheit zusammen. Rechts und links vom Altar ist das kniende Stifterpaar Sassetti an der Wand porträtiert, in der Nähe der Giuliano da Sangallo zugeschriebenen Grabmäler. Die Franziskusgeschichte verlegte Ghirlandaio ins Florentiner Milieu: Piazza Santa Trìnita und Piazza della Signorìa sind im Hintergrund der Szenen über dem Altar erkennbar. Wenn Papst Honorius die Ordensregel vom Franziskus bestätigt, so geschieht dies hier vor der Loggia dei Lanzi in Florenz. Rechts schaut neben Mäzen Sassetti der knollennasige Lorenzo il Magnifico zu. Es lohnt sich, ein Fernglas bei der Hand zu haben, um im Scheinwerferlicht Lorenzos einzig erhalten gebliebenes Originalporträt näher kennenzulernen. Der Humanist Angelo Poliziano steigt mit seinen drei Schülern, den Söhnen des Lorenzo, die Treppe im Vordergrund hoch. Restauriert ist in ihre Nische zurückgekehrt die ergreifende Holzstatue der büßenden Magdalena von Desiderio da Settignano (1464, 5. Kapelle im linken Seitenschiff). Das Marmorgrab des Bischofs von Fiesole Benozzo Federighi, Luca della Robbias Meisterwerk (1454), ist in der linken äußeren Chorkapelle. Nicht zu verachten sind die Fresken und das Altarbild aus der Mariengeschichte, die Lorenzo Monaco 1420 bis 1425 in der 4. Kapelle des rechten Seitenschiffs malte. Das schöne schmiedeeiserne Gitter der Kapelle ist das einzige, das aus jener Zeit in Florenz erhalten blieb.
Piazza Santa Trìnita

Museen

Cappelle Medicee ■ F4

Grabstätten zu besuchen ist nirgendwo ein solches Kunsterlebnis wie in den zwei Medici-Kapellen, auch wenn der Kontrast zwischen den beiden kaum größer sein könnte. Die Medici-Kapellen sind eigentlich Erweiterungen der San-Lorenzo-Kirche, man kann sie aber nur von außen her besuchen. Durch den Eingang hinter der Kirche gelangt man zuerst zur sogenannten **Cappella dei Principi** mit den Grabmälern von sechs Großherzögen. Dieses von monumentaler Pracht und Pomp nur so strotzendes Mausoleum verschlägt einem den Atem mit seiner gigantischen Konzeption: der achteckige Riesenraum, gekrönt von einer freskenbeladenen Kuppel (Durchmesser 28,50 Meter), ist übersät mit kostbaren Halbedelsteinen; die wuchtigen Sarkophage sind aus ägyptischem Granit und grünem Jaspis. Die Pantheon-Idee stammte vom ehrgeizigen Cosimo I., der Auftrag von seinem Sohn Ferdinand I., das schließlich ausgeführte Projekt von dessen Halbbruder Giovanni. Die Meister des »Opificio delle Pietre Dure« (Kunstwerkstatt für Halbedelstein-Verarbeitung) rackerten sich über 350 Jahre lang ab, bis endlich auch der intarsierte Marmorfußboden fertig war. In Augenhöhe kann man die Einlegearbeit besonders gut bei den Wappen der 16 toskanischen Städte des Großherzogtums von Cosimo I. bestaunen.

Hingegen ist die andere Medici-Grabkapelle – Michelangelos sogenannte **Neue Sakristei** – voll von einer melancholisch-tragischen Stimmung, viel nüchterner auch in ihrer Dramatik: ein Meisterwerk der Baukunst und der Skulptur, auch wenn es nie vollendet wurde. Die beiden einander gegenüberliegenden Grabmäler gehören dem Herzog von Nemours Giuliano und dem

Deutlicher sind Lebensabgewandtheit und Vergänglichkeit kaum darzustellen: Das Grabmal Giuliano de' Medicis (1479–1516) in der Neuen Sakristei von San Lorenzo ist ein höchst suggestives Werk Michelangelos.

Herzog von Urbino Lorenzo – Sohn bzw. Enkel des Lorenzo il Magnifico. Beide jung gestorben, ohne besondere Verdienste. Sie sind über ihren Särgen sitzend dargestellt: Giuliano als ruhender Krieger, mit den liegenden Symbolfiguren des Tages und der Nacht zu seinen Füßen; Lorenzo als Nachdenklicher, mit der weiblichen Figur der Morgenröte und der männlichen Gestalt der Abenddämmerung auf dem Sargdeckel. Alle vier Akte widerspiegeln die aufgewühlte Seele ihres Schöpfers, seinen Aufruhr gegen Unterdrückung in den Krisenjahren, die zum Verlust der Freiheit und Unabhängigkeit von Florenz führten. Die Männer mit ihren absichtlich nur roh gehauenen, gespannt wirkenden Gesichtern; die Frauen mit dem Ausdruck von Vergänglichkeit und Verdrossenheit.

Giulio de' Medici (der spätere Papst Clemens VII.) erteilte Michelangelo 1521 diesen Auftrag; nach seinem Tod zog der Künstler 1534 nach Rom, und so kam es zur bitteren Ironie des Schicksals: Ausgerechnet Lorenzo il Magnifico und sein Bruder Giuliano – Onkel und Vater von Clemens VII. – haben zwar eine schlichte Grabplatte, aber kein eigenes Grabmal in der Kapelle! Ihren Schlaf überwacht die berühmte Madonna Michelangelos mit übereinandergeschlagenen Beinen – für die damalige Zeit eine Sensation.
Piazza Madonna degli Aldobrandini; Mo–Sa 8.30–13.50, So und Fei 8.30–13.50 Uhr, Kassenschluß 13.20 Uhr; 1., 3. und 5. Mo des Monats geschl.

Fototeca Alinari ■ E3

Wer Fotos vom Florenz des 19. Jahrhunderts sehen will, findet sie hier in Hülle und Fülle. Sie stammen alle von den Brüdern Alinari, den damals bekanntesten Fotografen der Stadt und Verlegern von Kunstdrucken und Postkarten.
Largo Fratelli Alinari 15; Mo–Fr 9–13 Uhr; Eintritt frei

Museo dell'Antica Casa Fiorentina ■ F5

XL TOP 20

Es war ein großer Wurf, den Palazzo Davanzati aus dem 14. Jahrhundert wieder so einzurichten, daß der Besucher sich in das Heim eines wohlhabenden Florentiner Kaufmanns im Mittelalter zurückversetzt fühlt. »Mein Haus ist meine Festung«: den Eindruck vermitteln schon das massive Tor, der hauseigene Brunnen, die riesigen Vorratskammern für Zeiten einer Belagerung. Man wollte sich in Sicherheit fühlen, gleichzeitig aber auch die schönen Seiten des Lebens genießen. Viel Licht im vornehmen Innenhof und im repräsentativen Treppenhaus führt harmonisch in das farbenprächtige Ambiente der Säle im »piano nobile« (Beletage) ein, als Übergang vom Mittelalter in die Renaissance (→ 10x10, S. 10). Die Wände der meisten Wohn- und Schlafräume sind tapetenartig mit dekorativen Fresken verziert. Bunte Papageien schmücken zum Beispiel den Speisesaal, Pfauen einen anderen Raum.

10x10

Der Davanzati-Stammbaum im »Salone Madornale« und die Freskenreihe nach einem beliebten Ritterroman im Castellana-Schlafgemach bilden die Schätze an den Wänden im zweiten Stock – um von den kostbaren Betten, Wiegen, Truhen, Schränken, Keramiken gar nicht zu reden. Verbannt in die obere Etage ist die Küche, um Feuergefahr, Rauch und Geruch fernzuhalten. Da es auch an Personal nicht mangelte, lebte es sich recht komfortabel in diesem Patrizierhaus. Ein faszinierendes Zeitdokument, viel erlebnisreicher als es Geschichtsbücher vermitteln können. Nach Abschluß der Restaurierungsarbeiten wird das Museum dem Publikum wieder geöffnet werden. Vorübergehend ist nur eine Mini-Ausstellung im Vestibül zu besichtigen.
Via Porta Rossa 13; tgl. 8.30-13.50 Uhr (1., 3., 5. Mo und 2., 4. So des Monats geschl.).

Museo d'Arte Sacra di Santa Maria Novella ■ E4

Die interessantesten Werke dieses Museums sind in den romanischen Kreuzgängen zu bewundern. Den sogenannten Grünen Kreuzgang malten um 1430 Paolo Uccello und seine Gehilfen mit grandiosen Szenen aus dem Alten Testament aus. Die meisten hat die Feuchtigkeit stark lädiert. Die dramatischen Szenen der Sintflut und der Noah-Geschichte konnten nach der 1966er Überschwemmung soweit gerettet werden, daß über dem grünen Grundton die kunstvolle Farb- und Formgebung des Meisters noch wahrnehmbar sind. Wie Uccello hier das Geschehen phantastisch und tragikomisch zugleich darstellt, ist beispiellos.

XL TOP 20

Die sogenannte Spanische Kapelle wies Großherzogin Eleonora von Toledo den Edelleuten ihrer Gefolgschaft zu. Als Kapitelsaal der Dominikaner wurde sie im 14. Jahrhundert von Andrea di Bonaiuto ausgemalt. Die ganze Weltanschauung jener Zeit läßt sich hier ablesen: Triumph und Verherrlichung des hl. Thomas von Aquin, des Dominikanerordens, der für die Seelen gegen das Böse kämpfenden Gesamtkirche. Bevor man das Refektorium erreicht, erblickt man einen anderen Kreuzgang (heute Carabinierischule), mit seinen 51 Bögen den größten der Stadt. Im Refektorium (heute Museum) sind nicht nur kostbare Kirchenschätze ausgestellt. Um Agnolo Gaddis schöne »Thronende Madonna mit Heiligen« ziert die Eingangswand ein manieristisches Fresko-Glanzstück Alessandro Alloris, eine Darstellung des Manna-Regens. Von ihm stammt auch das Ölgemälde an der Nachbarwand: ein »Letztes Abendmahl«, bei dem die Apostel um den Tisch herum versammelt sind.
Piazza Santa Maria Novella (Eingang links von der Kirche); Mo–Sa: 9–14, Fei 8–13 Uhr, Fr geschl., Kassenschluß: 13 bzw. 12 Uhr

Museo Salvatore Ferragamo ■ E6

1995 haben Frau und Kinder des legendären »Schuhmachers der Stars« Salvatore Ferragamo dieses Schmuckstück eröffnet. In kunstvoll beleuchteten Vitrinen erzählen die ausgestellten Schuhmodelle von Ferragamos grenzenloser Phantasie, überlegenem Geschmack und seinem handwerklichen Know-how. Schuhe, Sandalen, Sandaletten in allen Formen und Farben für die zartbesaiteten Füße berühmter Kundinnen wie Marlene Dietrich, Greta Garbo, Audrey Hepburn, Ava Gardner & Co.
Via Tornabuoni 2, im Palazzo Spìni-Ferrovi, 2, 2. Stock; Mo, Mi, Fr 9–13 und 14–18 Uhr; nur nach tel. Anmeldung 10 Tage im voraus: Tel. 3360-406 oder 4456

Museo Marino Marini ■ E5

Auch wenn die geballte Ausstellung von 180 Werken des prominenten Allroundkünstlers Marino Marini (1901–1980) nicht leicht zu verdauen ist, kann man nicht leugnen, daß diese hier beispielhaft präsentiert werden. Die entweihte San-Pancrazio-Kirche, deren Ursprung auf das 9. Jahrhundert zurückgeht, liefert den architektonischen Rahmen. Wie es Marini gern mochte, überflutet das Tageslicht die Figuren seiner Lieblingsthematik: Pferd und Reiter in allen Varianten, Fruchtbarkeitsgöttin Pomona, Artisten, Tänzerinnen. Anklänge an Maillol, Matisse, Picasso sind unübersehbar. Faszinierend sind zwei sitzende Frauenakte gleich rechts nach dem Eingang: »Donna seduta« und »Giocoliera«.
Piazza San Pancrazio; Mo–Sa 10–17, So und Fei 10–13 Uhr; Eintritt 8000 Lire

Die »Spanische Kapelle« von Santa Maria Novella vermittelt mit ihren Fresken des Andrea di Bonaiuto einen lebendigen Eindruck von der damaligen Weltanschauung der Dominikaner.

Museo Stibbert nördlich ■ 12

Jahrzehntelang verkannt und vernachlässigt, ist dieses exzentrische Museum endlich auf dem Weg – dank einer kompletten Umkrempelung und Renovierung –, seine schier unzähligen Schätze in über 60 Räumen in vollem Glanz zu zeigen. Die etwas außerhalb des Stadtzentrums gelegene Doppelvilla, einst Wohnsitz des steinreichen Angloflorentiners Frederick Stibbert (1838–1906), wurde bereits von diesem Mitkämpfer Garibaldis – Finanztycoon und sammelwütiger Kunstkenner zugleich – mit einer manischen Leidenschaft für Waffen und Kostüme zu einem viktorianisch angehauchten Museum ausgebaut. Die Hauptattraktion ist die »Sala della Cavalcata« mit zwölf vollgepanzerten Rittern in Doppelreihe hoch zu Roß. Es gibt aber auch manche Krieger zu Fuß, dazu noch islamische, indische Kämpfer und eine japanische Samurai-Gruppe (17. Jahrhundert). Alle verblüffend lebensecht und authentisch in ihrer Ausrüstung. Zur Kostümkollektion gehört auch Napoleons grünes Krönungsgewand. In der Gemäldesammlung dominieren Porträts – ebenfalls in historischer Aufmachung. Stibbert selbst ist im Ballsaal verewigt (1905). Gleich beim Eintritt in den Malachit-Saal fallen uns die markanten Gesichter von zwei gierigen Wucherern des flämischen Malers Roymerswale (16. Jahrhundert) ins Auge. Je nach Interesse findet der Besucher hier Allerlei in den romantisch-dekadenten Wohn- und Schlafgemächern: Möbel, Porzellan, Fayence, Nippes, Kunst – manchmal auch etwas Kitsch – aus allen Ecken der Welt! Erholen kann man sich dann in einer schattigen Ecke des stimmungsvollen Parks.

Via Stibbert 6; Bus Nr. 4 vom Hauptbahnhof: Haltestelle Via Fabroni; stündliche Führungen tgl. 9–13, So 9–12.30 Uhr (Do geschl.); Öffnungszeiten des Parks: tgl. außer Do vormittags und So nachmittags 9.30 bis Sonnenuntergang

Beispielhaft präsentiert: Aktfiguren, Pferd-und-Reiter-Variationen des italienischen Bildhauers, Malers und Graphikers Marino Marini im gleichnamigen Museum.

Essen und Trinken

I' Bambino ■ E5
In diesem Feinschmecker-Lokal ist alles unkonventionell. An der Wand: Fresken frei nach Michelangelo. Im Saal: der Chef des Hauses – »i' bambino« genannt.
Das »Riesenbaby« Raul, stiernackig, glatzköpfig, frech wie ein Rohrspatz, war einmal Schutzgorilla der internationalen Politprominenz, US-Präsident Reagan inklusive (→ 10x10, S. 15). **10x10**
Via del Parione 74–76 r; Tel. 21 40 05; Mi geschl.; Obere Preisklasse (AE, DC, EC, Visa)

La nuova Bussola ■ F5
Ein Segen für hungrige Nachteulen: Das einzige Ristorante-Pizzeria in der Altstadt, wo man noch zur späten Stunde warm essen kann.
Via Porta Rossa 58 r; Tel. 29 33 76; Di–Do bis 2.30, Fr–So bis 3.30 Uhr; Mittlere Preisklasse (AE, DC, EC, Visa)

Cantinetta Antinori ■ E4/E5
Seit einigen Jahren ist dieser Name auch schon in Zürich und in Wien zu einem gastronomischen Begriff geworden. Im Florentiner Antinori-Palast aber ist die Cantinetta bereits seit Kriegsende eine Institution. Wein und Olivenöl kostbarster Qualität aus eigener Produktion genießt man unter dem Renaissance Gewölbe mit Speisen, die ihrer würdig sind (→ 10x10, S. 9). Beides kann man auch zum Mitnehmen erwerben. **10x10**
Piazza Antinori 3; Tel. 29 22 34; Sa und So geschl.; Luxusklasse (AE, DC, EC, Visa)

Coco Lezzone ■ E5
Uriger und enger geht's nicht mehr: Man sitzt zur Stoßzeit Ellbogen an Ellbogen an langen Tischen und genießt die Hausmannskost und die Stimmung des Lokals (→ 10x10, S. 15). **10x10**
Via del Parioncino 26 r; Tel. 28 71 78; So und Fei geschl.; Mittlere Preisklasse (keine Kreditkarten)

Garga ■ E4/E5
Derzeit **das** Schickimicki-Lokal. Einige der knalligen Fresken an den Wänden stammen von der schwedischen Malerin Oddson, Frau des Besitzers (→ 10x10, S. 15). Die Salat-Kompositionen (beispielsweise »del Garga«) sind an Köstlichkeit kaum zu überbieten. Leider muß man **10x10**

Verlockende Fruchttörtchen: Bei Gilli sollten Sie Ihren Espresso nicht ohne ein solches Dessert trinken…

hier für das Pariser Flair zu tief in die Tasche greifen.
Via del Moro 48 r; Tel. 2 39 88 98; Mo geschl.; Luxusklasse (AE, DC, EC, Visa)

Giacosa (Kaffee-Konditorei) E 5
Graf Negroni hat hier seinen berühmten »Aperitivo Negroni« komponiert: ein erfrischender Cocktail aus Campari und Martini rosso (→ 10x10, S. 16).
Via Tornabuoni 83 r; So geschl.

10x10

Gilli (Kaffeehaus) F 5
Der Treffpunkt im Stadtkern für Neugierige und Schaulustige! Obwohl das Interieur prachtvoll ist, zieht es die meisten auf die große Terrasse zum Sehen und Gesehen werden (→ 10x10, S. 16).
Piazza della Repubblica 39 r; Di geschl.

10x10

Originelle Deko, die duftet: Statt Kronleuchtern hängen im legendären Il Latini riesige Schinken von der Decke.

Giubbe Rosse (Café und Restaurant) F 5
Hier gingen einst Schriftsteller wie Montale und Papini, Futuristen wie Marinetti und Boccioni ein und aus. Seit 1991 engagiert sich der neue Gastgeber Fiorenzo Smalzi, um die alte Tradition kultureller Debatten wieder lebendig zu machen. Es gibt Ausstellungen, Bücherbesprechungen, Diskussionen über aktuelle Themen, Dichterlesungen: gutbesuchte Abende (→ 10x10, S. 16).
Piazza della Repubblica 13–14 r;
Tel. 21 22 80; Mi geschl.

10x10

Harry's Bar (Restaurant und Bar) D 5
Seit 1953 gibt es auch in Florenz Harry's Bar nach dem venezianischen Vorbild. Leo Vadorini, ein Intimus der Stammgäste, sorgt für Niveau und Tradition im Ambiente von eleganter Holztäfelung und altrosa Tischdecken. Burt Lancaster hielt den hier gemixten Martini Cocktail für den besten der Welt. Nach Marcello Mastroianni gehören jetzt Woody Allen und seine Frau Soon-Yi zu den gesichteten Gästen. Die hausgemachten gratinierten Bandnudeln kann man im Sommer seit 1996 auch auf der Terrasse am Arno-Ufer genießen.
Lungarno Vespucci 22; Tel. 2 39 67 00; So geschl.; Obere Preisklasse (AE, DC, EC, Visa)

Il Latini ■ E 5
Eine legendäre florentinische Figur: Unermüdlich schneidet Seniorchef Latini am Tresen beim Eingang die Wurst für den schmackhaften Antipasto zurecht. In der Luft schwebt der Duft der von der Decke hängenden Schinken. Unzählige Bilder befreundeter Künstler tapezieren die Wände. Eine Trattoria fiorentina, die alle Erwartungen erfüllt. Dafür sorgt auch Signor Italo, Musterbeispiel des einfühlsamen Obers (→ 10x10, S. 15).
Via Palchetti 6 r; Tel. 21 09 16; Mo geschl.; Obere Preisklasse (AE, DC, EC, Visa)

10x10

Alessandro Nannini (Kaffee-Bar) ■ F 4
Seit einiger Zeit röstet auch der Seneser Rennfahrer Alessandro Nannini – Bruder von Rockstar Gianna – seinen eigenen Kaffee. Außer in Florenz trinkt man Nannini-Kaffee inzwischen in Lissabon und Djakarta.
Borgo San Lorenzo 7 r; Mo geschl.

Nerbone ■ F 3
Uriger Stehimbiß für eilige Gäste in der großen Markthalle mit deftig belegten Brötchen: Kutteln dürfen nicht fehlen.
Mercato centrale, Piazza Mercato centrale; Mo–Sa 7–14 Uhr

Paszkowski (Kaffeehaus) ■ F 5
Für ein ungestörtes Tête-à-tête-Lunch in den noblen Räumen oder für einen Abend auf der Terrasse im Freien mit Orchester-Musik »all'italiana«. Tanzen ist übrigens nicht verboten (→ 10x10, S. 16).
Piazza della Repubblica 6; Tel. 21 02 36; Juni–Sept. und Okt. – je nach Wetterlage – von 21–1.30 Uhr; Mo geschl.

10x10

Pizzeria Nuti ■ F 4
Trotz kalten Neonlichts meist knallvoll: Hier bekommt man von neun bis Mitternacht die beste Pizza der Stadt. Alle 25 Pizzas knusprig vom Holzofen. Das gleiche gilt für die gleichnamige Pizzeria vis-à-vis.
Borgo San Lorenzo 39 r; Tel. 21 04 10; So geschl.; Untere Preisklasse (AE, EC, Visa)

Procacci (Delikatessenladen mit Aperitif) ■ E 5
Seit 1885 bieten weißlivrierte Kellner zum mittaglichen Aperitif die klassischen »panini tartufati« – Häppchen mit Trüffelcreme – zum trockenen toskanischen Weißwein an (kann aber auch Prosecco sein). Nichts hat sich seitdem an Ambiente und Ritual geändert, nur die Fin-de-siècle-Eleganz ist versunken.
Via Tornabuoni 64 r; So geschl.

Scudieri (Kaffeehaus) ■ F 4
In der Vormittagssonne am Domplatz sitzen, feinsten Espresso genießen, mit dem Baptisterium gleich vor der Nase (→ 10x10, S. 16).
Piazza San Giovanni 19 r

10x10

Sostanza ■ D 5
Alles ist hier echt toskanisch geblieben, wie vor 40 Jahren: die schmackhafte Hausmannskost, die urige, weißgekachelte Stube und das Gespann Siliano und Nicola. Abends zwei Turnusse (ideal für eilige Gäste!).
Via del Porcellana 25 r, Tel. 21 26 91 (Sa–So geschl.), Mittlere Preisklasse (keine Kreditkarten)

La Spada ■ E 5
Hier riecht es immer nach frisch gegrilltem Fleisch. Lassen Sie sich den »arista« (Schweinerücken am Spieß) mit den gewürzten Bratkartoffeln nicht entgehen. Toskanische Bauernküche wie auf dem Land.
Via della Spada 62 r; Tel. 21 87 57; kein Ruhetag; Untere Preisklasse (AE, DC, EC, Visa)

Zà-Zà ■ F 3
Dieses Spitzenlokal bei der Markthalle bietet besonders im bunten Kellergewölbe die richtige Atmosphäre für Gäste, die gemütliche Geselligkeit bei gutem Schmaus zu schätzen wissen. Signora Mara ist besonders stolz auf ihren Apfelkuchen ohnegleichen.
Piazza del Mercato 26 r; Tel 21 54 11; So geschl.; Mittlere Preisklasse (AE, DC, EC, Visa)

Einkaufen

Bücher

Seeber Messaggerie ■ E5

Die älteste Buchhandlung (über 100 Jahre alt) mit dem reichsten Sortiment an Kunstbüchern.
Via Tornabuoni 70 r

Geschenke

Emilio Paoli ■ E5

Hier gibt es schicke Hüte, Taschen, kunterbunte Untersetzer: alles aus Stroh, noch in feinster Handarbeit gefertigt. Toll: die

10x10 festen Papierkörbe aus Sumpfbinse (→ 10x10, S. 17)!
Via Vigna Nuova 26 r

Kunstgalerien

Galleria Tornabuoni ■ E5

Vater und Sohn Fornaciai führen – neben Werken und Graphiken einiger internationaler Größen unseres Jahrhunderts – die Arbeiten von etwa einem Dutzend Künstler aus dem Florentiner Umkreis.
Via Tornabuoni 74 r

Kunsthandel

Bruschi Antichità ■ E5

Einen schöneren Ausstellungsraum für exklusive Kunstobjekte gibt es wohl kaum als die Rucellai-Loggia, die Alberto Bruschi für diesen Zweck neu restaurieren und einrichten ließ.
Piazza Rucellai 1

Kunsthandwerk

Giovanni Baccani ■ E5

Seit über 90 Jahren werden hier vor allem alte Stiche mit den verschiedensten einst modischen Motiven angeboten. Für die Einrahmung wird auch gesorgt.
Via della Vigna Nuova 75 r

Lederwaren

Beltrami ■ E5

Wie in den früheren Räumen des einst vornehmen Café Doney die Original-Architektur eines Renaissance-Palazzo zu neuem Leben erweckt wurde, zeigen die glanzvollen Salons. In diesem prächtigen Rahmen kommt die sinnliche Ausstrahlung feinster Lederkreationen voll zur Geltung.
Via Tornabuoni 48 r

Gianfranco Lotti ■ E5

Hinter dem goldgelb glänzenden Schloßblech, dem Firmenlogo, entpuppt sich ein Senkrechtstarter »made in Florence«. Seit 1996 floriert der gestylte Laden mit den ebenfalls modern-gestylten Hand-, Brief- und Aktentaschen. In Schubfächern verborgen: traumhafte Riesenfoulards aus Kaschmir und Seide.
Via Tornabuoni 57–59 r

Märkte

Mercato delle Cascine ■ A3

Ein Freilicht-Kaufhaus im Grünen: der größte Wochenmarkt im größten Park von Florenz. Hunderte von Ständen ziehen sich kilometerlang von der Vittoria-Brücke flußabwärts dahin. Es gibt kaum etwas, was es hier nicht gäbe.
Cascine-Park; Di vormittag

Mercato Centrale ■ F3

Imposant die zweistöckige Jugendstil-Markthalle aus Gußeisen und Glas, wo seit 1874 eine überwältigende Auswahl aus frischen Produkten von Land und Meer an den gepflegten Ständen angeboten wird. Eine Farbenpracht sind die Gemüse- und Obststände. Hier gab es bereits vor 25 Jahren Rucola-Salat.
Piazza del Mercato Centrale; Mo–Sa 7–14 Uhr

Mercato Nuovo (im Volksmund: »Mercato del Porcellino«) ■ F3

Wo einst die Geldwechsler ihre Bänke hatten, locken jetzt Tischzubehör, Taschen, Hüte aus Stroh viele Touristen unter diese Renaissance-Loggia. Preisgünstig sind hier auch Ledertaschen, Krawatten, Gürtel, Handschuhe, Schirme.
Piazza Mercato Nuovo; tgl. 9–18 und 19 Uhr

Auf dem Mercato di San Lorenzo herrscht immer Betrieb. Da muß man sich schon manchmal durch das Menschengewimmel regelrecht »durchboxen« …

Mercato di San Lorenzo ■ F4
An der San-Lorenzo-Kirche kommt man zwischen den Ständen kaum durch. Hier gibt es alles zu kaufen zu billigen Preisen: von Kleidern, Hosen, T-Shirts, Pullis bis Schürzen, Schuhen, Schmuck und Spielzeug.
Piazza San Lorenzo; Di–Sa 8–19 Uhr

Mode
Enrico Coveri ■ E5
Nach dem Tod des Florentiner Modeschöpfers Coveri konzentriert sich seine Schwester Silvana weiterhin auf exzentrische Kostüme und Kleider in den schrillsten Farben.
Via della Vigna Nuova 27–29 r

Fraro's ■ F6
Kleine, sehr feine Modeboutique für die elegante Signora mit Pfiff. Man kann sich auf den Rat der vertrauenswürdigen Chefin Rosi verlassen. Sie behandelt die Kundin wie eine Königin.
Lungarno Acciaioli 36 r

Gherardini ■ E5/F5
Federleichte, wasserfeste »Softy«-Taschen aus Fallschirmstoff, nach dem Motto: Zehn Gramm Stoff tragen zehn Kilogramm Gewicht.
Via della Vigna Nuova 57 r und Via Strozzi 25 r

Principe ■ F5
Auf alle vier Straßen um den Häuserblock schauen die Auslagen dieses ansehnlichen Modegeschäfts. Hier kann man die ganze Familie geschmackvoll-elegant einkleiden.
Via Strozzi 21–29 r

Parfümerie
Officina Profumo-Farmaceutica di Santa Maria Novella ■ E4
Für Auge und Nase ein Genuß, der einem fast den Atem verschlägt. Schon in der kunstreichen Eingangshalle wehen delikate Düfte entgegen. Hier kreierten die Klosterbrüder für Caterina de' Medici ein geheimes Aroma-Rezept: die Grundlage fürs spätere Kölnischwasser. Originalversion in der 1612 gegründeten Parfümerie erhältlich. Aus eigener Produktion: verschiedene Parfums und Kosmetika (→ 10x10, S. 17) und (→ Extra, Für jeden seine eigene Duftnote, S. 158).
Via della Scala 16

10x10
Extra

Schaufenster wie Filmplakate: Auch modebewußte Männer kommen in Florenz voll auf ihre Kosten.

Profumeria Inglese ■ E5
Holzvitrinen und Stuckgewölbe stammen aus dem Jahre 1843. Einst wichtige Anlaufstelle für die Damen der angelsächsischen Kolonie in Florenz. Jetzt führen die Bertelli-Brüder den Duftladen mit reichhaltigem Angebot.
Via Tornabuoni 97 r

Schuhe
Cresti ■ F4/F5
Cresti-Kinderschuhe sind in den letzten 50 Jahren zu einem Begriff geworden. Generationen von Teenies haben ihre luftigen »Giglio«-Sandalen auf dem Florentiner Pflaster verschlissen. Gesünder und bequemer geht es sich kaum.
Via Roma 9 r und 14 r; Via Martelli 44 r

Ferragamo ■ E6
In einer Trutzburg aus dem 13. Jahrhundert, dem Palazzo Spini-Ferroni, hat das Ferragamo-Imperium einen angemessenen Sitz. Salvatore Ferragamo, **der** Schuhmacher der Hollywood-Stars (unter anderem von Greta Garbo, Ava Gardner, Audrey Hepburn), würde staunen, wie seine sechs Kinder mit ihrer Mutter den Erfolgsweg nach allen Richtungen fortsetzten. Heute können sich Frau und Mann von Kopf bis Fuß bei Ferragamo stilvoll einkleiden.
10x10 Verführerisch-kostbar, sündhaft-kostspielig (→ 10x10, S. 17).
Via Tornabuoni 2

Gucci ■ E5
Unverkennbar die weichen Mokassins mit der typischen Gucci-Spange und die Seidentücher mit bunten Blumenmotiven. Aus dem florentinischen Schuhgeschäft hat sich längst ein Mode-Tempel mit allen Sparten für Damen und Herren entwickelt. High-Brow-Flair für die High-Snobiety.
Via Tornabuoni 73 r

Schmuck
Bijoux Cascio ■ F6
Florenz war kurz nach dem Krieg auch die Geburtsstätte von Modeschmuck besten Geschmacks. Material und Handwerkskunst lassen die Cascio-Bijouterie fast so edel erscheinen wie kostbare Juwelen.
Via Por Santa Maria 1 r

Faraone – Settepassi ■ E5
Settepassi, früher Top-Juwelier auf dem Ponte Vecchio, tat sich mit dem Mailänder Kollegen Faraone zusammen. Seitdem bilden sie ein Spitzen-Team in beiden Städten. Außer den kostbaren Juwelen eigener Kreation findet man hier auch Tiffany-Geschmeide. Auch wenn Sie nichts kaufen möchten, lohnt ein Blick in die traumhaften Schaufenster …
Via Tornabuoni 25 r

Stoffe
Passamaneria Toscana ■ F4
Es lohnt sich, nach einem Besuch der Medici-Kapellen in der Nähe die 500-Quadratmeter-Fläche in den Ausstellungsräumen dieser alteingesessenen Posamenterie abzuklappern. Außer den vielfältigen Artikeln wie Quasten, Borten und Bordüren gibt es hier eine ungeahnt reiche Auswahl an allerlei Deko-Stoffen, die auch an alte Zeiten erinnern. Große Auswahl an Brokat und Damast für Vorhänge und Kissen, samt passendem Zubehör, je nach Bedarf und Geschmack.
Piazza San Lorenzo 12 r

Wäsche
Loretta Caponi ■ E4
Feinste Nachthemden und Morgenroben aus Spitze und Seide prangen in diesem exklusiven Aussteuerladen: eine wahre Fundgrube. Zum Sortiment gehören auch kunstvoll bestickte Bett- und Tischwäsche, charmante Smok-Kleider für Mädchen. Loretta und Tochter Lucia schwören auf hochwertige Handarbeit und achten mit Liebe auf jedes Detail (→ 10x10, S. 17). **10x10**
Piazza Antinori 4 r

Wein und Spirituosen
Enoteca Romano Gambi ■ F6
Über 600 Weinsorten – darunter selbstverständlich auch toskanische Edeltropfen – auch für den Auslandversand. Neben den feinsten Olivenölen, Marmeladen und Grappas: die größte Whisky-Auswahl der Stadt.
Borgo Santissimi Apostoli 21–23 r

Für jeden seine eigene Duftnote

In Florenz gehört es zum guten Ton, einen guten Duft zu haben. Die Franzosen sind zwar überzeugt, mit dem Wort »Parfum« auch das Urheberrecht fürs Duftwasser gepachtet zu haben. Und wehe dem, der die Behauptung wagte, »Eau de Cologne« wäre gar kein »Kölnisch Wasser«, sondern hätte seinen Ursprung in der Gerücheküche Florentiner Dominikanerfratres gehabt! In der »Officina Profumo-Farmaceutica« von Santa Maria Novella (→ S. 156) werden manche Essenzen und Parfums noch heute nach den Geheimrezepten gemixt, die seinerzeit für Caterina de' Medici, Urenkelin von Lorenzo il Magnifico, zu ihrem exklusiven Gebrauch entwickelt wurden. Als Caterina 1533 nach Paris zog, um den späteren König Henri II. zu heiraten, begleiteten sie an den französischen Hof nicht nur die auf ihre Leibgerichte spezialisierten Köche, sondern auch fachkundige Parfum-Alchimisten. Eine Essenz, die Königin Caterina nach Paris gebracht hatte, nannte man »Königinnenwasser«.

Wie das Geheimnis der Zusammensetzung dieses Duftwassers später dem Italiener Giovanni Paolo Feminis in die Hände kam, weiß man nicht. Fest steht aber, daß er damit 1725 nach Köln zog und dort mit der Herstellung eines eigenen Duftwassers begann. Zu Ehren der Gaststadt taufte er sein erfolgreiches Produkt in »Kölnisch Wasser« (Eau de Cologne) um. Die Karriere des vor 500 Jahren in Florenz kreierten Duftprodukts ging an dessen Geburtsstätte auch nicht zu Ende. Nach der historischen Formel, jetzt mit dem Namen »Acqua di Colonia«, wird es bei Santa Maria Novella der Kundschaft unverändert dargeboten.

Über die Kunst, Parfums herzustellen, unterhalten wir uns mit Dr. Lorenzo Villoresi auf der Dachterrasse seines pittoresken Wohnlabors am Arno-Ufer. Man braucht sich nur nach der Nase zu richten – eine betörende Duftwolke führt dahin. Der unternehmungslustige Sproß einer alten Patrizierfamilie machte die Düfte zu seinem Lebensinhalt. Duftexperte war schon sein Onkel am Hof des letzten ägyptischen Königs Faruk. Während der junge Villoresi biblische Philologie und Religionsphilosophie studierte, wurde für ihn der Mittlere Orient auch zu einer Fundgrube von Kenntnissen über allerlei Duftstoffe und Essenzen.

Florenz Extra

Wenn Lorenzo Villoresi seine Essenzen nach Florentiner Tradition mixt, kann er auch für Sie »Das gewisse Etwas« kreieren…

So entschloß er sich, die Florentiner Tradition der Parfümeure fortzuführen und seinen Hang zur Psychologie in die Duftsphäre zu sublimieren. Villoresi kreiert Parfums nicht nur für die elegantesten Modehäuser. Seine Spezialität: individuell und exklusiv Duftkombinationen für seine Privatkunden zusammenzustellen. Rund 40 Prozent seiner Kunden sind Männer, auch aus deutschen Gefilden. »Oft ist es für sie problematisch, ihre Persönlichkeit richtig zur Geltung zu bringen. Sie wollen für die Dame ihres Herzens attraktiver erscheinen. Ein maßgeschneidertes Duftkostüm kann dabei auf die Sprünge helfen.« Villoresi streichelt nachdenklich seinen gepflegten Kinnbart und erklärt mit viel Einfühlungsvermögen und Toleranz in der sanften Stimme: »Ich versuche, die Assoziationen, Erinnerungen und Gefühle herauszufiltern, die meine verschiedenen Essenzen erwecken. Aber ich beeinflusse die Leute nicht. Sie helfen mir, die zu ihnen passende Kombination zu finden.« Eine solche Schnüffelsitzung kann bis zu fünf Stunden dauern. Nach Kontrollproben und Aroma-Korrekturen steht dann fix gemixt die persönliche Formel auch für die Nachbestellung fest. Auf die Gretchenfrage, ob eine Frau auch ohne Parfum attraktiv sein kann, erwidert schmunzelnd unser Parfumfetischist: »Das hängt nur davon ab, welch' einen Duft ihre Haut ausstrahlt…«

Jahrhundertelang hatte das San-Frediano-Viertel im »Oltrarno«, südlich des Arno-Flusses, keine direkte Verbindung zum Stadtkern am Nordufer. Erst 1957 wurde die Amerigo-Vespucci-Brücke errichtet. Die Geschichte von Florenz und das von ihr geprägte Gesicht der Stadt sind eng mit ihren Brücken verbunden. Fünf stehen im historischen Stadtgebiet innerhalb der Schutzmauer von Arnolfo di Cambio (1284), die auch den Oltrarno unter ihre Fittiche nahm.

Stadtplan → S. 163

Bis zu unseren Tagen blieb aber das Leben in San Frediano – dieser alten Heimstätte bester Florentiner Handwerkskunst – eingeengt wie in einem Ghetto; es stagnierte in einer Sackgasse der Verwahrlosung. Wer die zweifelhafte Romantik von Armut und Dürftigkeit unverändert erleben will, muß sich inzwischen allerdings fast beeilen. Denn die bescheidenen Werkstätten verschwinden allmählich, die Häuser werden saniert. Die von Pratolini in seinen Romanen so eindringlich geschilderte Nachkriegswelt der kleinen Leute und ihres Kampfes um das tägliche Brot verändert sich allmählich. Erhalten bleibt aber die freche Schnauze, die flegelhafte und doch mit Anmut zur Schau gestellte Dreistigkeit des für Florenz typischen Menschenschlags der Sanfredianer. Volkstümlich ist der

Das Leben ist ungleich erträglicher, wenn man lachen kann: Im volkstümlichen Oltrarno, wörtlich übersetzt »jenseits des Arno«, trifft man auf Menschen, die diese Kunst noch nicht verlernt haben.

Oltrarno auch zwischen den beiden Plätzen von **Santo Spirito** und **Carmine** geblieben. Einst spielte hier die Wollindustrie eine bedeutende Rolle. Nun ist der kleine Markt um das spießige Denkmal des Agronomen Cosimo Ridolfi auf der Piazza Santo Spirito eine bescheidene Erinnerung an die großartige Wolltuchmesse, die hier ab Mitte des 15. Jahrhunderts jährlich am Martinstag über die Bühne ging. Beeindruckend ist noch heute der stilvolle **Palazzo Guadagni**, der für viele Renaissancepaläste der Stadt im 16. Jahrhundert als Vorbild galt. In den Kirchen haben Künstler wie Brunelleschi und Masaccio Werke von epochaler Bedeutung geschaffen. Die elegante **Santa Trìnita-Brücke** leitet hin zur **Via Maggio**. Palazzi mit ihren zur Straße hin abweisenden Fronten, die aber vornehme Höfe oder Gärten verbergen und manch einen reichen Antiquitätenladen beherbergen, säumen diese alte Mittelachse des Oltrarno. Bis zur erhaltenen gebliebenen Stadtmauer erstreckt sich dann ein Gebiet, in dem Pomp und Pracht der alten Macht auch jetzt noch dominieren. **Palazzo Pitti**, diese bis ins Maßlose erweiterte Kunstsammelstätte sämtlicher Herrscherfamilien, von den Medici bis zu den Savoia, beherrscht den größten Platz, der sich je in Florenz vor einem Privatpalast ausdehnte. Und zum Glück ist dieser endlich kein Abstellplatz mehr für Touristenbusse. Neugestaltet kann er mit seiner schrägen ockerfarbenen Travertinfläche die Sonnenwärme einfangen und frei zurückstrahlen, zur stillen Freude der Besucher. **Bòboli-Garten** und **Forte di Belvedere** sind auf ihrem Hügel wie ein vielversprechender Aperitif zum optischen Festmahl, das die Umgebung außerhalb der alten Stadtmauer hinter ihnen auftischt. Olivenhaine, Weingärten, Zypressen, Schirmkiefer, Steineichen, Lorbeerbäume an den grünen Hängen und auf den Kuppen. Dazwischengestreut sind die zumeist gelbgetünchten Villen, Zeugen vergangener Zeiten, versteckt hinter hohen Mauern. Sie begrenzen beidseitig die oft steilen engen Wege und führen an kleinen Kapellen, in der Stille der Einsamkeit, vorbei. Schaut man nach oben oder stadtwärts – das Panorama ist nach allen Windrichtungen und zu jeder Tageszeit zauberhaft schön. Eingezwängt zwischen Hügel und Arno-Ufer zieht sich unten ein stimmungsvolles kleines Stadtviertel dahin mit pulsierendem Leben auf einer Bühne mit echt mittelalterlichen Kulissen. Die drei **Palazzi de' Mozzi**, die den gleichnamigen Platz abschließen, beherbergten schon 1273 den Papst Gregorio X., als er nach Florenz kam, um zwischen Guelfen und Ghibellinen Frieden zu stiften. Auf dem Poggi-Platz am Arno-Ufer, nahe dem einstigen Stadttor San Niccolò, steht wiederum ein Gedenkstein als Zeichen des Dankes an die freiwilligen Helfer, »Angioli del Fango« (Schlammengel) genannt, die zur Rettung der beschädigten Kunstschätze anläßlich der Überschwemmung 1966 nach Florenz strömten. (Nicht verwechseln mit dem 1997 gegenüber aufgestellten, kurios-abstrakten Galilei-Denkmal des namhaften Bildhauers Giò Pomodoro!) Zwischen beiden Plätzen windet sich di **Via San Niccolò**. Hier hat man den Eindruck, die Zeit früherer Jahrhunderte sei fast stehengeblieben: ein klassisches Beispiel für Oltrarno-Poesie. Hier herrscht eine humane Atmosphäre, in die die Einwohner wie Familienmitglieder eingebunden sind. Es fehlt nicht an persönlichen Kontakten und an interessierter Anteilnahme – freilich auch nicht an Tratsch und Klatsch. Am San-Miniato-Tor ist der Feinkostladen, ähnlich wie das gegenüberliegende Café, ein Treffpunkt für jung und alt. Nicht umsonst trägt er den Namen »La Bottega delle chiacchiere« – der Plauschladen. Jeder kennt und grüßt jeden: ein Dorf mitten in der Stadt…

Spaziergang

Beginnen wir unseren Spaziergang gleich von einem Höhepunkt aus: dem **Piazzale Michelangelo** (Bus 13). Diesen Platz mit dem unvergeßlichen Panoramablick auf Stadt und Umgebung lassen sich sogar Kurzbesucher meist nicht entgehen. Hier werden Erinnerungsfotos mit Domkulisse geknipst, aber auch Maler auf Motivsuche sind hier am richtigen Ort. Kaum vorstellbar, daß es diese Terrasse vor 1875 noch nicht gab. In der Mitte schaut Michelangelos David auf die Stadt hinunter – allerdings in Kopie, das Original steht in der Galleria dell'Accademia. Nicht weniger fasziniert der Ausblick von der Türöffnung der Kirche **San Miniato al Monte** aus, die hinter dem Piazzale oben am Hügel thront. Über die **Via San Salvatore al Monte** – eigentlich ein Treppenweg – geht's nun bergab bis zum Stadttor **San Miniato**. Die Stadtmauer entlang führt die Via Belvedere steil zum dritten beliebten Aussichtspunkt: dem **Forte di Belvedere**.

Wir gehen aber durchs Stadttor und gönnen uns bei Frilli (Via San Miniato 5 r) ein hausgemachtes Eis oder einen Cappuccino nebenan bei Il Rifrullo. Gegenüber steht die Kirche **San Niccolò sopr'Arno**. In der Kammer des romanischen Glockenturms hinter der Sakristei versteckte der Glöckner 1530 Michelangelo auf dessen Flucht vor den einrückenden kaiserlichen Besetzungstruppen. (Als Bauleiter der hiesigen Befestigungsanlagen fühlte sich der Künstler nicht wohl in seiner Haut.) Die Via San Niccolò bewahrte ihren teils volkstümlichen Charakter (zwischen Kirche und Porta San Niccolò) und teils noblen Touch (Richtung Piazza de' Mozzi): ein typisch Florentiner Mix, der sich in herzlicher Freundlichkeit ausdrückt, wenn man sich beim Schuster, im Feinkostladen oder beim Espresso begegnet. Kleine Läden und stolze Palazzi säumen diese mittelalterliche Gasse. Nach den schweren Hochwasserschäden 1966 erholt sich die Straße allmählich. Neben den alten Werkstätten der Handwerker eröffneten sich anspruchsvolle Kunstgalerien, Antiquitäten- und Juweliergeschäfte. Aus dem 14. Jahrhundert stammt das Entree des **Palazzo Stiozzi-Ridolfi** (Nr. 99) mit seinem historischen Flair. Auf der **Piazza de' Mozzi** lädt das **Museo Bardini** die Kunstliebhaber in seine Säle. Die altehrwürdige Via de' Bardi verlassen wir, um die **Costa Scarpuccia** bis zur **Via del Canneto** hinaufzugehen. Diese ist mit ihren Querbögen über der Gasse bei Abendbeleuchtung besonders romantisch. Die steilen Gassen **Costa de' Magnoli** und **Costa San Giorgio** sind eine begehrte, malerische Wohngegend, fern vom Touristen-Wirrwarr. Von der **Costa San Giorgio** bergab stößt man direkt auf die Kirche **Santa Felicìta**. Man sollte keinesfalls versäumen, hier in der Capponi-Kapelle Pontormos Meisterwerke zu bewundern.

In der Touristen-Einkaufsstraße **Via Guicciardini** (sie führt vom Ponte Vecchio zur Piazza Pitti) wimmelt es dagegen nur so von fremden Besuchern aus aller Welt. Viele von ihnen streben am **Palazzo Guicciardini** (Nr. 15) oder an der Wohnstätte **Machiavellis** (Nr. 24) vorbei bis zum **Palazzo Pitti**, um die dort untergebrachten Sammlungen zu besichtigen. Erstbesuchern sei empfohlen, mit der Galleria Palatina zu beginnen. Die ausgestellten Meisterwerke stehen hinter denen in den Uffizien keineswegs zurück. Durch den beeindruckenden Ammannati-Hof gelangt man in den ausgedehnten **Bòboli-Garten**. Wer zu müde ist, hier alles Sehenswerte abzuklappern, kann sich auf der Terrasse des 1776 erbauten Kaffeehauses ausruhen. Gegenüber dem Palazzo Pitti gibt es am Platz einige Caféterrassen und manche interessante Läden für kleine Geschenke. Wer mit Kindern unterwegs ist, sollte

Oltrarno
Spaziergang mit Laufrichtung
Sehenswürdigkeit, öffentl. Gebäude
Kirche
Information
Parkmöglichkeit
Essen und Trinken
Einkaufen
Museum
Theater
Denkmal
Post
Camping
Stadtmauer
Fußgängerzone
0
480 m
450 m
Arno
Ponte Vecchio
Palazzo Pitti
Giardino di Boboli
Forte di Belvedere
Piazzale Michelangelo
S. Miniato al Monte
S. Salvatore al Monte
S. Croce
Biblioteca Nazionale
Galleria degli Uffizi
Viale Galileo Galilei
Viale Michelangelo
Viale Francesco Petrarca
Porta Romana
S. Spirito
S. M. del Carmine
Museo Bardini
Museo Zoologico (La Specola)
Museo delle Porcellane
Teatro Goldoni

ihnen das Zoologische Museum **La Specola** (Via Romana 17) nicht verwehren. In der **Casa Guidi** (Piazza San Felice 8) lebte von 1848 bis 1861 das englische Dichterpaar Browning. Die Atmosphäre ihrer Wohnung – heute Privatmuseum – ist erhalten geblieben. Bewegend sind die zart einander haltenden Hände des Paares im Bronzeguß. (April–Nov. Mo, Mi, Fr 15–18 Uhr geöffnet. Am Tor klingeln!) Bevor wir in der Via Maggio die nobelsten Antiquitätenläden aufspüren, lunchen wir am besten, gleich gegenüber, in der gediegenen Trattoria »La Baruciola« (Nr. 61 r) bei guter, preiswerter Hausmannskost. Weiter in Richtung Arno fällt die reich mit Graffiti geschmückte Fassade des **Palazzo Cappello** (Nr. 26) auf. Hier wohnte die Venezianerin Bianca Cappello, bis sie 1566 endlich ihren Francesco I. de' Medici heiraten konnte. Die Via Santo Spirito beherbergt ebenfalls interessante Antiquitätenläden.

Wir biegen links in die **Via de' Coverelli** ab und stoßen auf die Kirche **Santo Spirito**: Im Inneren ein Meisterwerk Brunelleschis. Über die Via Sant' Agostino erreichen wir die unscheinbare Kirche **Santa Maria del Carmine**, die man aber wegen der ergreifenden Fresken von Masaccio in der Brancacci-Kapelle unbedingt aufsuchen sollte. Ob in **Via del Leone** oder **Borgo San Frediano** – die noch erhaltenen Werkstätten der Kunsthandwerker geben einen lebendigen Eindruck von diesem Viertel. In der versteckten **Via Bartolini** ist der Besuch in zwei Werkstätten, die Spitzenprodukte herstellen, interessant, handgeschmiedete Silberware (Nr. 6 r – Brandimarte) und handgewebte Prachtstoffe (Nr.4 – Antico Setificio Fiorentino). Das imposante Stadttor von San Frediano ist seit 1333 erhalten geblieben. Auf dem Rückweg kommen wir an der Vespucci-Brücke vorbei zum **Cestello-Platz**, gegenüber der Piazza Ognissanti am anderen Arno-Ufer. Das **Santa-Rosa-Wehr** – schräg im Fluß, zwischen den beiden Plätzen – ist ein malerischer Anblick mit den hinunterstürzenden Fluten und den »Landungsplätzen« der Wasservögel in der Nähe. Hinter uns erhebt sich die formschöne Kuppel (1698) der Barockkirche **San Frediano in Cestello**, deren Silhouette aus dem Panorama von Florenz nicht wegzudenken ist. Der Lungarno Soderini führt zur Piazza N. Sauro. Dieser kleine Platz ist nicht nur als Verkehrsknotenpunkt wichtig, hier ist die nach der Brücke benannte Eisdiele ein Geheimtip für Erfrischungsuchende. Bis zum **Ponte Santa Trìnita** bietet das Arno-Ufer einen eindrucksvollen Blick auf die gegenüberliegenden Palazzi. Der statuengeschmückte **Palazzo Corsini** beherrscht die Szene. Bevor wir in den **Borgo San Jacopo** einbiegen, werfen wir einen Blick auf die graziös geschwungenen Bögen der Trìnita-Brücke und auf die verwitterte Fassade des **Palazzo Frescobaldi**. In Borgo San Jacopo, mit seinen vielfältigen Läden und Boutiquen, sind noch zwei Wohntürme aus dem Mittelalter erhalten geblieben: **Torre de' Belfredelli** (Nr. 9) und **Torre de' Ramaglianti** vis-à-vis (Nr. 54 r). Sie widerstanden besser den Sprengungen im August 1944 als die umliegenden Häuser. Borgo San Jacopo endet beim **Ponte Vecchio**. Rechts an der Ecke überragt den kleinen Brunnen die neckische Bacchus-Statue von Giambologna, ein Liebling der Einheimischen.

Dauer: etwa 3–4 Stunden (ohne Museumsbesuche)

Nur einen Katzensprung vom Touristentrubel entfernt: In der ruhigen Via de' Bardi, die vom Ponte Vecchio zur Via San Niccolò führt, ticken die Uhren noch anders.

Sehenswertes

Forte di Belvedere ■ c2/c3
Die »Festung des schönen Ausblicks« verdient ihren Namen wirklich. Von ihrer Terrasse hat man einen traumhaften Rundblick auf die umliegende Hügellandschaft: von San Miniato al Monte südwärts, bis das Auge bei den Kuppeln von Santa Maria del Carmine und San Frediano das Stadtpanorama erreicht (→ 10x10, S. 11). Dann breitet sich ganz Florenz zum Greifen nahe vor unseren Füßen aus, mit Fiesole und den nördlichen Hügeln im Hintergrund. Die sternförmige Festungsanlage über dem Bòboli-Garten und die Villa in ihrer Mitte baute Buontalenti 1590 bis 1595 auf Geheiß des Großherzogs Ferdinando I. In jener unsicheren Zeit fühlte er sich wohler im Palazzo Pitti, wenn nicht nur die **Fortezza da Basso** unten, sondern auch das neue Fort von oben die aufmüpfige Bevölkerung unter Kontrolle hielt.

10x10

Von der Piazza Santa Felìcita führt die **Costa San Giorgio**, von der Porta San Miniato die **Via di Belvedere** zur guterhaltenen **Porta San Giorgio**, in deren Nähe sich der Aufgang befindet. Die harmonische Fassade der Villa, eine der schönsten Festungen des 16. Jahrhunderts, schmückt eine große Uhr.
Nov.–März tgl. 9–18, April–Okt. 9–19 Uhr; Eintritt frei (außer bei Kunstausstellungen)

Giardino di Bòboli ■ a3/c2
Gleich nach dem Erwerb des Palazzo Pitti erteilte 1549 Cosimo I. de' Medici seinem geschätzten Architekten Niccolò Pericoli – Trìbolo genannt – den Auftrag für einen großangelegten Garten am neuen Sitz der Familie. Trìbolo starb im darauffolgenden Jahr, aber sein Projekt wurde in den Grundzügen von den Nachfolgern respektiert. Dank Fortini, Vasari, Ammannati, Buontalenti wachsen Palazzo und Garten zu einer architektonischen Einheit zusammen. Der große Steinbruch am Fuß des Belvedere-Hügels – bisher Buckel-

XL TOP 20

Seine ganze Phantasie hat Bernardo Buontalenti eingesetzt, um diese theatralisch geheimnisvolle Grotte im Bòboli-Garten in Szene zu setzen (1583–1585).

quader-Lieferant für viele Palazzi – wurde in ein »grünes Amphitheater« umgewandelt. Giambologna und Tacca gehörten zu den vielbeschäftigten Künstlern, die zur Bereicherung des Gartens beitrugen. Mindestens drei Stunden sollte man dem über vier Hektar großen, hügeligen »Versailles von Florenz« widmen, wenn man alles erleben will, was Natur und Kunst bieten: teils echte römische Statuen an den Alleen, Säulengänge, Springbrunnen, Teiche, Grotten, groteske und mythologische Skulpturen, Obelisk, Pavillons, Porzellanmuseum, Kaffeehaus, botanische Seltenheiten. Zu den letzten gehörte einst auch die Kartoffelpflanze: Hier wurden die ersten Versuche mit der »Patata«-Zucht gemacht. Dieser Garten war der einzige Ort in Florenz, an dem sogar Goethe Gefallen fand. Tip: Folgen Sie dem Rundgangplan (am Eingang erhältlich).
Piazza Pitti; Nov.–Feb. tgl. 9–16.30, März 9–17.30, April–Mai und Sept.–Okt. 9–18.30, Juni–Aug. 9–19.30 Uhr, 1. und letzten Mo des Monats geschl.; Einlaß: 1 Std. vor Kassenschluß; Eintritt 4000 Lire

Ponte Vecchio ■ c 1/c 2

XL TOP 20

Die »Alte Brücke« gehört zu den berühmtesten der ganzen Welt und ist eines der bekanntesten Wahrzeichen von Florenz. Sie ist die einzige Brücke, die von den deutschen Truppen vor ihrem Rückzug aus der Stadt am 3. August 1944 nicht gesprengt wurde. Dafür jagten sie aber die alten Palazzi der Zugangsstraßen an beiden Enden der Brücke in die Luft, beispielsweise in Borgo San Jacopo, Lungarno Acciaiuoli und Via Por Santa Maria. Agnolo Gaddis Werk steht seit 1345 genau an der Stelle, wo die frühere Holzbrücke von einer schweren Überschwemmung (1175) bis zur anderen (1333) die Stellung hielt. Geschäftsbuden gab es auf dem Ponte Vecchio schon immer. Großfürst Ferdinand I. mochte aber den Duft von Fleisch und Fisch nicht. So dekretierte er 1593, daß die in der Nähe residierende Gilde der

Einkaufsmeile und Museum »auf Stelzen«: der weltberühmte Ponte Vecchio mit seinen Geschäften und dem Vasari-Gang, der heute Teil der Uffizien ist.

Goldschmiede und Juweliere mit ihrer geruchlosen Ware für Ablösung sorgte. Dem größten Goldschmied aller Zeiten, Benvenuto Cellini, huldigten seine Fachgenossen 1900 mit einer Bronzebüste mitten auf der Brücke. Das Plätzchen dort, mit dem schönen Arno-Blick, ist ein beliebter Treffpunkt der Jugend aus aller Herren Ländern. Zum unverwechselbaren Bild des Ponte Vecchio gehört auch der **Vasari-Gang**, den Cosimo I. als exklusive Verbindung zwischen Haus und Büro – Palazzo Pitti und Palazzo Vecchio – errichten ließ.

San Felice in Piazza ■ b2

Bis ins Jahr 1066 reichen die Ursprünge dieser dem ersten Bischof von Florenz geweihten Kirche. Die schlichte Renaissancefassade (Brunelleschi-Schule) gehört zu den wenigen, die im 15. Jahrhundert komplett fertiggestellt wurden. Der Innenraum behielt dagegen seinen gotischen Charakter. Er besteht aus zwei Teilen: Ein Teil ist dreischiffig mit acht Säulen und Kreuzgewölbe; der zweite, bis zum Altar, einschiffig mit hoher Holzbalkendecke. Größter Schatz der Kirche ist das prächtig restaurierte Kreuz aus Giottos Atelier am Altar. Von den drei Gemälden des Filippino Lippi besticht besonders das Triptychon (1480) am ersten Seitenaltar links. Den hl. Felix stellt ein Fresko (um 1636) bei einer außergewöhnlichen Tat dar: Er preßt den Saft himmlischer Trauben in den Mund des schier verdurstenden Maximinus von Nola. Sehr anmutig eine Madonnenbüste aus bemaltem Stuck (Ghiberti-Werkstatt).
Piazza San Felice

Historisches Pflaster: Kein Tourist läßt es sich nehmen, wenigstens einmal über den seit Jahrhunderten von Geschäften gesäumten Ponte Vecchio zu marschieren.

Santa Felicìta ■ c2

Der berühmte Vasari-Gang verbindet die Uffizien mit dem Palazzo Pitti, indem er über dem Portikus dieser Kirche verläuft. So konnte die Medici-Familie der Messe auf der Empore unbemerkt beiwohnen, ohne dabei den Fuß auf die Straße zu setzen. Santa Felicìta ist eine der ältesten Kirchen der Stadt, im 5. Jahrhundert an der Stelle einer frühchristlichen Friedhofskapelle errichtet, mehrfach – zuletzt 1736 – umgebaut. Gleich rechts nach dem Eingang erstrahlt im Scheinwerferlicht (Münzautomat!) die prächtig renovierte **Capponi-Kapelle**, ein Werk Brunelleschis nach seinem viereckigen Lieblingsgrundriß. Doch der eigentliche Höhepunkt der Kirche sind die Werke Pontormos (→ 10x10, S. 8). Gleich mit zwei hochkarätigen Spitzenleistungen fasziniert dieser exzentrische Eigenbrötler, Galionsfigur des Florentiner Manierismus. Die »Kreuzabnahme« (1528), einst als bizarr empfunden, wirkt heute überwältigend schön in ihrer kühnen Farb- und Formgebung. Das Fresko der »Verkündigung« bezaubert wiederum mit seiner leichtfüßigen Grazie.
Piazza Santa Felicìta

10x10

Santa Maria del Carmine ■ a2

Nicht ohne Grund suchte schon der junge Michelangelo – wie von Vasari berichtet – diese Kirche auf, um in der Brancacci-Kapelle die Fresken Masaccios zu studieren. Wie durch ein Wunder blieb diese Kapelle am rechten Ende des Querschiffs vom Brand verschont, als 1771 ein Feuer das im 13. Jahrhundert erbaute Karmeliterkloster samt Kirche fast gänzlich zerstörte. Konzentrieren wir uns auf die **Cappella Brancacci** (Eingang rechts vom Hauptportal, Nr. 14), zumal die Kirche selbst keine besonderen Sehenswürdigkeiten bietet. Die Kapelle ist in den achtziger Jahren meisterhaft restauriert worden. Sie

XL TOP 20

Dieser Ausschnitt aus Masaccios von Filippino Lippi fertiggemaltem Fresko »Auferweckung des Sohnes des Theophilos« gehört zum meisterhaft restaurierten Zyklus der Petrusgeschichte in der Cappella Brancacci von Santa Maria del Carmine.

zeigt den Freskenzyklus mit dem ersten Sündenfall und der Geschichte des hl. Petrus in seiner ursprünglichen Pracht. Als der steinreiche Seidenhändler und Medici-Antagonist Felice Brancacci Masolino da Panicale und dessen Mitarbeiter Masaccio mit dem Ausmalen der Familienkapelle beauftragte, ahnte er nicht, daß auch er aus seinem Florentiner Paradies ins Exil vertrieben würde wie Adam und Eva in der erschütterndsten Szene des Freskenzyklus. Wohl kein Künstler hat vorher das Drama des menschlichen Schicksals so konkret faßbar zum Ausdruck gebracht wie **Tommaso Masaccio** bei Adam und Eva (→ 10x10 S. 12). 10x10 Vor allem mit der Körpersprache und mit dem schmerzvollen Gesichtsausdruck der Frau, die sich neben dem verschämten Adam ihre Reue und Verzweiflung von der Seele heult. Masolinos Darstellung des ersten Menschenpaares kurz vor dem Sündenfall (gegenüber) macht deutlich, welchen Schritt Masaccio in Richtung des modernen Renaissance-Menschen tat, während Masolino der idyllisch-erzählerischen Tradition seiner Zeit verbunden blieb. Zwei hochbegabte Künstler komponierten und malten den Zyklus der Petrusgeschichte »vierhändig« im besten Einvernehmen. Das genial Neue in Masaccios Kunst bei der natürlichen Raumperspektive und der dreidimensionalen Körperlichkeit tritt besonders augenfällig hervor in den eindrucksvollen Szenen des »Zinsgroschens«, der »Heilung der Krüppel durch den Schatten Petri« und der »Taufe der Neubekehrten«. Daneben, auf dem Fresko der »Auferweckung der Tabita«, erkennen die Experten die Handschrift beider Maler. Ihre Zusammenarbeit endete durch Masolinos Auslandsreise. Masaccio starb 1429 nur 28jährig.
Erst 1481 fiel es Filippino Lippi zu, den Freskenzyklus zu Ende zu führen. Denn inzwischen wurden von dem Fresko Masaccios »Auferweckung des Sohnes

Eines der schönsten romanischen Gotteshäuser Italiens: Hoch oben auf einem Hügel südlich des Arno thront die Kirche San Miniato al Monte, deren Name auf den ersten christlichen Märtyrer von Florenz zurückgeht.

des Theophilos« die Porträts sämtlicher Mitglieder und Freunde der in Ungnade gefallenen Brancacci-Familie brutal entfernt. Rechts vom betenden Petrus sind von Masaccios Hand erhalten geblieben (von links nach rechts) die Gestalten: Masolino, Masaccio selber, Leon Battista Alberti und Brunelleschi.

Filippino Lippi trat würdig in die Fußstapfen seines Vorgängers Masaccio. Besonders überzeugend sind die beiden Gefängnisszenen. Rechts vom gekreuzigten Petrus schaut uns sein Lehrer Botticelli an; ganz rechts, halb versteckt zwischen Thron und gemalter Säule, hat er sich selbst verewigt.
Piazza del Carmine 14; Mo–Sa 10–17, Fei 13–17 Uhr, Di geschl.; Kassenschluß: 16.30 Uhr; Aufenthalt 15 Minuten für max. 30 Personen; Eintritt 5000 Lire

San Miniato al Monte ■ e 3

San Miniato schaut von seinem Hügel auf Stadt und Fluß herab. Hier liegt einem Florenz buchstäblich zu Füßen. Blickt man abends vom Arno-Ufer zur angestrahlten Fassade dieses Juwels romanischer Architektur empor, erlebt man sie mit ihren grünweißen Linien, als wäre sie ein mit Smaragd und Diamanten geschmücktes Diadem zur Krönung des Lichtpanoramas (→ 10x10, S. 8). Weiß ist der Carrara-Marmor, grün der Serpentinstein aus Prato. Diese Farben dominieren auch im Inneren der Kirche. Aus dem 11. Jahrhundert stammt die schöne Krypta, in der hinter Eisengittern die Gebeine des hl. Märtyrers Miniato ruhen. Gut erhalten ist der fast 800 Jahre alte Marmorboden im Mittelschiff der Basilika mit seinen stilisierten Tierkreiszeichen. Die kleine Kreuzkapelle in der Mitte ist ein Renaissanceschmuckstück von Michelozzo, mit Terrakotten geziert von Luca della Robbia. Letzterer schuf auch die blauweiß glasierten Engel-Medaillons im Gewölbe der Grabkapelle des Kardinals von Portugal (linkes Seitenschiff).

XL TOP 20

10x10

Jakob von Lusitanien, hochbegabter Neffe des Königs Alphons V., gutaussehend und durchgeistigt, starb 1459 in Florenz kaum 26jährig auf dem Gipfel einer glänzenden Kirchenkarriere. Sein Grabmal (von Antonio Rossellino) ist ein ergreifendes Meisterwerk. Baldovinettis »Verkündigung« (gegenüber) und eine gute Kopie des Altarbilds der Pollaiuolo-Brüder mit drei Heiligen (Original in den Uffizien) sind die malerische Ergänzung der prächtigen Kapellenausstattung. Den hochgelegenen Chor schließt eine mit grünweißen Inkrustationsmotiven dekorierte Apsis ab. In der Mitte des glitzernden Mosaiks (1297) der segnende Christus.

An den Wänden der Sakristei, rechts vom Chor, hinterließ Spinello Aretino das größte Meisterwerk seines Lebens: 16 Fresken erzählen in der Giotto-Tradition die Geschichte des hl. Benedikts. San Miniato stand einst unter der Obhut der reichen Calimala-Zunft (Wollhändler). Daran erinnert ihr Wappentier, ein goldener Adler, der stolz über dem Fassadengiebel prangt.
Via del Monte alle Croci 34

Santo Spirito ■ b2

Santo Spirito sollte die Kirche der Augustinermönche aus dem 13. Jahrhundert ersetzen. Aus Brunelleschis Plan wurde einer der prächtigsten Renaissancebauten schlechthin

10x10

(→ 10x10, S. 8). Der Innenraum übertrifft sogar die Kirche San Lorenzo. 1446 starb Brunelleschi – zwei Jahre, nachdem man endlich mit dem seit 1428 verzögerten Bau begonnen hatte. Das Werk des großen Architekten haben seine Nachfolger zum Glück nur an Fassade und Außenwänden verfälscht. Die harmonische Raummelodie der 35 korinthischen Sandsteinsäulen und der graziösen Verbindungsbögen blieb intakt, auch wenn der klotzige Barockaltar in der Vierung unter der Kuppel den Gleichklang etwas stört. Am Ende des rechten Querschiffs hängen zwei interessante Gemälde. Ungewöhnlich ist die »Madonna del Soccorso« (15. Jahrhundert, Rosselli-Schule): Die Jungfrau verteidigt zwei Kinder mit einem Stab gegen den Teufel. Filippino Lippis »Madonna mit Kind und Heiligen« zeigt den Maler auf dem Höhepunkt seiner Kunst. Im Hintergrund das nahe gelegene San-Frediano-Stadttor. Dem Cronaca, Sansovino und Giuliano da Sangallo sind die achteckige Sakristei und ihr Vorraum zu verdanken, den man aus dem linken Seitenschiff betreten kann. Die Klarheit in den Proportionen läßt hier Brunelleschis Formideal nachklingen. Aus dem Vorraum gelangt man in den ersten Kreuzgang aus dem 17. Jahrhundert. Der von Ammannati entworfene zweite Kreuzgang gehört dem Militär.
Piazza Santo Spirito; tgl. außer Mi: 8.30–12 und 16–17.30 Uhr

Cenacolo di Santo Spirito (Fondazione Salvatore Romano)

Im einstigen Refektorium der Augustiner – links von der Kirche – beeindruckt das große Kreuzigungsfresko von Andrea Orcagna (etwa 1360). Für die damalige Zeit besonders realistisch gemalt ist der Schmerzensausdruck der frommen Frauen links am Kreuz. Vom Giotto-Schüler stammt auch das Abendmahlfresko darunter, von dem nur zwei der Apostel gut erhalten blieben. Seit 1946 beherbergt der gotische Saal eine Skulpturensammlung, gestiftet vom Antiquitätenhändler Salvatore Romano. Sehenswert sind u. a. zwei Statuen von Tino di Camaino.
Piazza Santo Spirito 29; Di–Sa 9–13.45, So 8–12.45 Uhr; Eintritt 4000 Lire

Auch in Santo Spirito künden großformatige Gemälde von der ungebrochenen Kraft christlichen Glaubens.

Bekannte und unbekannte Kuriosa

Straßennamen – In Florenz ist es praktisch, das Rendezvous »ums Eck« zu verabreden. So war's schon im Mittelalter, als die Häuser keine Nummern trugen. Man orientierte sich halt an den Namen der Straßenecken. Bis heute sind 81 erhalten geblieben. »Canto de' Diavoli« weist auf die Bronzeteufelchen hin, die Giambologna für den Palazzo Vecchietti schuf. Dieses »Canto« hat nichts mit Gesang zu tun; es ist die Kurzform von »cantonata« (Ecke). Heißt eine Straße »Borgo« und nicht »Via«, so führte sie einst aus der Stadt hinaus zu einem Vorort (borgo). Die Wege zur Hölle oder zum Fegefeuer (Via dell'Inferno, Via del Purgatorio) waren nicht mit guten Absichten gepflastert; sie führten direkt zu den gleichnamigen Kneipen. Wenn einen in der Via de' Maccheroni der pawlowsche Reflex nach Pasta erfaßt, ist er auf dem falschen Dampfer: Diese »Makkaroni« waren Hauseigentümer im schmalen Gässlein.

Cimitero degli Inglesi – ein Friedhof ohne Frieden, durch den Abbruch der Stadtmauer zu einer Toteninsel im Fluß der Autokolonnen degradiert. Da die 1049 Gräber der Ausländer aus 16 Nationen von außen kaum zugänglich sind, finden hier die Dichterin Elizabeth Browning und die Tochter Arnold Böcklins doch ihre Ruhe (Piazzale Donatello).

Schleier des Protests Verhüllen, um den ministeriellen Schlaf zu enthüllen ... Hat es schon so etwas in den Museen gegeben? Kunsthistoriker, Archäologen, Architekten sämtlicher Florentiner Kunstinstanzen ersannen diese geistvolle Protestaktion anläßlich der »Woche der Kulturschätze« im April 1997. Unter dem Motto der Michelangelo-Verse von Schlaf und Schande zogen sie einen diskreten Tüllschleier über seine »Nacht«-Skulptur und über weitere zwölf besonders beliebte Meisterwerke in allen wichtigen Museen der Stadt.

»Museo Museo« ist eine brandneue Initiative, um ausgewählte Kunsthandwerker zur schöpferischen Verwertung authentischer Motive aus den Schätzen dieser Museen anzuspornen. Wie es 1997 die Ausstellung der ersten 500 Kleinkunstobjekte im Weißen Saal des Palazzo Pitti bewies, wurde hier ein neuer Weg zur Wiederbelebung bester alter Florentiner Werkstatt-Tradition eröffnet.

Zeitgenössische Kunst Attraktive Kunstwerke aus der Nachkriegszeit auf Florentiner Plät-

Florenz Extra

An der Ecke der »Loggia del Grano« (einst Getreidemarkt) bei der Via de'Neri spuckt dieser groteske Wasserspeier kühles Naß zur Erfrischung

zen zu suchen ist verlorene Liebesmühe. Die dynamischen Bronzeskulpturen von Cavallini am Arno-Ufer (»Ikarus« vor dem Palazzo Favard und »Mutterschaftsbrunnen« am San Niccolò-Brükkenkopf) sind die angenehmen Ausnahmen. Einen positiven Schock bekommt aber schon vor seiner Ankunft, wer bei »Firenze Nord« die 1964 eingeweihte Autobahnkirche »San Giovanni Battista« aufsucht. Man kann sich der aufregenden Spannung des Innenraums nicht entziehen! Hier hat sich namhafte Florentiner Architekt Giovanni Michelucci selbst übertroffen. Dieser Sakralbau verschlug sogar Meister Le Corbusier den Atem.

»Florentinische Art« – Carlo Loeser, einst Studienkamerad von Bernard Berenson, dann in Florenz sein Konkurrent als Kunstexperte und Sammler, war bekannt dafür, daß er auch für Regungen der Florentiner Seele Verständnis aufbrachte, die manchen Ausländer eher in die Luft gehen ließen. Von dem mit ihm befreundeten Sir Harold Acton kennen wir folgende Begebenheit: Beim Schreiner hatte Loeser einen viereckigen Tisch in Auftrag gegeben. Geliefert wurde jedoch ein runder Tisch. »Ich hatte doch gesagt: viereckig!« – beschwerte er sich. Der Tischler zuckte nur die Achseln: »Was wollen Sie denn, mein Herr, er ist halt rund geraten!«

Museen

Museo Bardini ■ d 2

Für Kunstliebhaber eine Oase, verschont vom Massentourismus. Der weltweit erfolgreiche Kunsthändler Stefano Bardini hinterließ der Stadt Florenz 1922 eine wertvolle Sammlung von Skulpturen, Gemälden, Möbeln, Musikinstrumenten aus Gotik und Renaissance. Schon im Eingangssaal beeindruckt eine Bäuerin aus Marmor, die gleichzeitig zwei Säuglinge an den Brüsten stillt: eine seltene Caritas-Darstellung von Tino da Camaino (1285–1337). Unter den zahlreichen Meisterwerken fasziniert besonders die anmutige Verkündigungsmadonna (Siena, 15. Jahrhundert). Sogar die Originalfarben ihres mit purpurnen Blumen geschmückten Gewands sind noch intakt erhalten. Im selben Saal 18, über dem Kamin, erschlägt Erzengel Michael mit einem Schwerthieb den Drachen des Bösen – ein berühmtes Temperabild des Antonio Pollaiuolo (1432–1498).
Piazza de' Mozzi 1, Mo–Sa 9–14, Fei 8–13 Uhr, So geschl.; 1. Juni–30. Sept. Do auch 20–23 Uhr; Eintritt 6000 Lire

Palazzo Pitti ■ b 2/c 2

Im Laufe der Jahrhunderte wuchs dieser Palazzo zum größten Gebäude der Stadt. Der Mammutbau beherbergt heute über ein halbes Dutzend unterschiedlicher Museen und Sammlungen. Die Besichtigung lohnt sich, doch reicht ein Tag kaum dafür aus. Am besten trifft man die Wahl nach eigenem Gusto. Es wäre falsch zu glauben, die ursprünglichen Maße des Brunelleschi-Entwurfs seien unproportioniert gewesen. Das Projekt hatte Cosimo de' Medici d. Ä. zwar als übertrieben verworfen, Luca Pitti, sein größter Geschäftskonkurrent, wollte ihn aber gerade deshalb verwirklichen (→ 10x10, S. 9). Nur der sieben Fenster breite Mitteltrakt war vorgesehen, doch der Bauherr konnte ihn nicht vollenden; von der Finanzkraft der Medici erdrückt, mußte er zähneknirschend aufgeben. Bittere Ironie des Schicksals: 1549 wurde das enorme Grundstück ausgerechnet an die Medici-Familie verkauft! Eleonora da Toledo, Frau des Großherzogs Cosimo I., suchte und fand hier, statt des Palazzo Vecchio, die ersehnte neue Bleibe.

1560 begann Ammannati den Bau des imposanten Ehrenhofs. Während der nächsten zwei Jahrhunderte wuchsen Fassade und Seitenflügel der großfürstlichen Residenz ins Maßlose. Eine Unmenge von riesigen Buckelquadern aus dem Steinbruch der anschließenden Bòboli-Gärten wurde verbaut. Als Florenz vorübergehend Hauptstadt des vereinten Italiens war (1865–1871), bewohnte den Palast widerwillig König Viktor Emanuel II. 1919 ging der Palazzo Pitti in den Besitz des Staates über. Den Platz davor hatte Pitti durch Hausabbrüche zum größten gestaltet, der sich je vor einem Florentiner Privatbau erstreckte.

Appartamenti reali (Königliche Gemächer)

Von der Bildergalerie durch den reich mit Stuck gezierten »Weißen Saal« (I) getrennt, sind die frisch renovierten königlichen Gemächer endlich für jedermann zugänglich. Zu Medici-Zeiten wohnte hier der Thronfolger. Die Herrschaft der Habsburg-Lothringer Großherzöge brachte die prunkvolle Dekoration, die in den einzelnen Sälen auf die Farbharmonie der Seidentapeten, der Bezüge, Vorhänge und Teppiche ausge-

Der riesige Palazzo Pitti beherbergt nicht nur mehrere höchst sehenswerte Museen. Auch die königlichen Gemächer, die nach einer kostspieligen Rundumrenovierung wieder im alten Glanz erstrahlen, lohnen einen Besuch.

richtet ist. Der Thronsaal **(XX)**, einst Audienz-Saal von Ferdinando de' Medici, ist in kräftigem Rot gehalten. Im »Grünen Saal« **(XXI)** daneben hielt sich einst die Wache auf. Dieser ist am aufwendigsten ausgestattet: allegorisches Deckengemälde Luca Giordanos (Frieden zwischen Florenz und Fiesole), zwei Töchter des französischen Königs Ludwig XV., porträtiert von Jean Marc Nattier, und der berühmte Malteserritter von Caravaggio. Wer bis zum ovalen Boudoir **(XIV)** der Großherzogin Maria Luisa von Lothringen vordringt, kann die prächtige farbige Stuckdecke bewundern. Durchstreift man alle Säle, fühlt man sich fast bis zum Überdruß von einer endlosen Reihe Medici-Porträts des flämischen Hofmalers Sustermans verfolgt.
Di–Sa 8.30–18, So und Fei 8.30–13 Uhr, Kassenschluß: 12.15 Uhr

Galleria d'Arte Moderna (Galerie für moderne Kunst)

Die italienische Malerei vom Neoklassizismus bis zum 20. Jahrhundert füllt die Wände von 30 Sälen im zweiten Stock. Den Schwerpunkt bilden die toskanischen Maler, besonders die sogenannten Macchiaioli (Macchia = Farbtupfer), die italienischen Kampfgefährten der französischen Impressionisten mit den Spitzenfiguren Giovanni Fattori (1825–1908), Silvestro Lega (1826–1895) und Telemaco Signorini (1835–1901). Es lohnt sich, die Meisterwerke im großen Bilderdschungel ausfindig zu machen (44). Im einstigen Ballsaal schauen auf uns herab: das fesche, junge Kaiserpaar Franz Josef und Elisabeth, glänzend gemalt von Giuseppe Sogni.
Tgl. 8.30–13 Uhr, 1., 3. und 5. Mo des Monats sowie 2. und 4. So des Monats geschl., Kassenschluß: 12.30 Uhr

Galleria del Costume (Museum der alten Kostüme)

In der Modestadt Florenz darf ein Modemuseum nicht fehlen. So wurde 1983 diese wertvolle Sammlung mit Tausenden von restaurierten Damen- und Herrenkostümen eingeweiht. Die Zeitspanne umfaßt etwa 150 Jahre, von der Französischen Revolution bis Mitte des 20. Jahrhunderts. Im Zweijahresturnus werden aus dem reichen Fundus in passendem historischen Rahmen Sonderausstellungen veranstaltet.
Palazzina della Meridiana (2. Stock im rechten Flügel des Palazzo Pitti); tgl. 8.30–13 Uhr; 1., 3. und 5. Mo des Monats und 2., 4. So des Monats geschl.

Galleria Palatina (Gemäldegalerie der alten Meister)

Um es gleich vorwegzunehmen: Diese Galerie ist in der Zahl der Gemälde den Uffizien zwar unterlegen, keineswegs aber in der Qualität der Meisterwerke (→ 10x10, S. 10). Sie stammen größtenteils aus dem 16. Jahrhundert, einer Glanzzeit der Malerei. Drei Meister der Hochrenaissance sind hier besonders gut vertreten: Tizian mit 14, Rafael mit elf und Andrea del Sarto sogar mit 17 Werken. Sie alle auf Anhieb zu finden ist etwas mühselig, denn die Bilder sind weder chronologisch noch thematisch geordnet. Doch diese scheinbare Unordnung ist die persönliche Note dieser Pinakothek. Den Startschuß für die Sammlung gab 1620 Großherzog Cosimo II. Großzügig machte Leopoldo II. die Privatsammlung schon 1828 der Öffentlichkeit zugänglich. Die Säle erhielten ihre Namen von den mythologischen Szenen, die Pietro da Cortona und Ciro Ferri 1641 bis 1642 an die Decken malten und mit Familienmitgliedern der Medici ausstaffierten. Die bedeutendsten Bilder sind in den Sälen 5 bis 15 zu finden. Großen Eindruck machen zahlreiche Porträts, die zu den besten Werken von Tizian, Rafael, Van Dyck oder Rubens

10x10

Palazzo Pitti

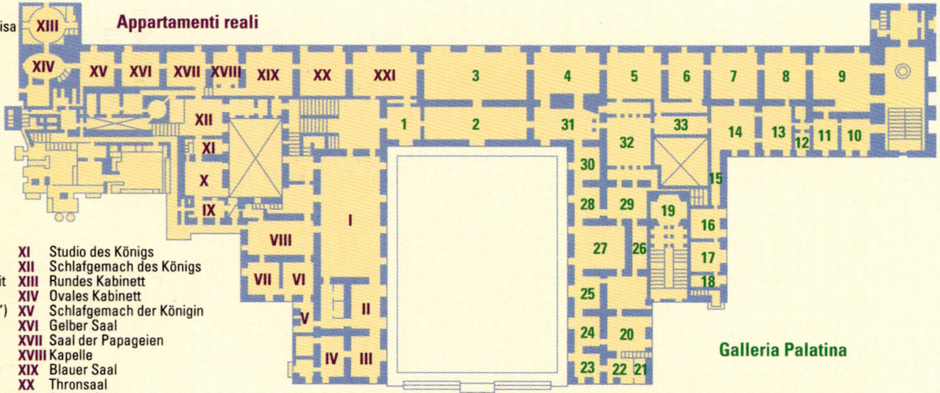

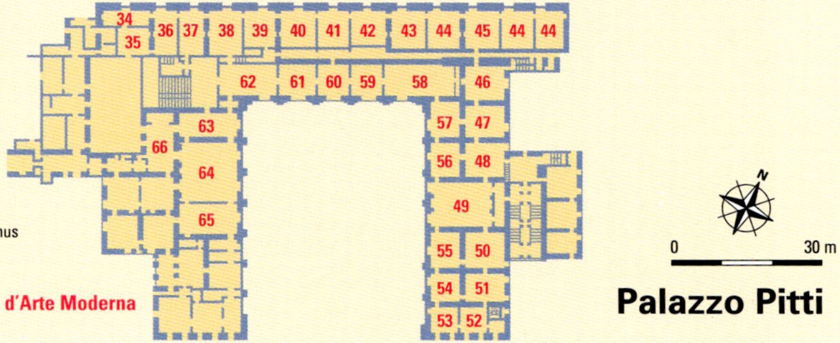

Galleria Palatina

1 Vorzimmer
2 Galerie der Statuen
3 Nischensaal
4 Saal der Venus (Tizian)
5 Saal des Apollo (Tizian)
6 Saal des Mars (Rubens)
7 Saal des Jupiter (Giorgione)
8 Saal des Saturn (Raffael)
9 Saal der Ilias (Raffael)
10 Ofensaal
11 Saal der Erziehung des Jupiter
12 Badezimmer Napoleons
13 Saal des Odysseus
14 Saal des Prometheus
15 Säulenkorridor
16 Saal der Gerechtigkeit
17 Saal der Flora (Andrea del Sarto)
18 Puttensaal
19 Reliquienkapelle
20 Saal des Gerüchts
21 Badezimmer der Kaiserin Maria Luisa
22 Vestibül der Kaiserin Maria Luisa
23 Saal der Psyche
24 Saal der Berenike
25 Saal der Aurora
26 Korridor der Miniaturen
27 Saal des Herkules
28 Saal der Schönen Künste
29 Saal der Bundeslade
30 Saal der Allegorien
31 Castagnoli-Saal
32 Musiksaal
33 Poccetti-Galerie

Appartamenti reali

I Weißer Saal
II Saal der Hoffnung
III Saal der Barmherzigkeit
IV Schlafzimmer (Fresko „Gerechtigkeit")
V Loggetta der Tugenden
VI Saal der Klugheit
VII Saal der Besonnenheit
VIII Sala di Bona
IX Gelbes Vorzimmer
X Roter Saal
XI Studio des Königs
XII Schlafgemach des Königs
XIII Rundes Kabinett
XIV Ovales Kabinett
XV Schlafgemach der Königin
XVI Gelber Saal
XVII Saal der Papageien
XVIII Kapelle
XIX Blauer Saal
XX Thronsaal
XXI Grüner Saal

Galleria d'Arte Moderna

34 Das Landschaftsbild zwischen dem 18. und 19. Jahrhundert
35 Der historische Roman (Hayez)
36 Die Puristen
37 Das poetische Thema in der romantischen Kunst
38 Kunstströmungen während der Restauration
39 Sezession und Postimpressionismus in der Toskana
40 Divisionismus, Symbolismus und soziale Thematik
41 Aspekte der mitteleuropäischen Kultur und des italienischen "decadentismo"
42 Italienische Schulen des späten 19. Jahrhunderts
43 Eugenio Cecconi; das pisanische und livornesische Umfeld
44 Die Macchiaioli (Fattori, Lega, Signorini)
45 Portraits aus der Epoche Umberto I.
46 Das Risorgimento nach der Einigung
47 Stefano Ussi und die Atmosphäre der Weltausstellungen
48 Antonio Ciseri
49 Salon
50 Das patriotische Thema
51 Strömungen zwischen dem Ende des Großherzogtums und der Einheit
52 Sammlung Diego Martelli
53 Sammlung Christian Banti
54 Landschaftsschule Mitte des 19. Jahrhunderts
55 Portraits der Epoche "Hauptstadt Florenz"
56 Antonio Ciseri
57 Stefano Ussi
58 Historisch-allegorisches Thema zwischen Restauration und Risorgimento
59 Die Demidoff und ihr Umfeld
60 Die toskanischen Dynastien
61 Frankreich und der Neoklassizismus
62 Von Batoni zum Neoklassizismus
63 Saal der Dienerschaft
64 Ballsaal
65 Musiksaal
66 Saal der Musen

Auch an Skulpturen fehlt es im Palazzo Pitti nicht. Dieser schüchterne Junge ist ein klassisches Beispiel dafür.

gehören. Besonders eindrucksvoll sind der undurchschaubare Engländer und das Porträt des Dichters Pietro Aretino, beide von Tizian; die »Velata« (Dame mit dem Schleier) von Rafael, Kardinal Bentivoglio von Van Dyck und die vier Philosophen von Rubens. Johannes der Täufer von **Andrea del Sarto** wirkt wie das Ebenbild eines italienischen Zeitgenossen (→ 10x10, S. 12). *10x10* Weitere hervorragende Künstler, deren Bilder im Gedächnis haften bleiben: unter anderen Fra' Bartolommeo, Filippo Lippi und Sohn Filippino, Perugino, Caravaggio, Sustermans.

Die Marmorskulptur der »Venus italica«, Auftragswerk für Napoleon von Canova, sollte die vom Kaiser nach Paris entführte berühmte Medici-Venus ersetzen und ist ihrer nicht unwürdig. Ein Prachtstück ist auch die Vedute des Badeortes Montecatini Terme. Man möchte sich in die Kutsche setzen, die im Vordergrund steht. Wo finden wir sie? In einer Tischplatte als perfektes Halbedelstein-Intarsienbild!
Di–Sa 8.30–18, So und Fei 8.30–13 Uhr; Mo geschl., Kassenschluß: 12.15 Uhr

Museo degli Argenti (Silbermuseum)

Gleich im ersten Prunksaal begrüßt uns der Musenfreund Lorenzo il Magnifico, umgeben von seinen Künstlern (schönes Fresko von Giovanni da San Giovanni, 1634). Die neugeordneten Räume der Sammlung bergen allerlei, was gut, teuer, selten, manchmal auch phantasievoll schön ist und von den sammelsüchtigen Medici oder Lothringer Fürsten im Laufe von Jahrhunderten zusammengetragen wurde: Kostbarkeiten aus Elfenbein, Juwelen, Kameen und Schmuck aller Art. Einige Beispiele: kleine Elfenbeinglobusse mit verborgenen Miniaturporträts, München 1581, Nürnberg 1618; Wieglein aus Filigrangold mit Baby aus Perlmutt; Kreuzigung aus geblasenem Glas: Sisyphusarbeit aus Österreich, Ende 16. Jahrhundert. Das Schöne verbindet sich mit dem Nützlichen in den fürstlichen Reiseutensilien, wie dem Silberbidet mit Monogramm und dem komplett ausgestatteten Necessaire (18. Jahrhundert).
Im Erdgeschoß, links vom Eingang; Tgl. 8.30–13 Uhr, Kassenschluß: 12.30 Uhr, 1., 3. und 5. Mo des Monats und 2. und 4. So des Monats geschl.

Museo delle Carrozze (Kutschen-Museum)

Unter den prächtigen Hofkutschen der Herrscherhäuser Habsburg-Lothringen und Savoia sind die drei Gala-Berlinen von Ferdinando III. von 1818 die eindrucksvollsten.
Vor dem Haupteingang rechts (unter den Arkaden). Vorübergehend geschl.

Museo delle Porcellane (Porzellan-Museum)
c 3, S. 163

In den drei Sälen der charmanten »Palazzina« ist kostbares Porzellan aus den berühmten Manufakturen von Doccia, Sèvres, Wien und Meißen ausgestellt.
Tgl. 9–13 Uhr; 1., 3. und 5. Mo des Monats; 2. und 4. So des Monats geschl.

Sammlung Contini-Bonacossi
In der Palazzina della Meridiana ist die Kunstsammlung einer Florentiner Adelsfamilie untergebracht, die einige Meisterwerke von Andrea del Castagno, Giovanni Bellini und Tintoretto, wie auch von El Greco, Velázquez und Goya beherbergt. Besichtigung nur nach Anfrage: Tel. 2 38 85
Piazza Pitti

Selbst der von vielen Madonnenbildern vielleicht schon satte Besucher wird zugeben, daß diese Darstellung die Verbundenheit von Mutter und Kind ergreifend wiedergibt.

Museo Zoologico »La Specola«
b 2

Bei zartbesaiteten Seelen mag es wie ein Schock wirken: Nach dem Durchstreifen der zoologischen Säle mit ihren unzähligen ausgestopften Tieren stößt man plötzlich auf naturgetreu sezierte menschliche Körper (→ 10x10, S. 10). Alle Teile und Organe zeigen sich so realistisch, als wäre man an der Uni im Anatomie-Unterricht. Zum Glück sind die über 1400 Gruselexponate nichts anderes als präzise Nachbildungen aus farbigem Wachs! Clemente Susini (1754–1814) war der große Meister dieser wissenschaftlichen Kunstgattung. Er bekam den Auftrag vom Großherzog Pietro Leopoldo, der das »Kaiserlich-königliche Museum für Physik und Naturgeschichte« 1775 mit seinen Sammlungen dem Publikum zugänglich machte. Einst war im Palazzo auch eine Sternwarte (»specola«) untergebracht. Zu Ehren Galileis errichtete man den frisch restaurierten neoklassischen Sitzungssaal.
Via Romana 17; Mo–Sa 9–12, So 9–13 Uhr; Mi und Fei geschl.; Eintritt 6000 Lire

10x10

Essen und Trinken

Alfredo sull'Arno ■ c2
Auch wenn die Menükarte sogar auf japanisch gedruckt ist, lohnt es sich, auf dieser Terrasse direkt am Fluß zu sitzen: Uffizien und Ponte Vecchio sind zum Greifen nahe! Freie Plätze finden Sie im Freien kaum noch nach 12 und 19 Uhr (nur neun Tische).
Via dei Bardi 46 r; Tel. 28 38 08; So geschl., Mittlere Preisklasse (AE, DC, EC, Visa)

Angiolino ■ b1
In-Stube der Einheimischen seit 1946: unverändert das rustikale Ambiente, unverschämt gut die Hausmannskost, beispielsweise Wildschwein mit Polenta, unverwüstlich die (rigoros-männliche) Bedienung.
Via Santo Spirito 36 r; Tel. 2 39 89 76; Mo geschl.; Mittlere Preisklasse (AE, DC, EC, Visa)

Antica Mescita San Niccolò ■ d2
In diesem urigen Weinlokal ißt man typisch florentinisch, zum Beispiel die »Trippa« (frische Kutteln) oder die würzig-sämige »Pappa al pomodoro« (Brot-Tomaten-Suppe). Kühl ist es eine Etage tiefer in der einstigen Krypta (!) der San Niccolò-Kirche.
Via San Niccolò 60 r, Tel. 2 34 28 36; Mo geschl.; Untere Preisklasse (keine Kreditkarten)

La Baruciola (Trattoria) ■ b2
Bei den sympathischen Brüdern Giorgio und Luca bekommt man u. a. die beste Kürbiscremesuppe der Stadt: herrlich sämig! Unprätentiöse, kleine Trattoria, wo das Preis-Leistungs-Verhältnis stimmt. Die einheimischen Gäste wissen schon, warum sie ihrem Stammlokal treu sind.
Via Maggio 61 r, Tel. 21 89 06; So geschl.; Untere Preisklasse (AE, DC, Visa)

La Beppa ■ d3
Hinter Michelangelos Stadtmauer versteckt, liegt der Weinberg vor der Nase. Man sitzt in der Veranda und schaut ins Grüne. Gutbürgerliche Küche zu vernünftigen Preisen.
Via dell'Erta Canina 6 r, Tel. 2 34 27 42; So geschl.; Mittlere Preisklasse (AE, EC, Visa)

Volkstümliche Trattoria, die bei den Einheimischen schon lange hoch im Kurs steht: Angiolino.

Frilli (Latteria-Gelateria) ■ d 2
Ein Insider-Tip: Dieser bescheidene Milchladen hat mit Abstand das beste Eis und Fruchtsorbet im Oltrarno-Viertel (→ 10x10, S. 16).
Via di San Miniato 5 r; Mi geschl.

Hostaria del Bricco ■ d 2
Diese Osteria gibt es erst seit 1996, aber schon wartet sie ab 22 Uhr mit einem Geheimtip auf: Daniele bereitet selber die reiche Käseplatte für den Abend vor. Schafskäse mit Marmelade ist seine Spezialität. Zur Weinauswahl stehen 220 Sorten aus Toskana und Piemont.
Via San Niccolò 8 r; Tel. 2 34 50 37; Mo geschl. (AE, Visa)

Maioli (Café, Imbißstube und Eisdiele) ■ c 2
Herrlich cremig und abgerundet schmeckt hier der Cappuccino, von Luciano serviert!
Ponte Vecchio, Via dei Bardi 73 r; So geschl.

Quattro Leoni ■ b 2
Lauschiges Plätzchen für laue Sommerabende zwischen Palazzo Pitti und Ponte Vecchio. Echt toskanisch-unprätentiöses Ambiente, ob draußen oder drinnen bei Kerzenlicht. Tip gegen den großen Hunger: »gran fritto dell'aia« (fritiertes Geflügel und Gemüse).
Piazza della Passera/Via dei Vellutini 1 r; Tel. 21 85 62; Mi geschl., Mittlere Preisklasse (AE, DC, EC, Visa)

Da Omero südwestlich ■ e 3
Hinter dem urigen Feinkostladen verbirgt sich ein Feinschmeckerlokal mit bezauberndem Ausblick auf die malerische Hügellandschaft. Seit 30 Jahren immer noch eine unverfälschte toskanische Edelküche (→ 10x10, S. 15).
Via Pian dei Giullari 11 r; Tel. 22 00 53; Di geschl., Obere Preisklasse (AE, DC, EC, Visa)

Piansa (Café, Konditorei) südöstlich ■ f 3
Florentiner Kaffeekenner halten Piansa für den besten der Kaffeeausschank-Stadt. Falls Sie auch davon überzeugt sind, können Sie in der Rösterei nebenan gleich die frisch gemahlene »10+1«-Supermischung kaufen.
In der Nähe der Autobahnausfahrt »Firenze Sud«; Viale Europa 126–130.; So geschl.

Ponte alla Carraia (Eisdiele) ■ b 1
Eleonora, die rassige Schönheit hinter der Theke, macht alle 33 Eissorten selber. Der Renner: Yoghurt-Eis.
Piazza N. Sauro 22 r; nur März bis Okt. geöffnet

Rifrullo (Imbißstube)
Wer sich mittags mit einer ausgiebigen kalten Platte oder einem gefüllten Crêpe den Hunger stillen will, ist hier richtig (→ S. 233)

Da Ruggero südlich ■ a 3
Wenn Ruggero weiterhin so gut kocht, wird sein unscheinbares Lokal in Porta-Romana-Nähe kein Geheimtip mehr bleiben. Die Speisekarte ändert sich täglich, je nach dem Marktangebot. Der beste Menü-Ratgeber ist Kellner Riccardo, der kommunikative Sohn des Hauses.
Via Senese 89 r; Tel. 22 05 42; Di und Mi geschl.; Mittlere Preisklasse (AE)

Santo Spirito ■ b 2
Die Künstler-Boheme sitzt gerne draußen an der Piazza. Reges Treiben herrscht aber auch drinnen in der tomatenroten Schenke. Die großzügigen Portionen rechtfertigen die Preise. Ein Gedicht – und eine Seltenheit für Florenz: Vollkorn-Risotto, mit frischem Pecorino und Olivenöl.
Piazza Santo Spirito 16 r, Tel. 2 38 23 83; Di geschl.; Mittlere Preisklasse (DC, EC, Visa)

Le Scuderie ■ b 1/b 2
Der einstige große Pferdestall in Santo-Spirito-Nähe wurde 1996 in ein blitzblankes Restaurant unter den Backsteingewölben umfunktioniert. Beliebter Treff der Teens & Twens: In der »Happy Hour« (18 bis 20 Uhr) wird das Abendessen mit 30 Prozent Rabatt serviert. Pasta-Gerichte, Salate, Pizzas, Eis, Bier vom Faß und und und.
Via Maffia 31/33 r; Mo geschl.; Untere bis Mittlere Preisklasse (DC, EC, Visa)

Einkaufen

Antiquitäten

Galleria Luigi Bellini ■ b 1

Im Florentiner Kunsthandel ist die Galerie der Familie Bellini so etwas wie eine Institution. Mario Bellini rief 1953 in Florenz eine andere Institution ins Leben: die renommierte internationale Antiquitätenmesse.
Lungarno Soderini 5

Giovanni Pratesi ■ b 2

Der Präsident von Italiens angesehenstem Antiquar-Verband ist auf florentinische Kunst des 17. und 18. Jahrhunderts spezialisiert. Über seltene Objekte verlegt er selber Kunstbücher.
Via Maggio 13

Feinkost

La dispensa ■ c 2

Beim Anblick der vielen Käsesorten läuft einem das Wasser im Mund zusammen. Große Auswahl an Wurst und Schinken. Delikatessen-Imbisse auch zum Mitnehmen.
Via Barbadori 26 r

Kunsthandwerk

Brandimarte Gioielli ■ a 1

Das Nonplusultra der Silberschmiedekunst in Florenz. Stefano trat in die Fußstapfen seines berühmten Vaters und verknüpft nun die Brandimarte-Tradition mit modernen Ideen des Designs. Alles für eine feudale Tischdekoration. Besonders faszinierend die Unterteller mit Olivenzweig- und Obstmotiven aus handgetriebenem Silber (→ 10x10, S. 17). **10x10**
Via Bartolini 6 r

Studio Puck – Stampe d'Arte e Cornici ■ c 2

Kostbare handgemachte Rahmen für wertvolle Stiche: meist aus Kirschholz, mit Lapislazuli- und Malachitintarsien geschmückt. Die exklusive Geschenkidee.
Via dello Sprone 10/12 r

Der einzige Nachteil besteht darin, daß die Einfassung möglicherweise schöner ist als das Bild: Im Studio Puck werden spezielle Rahmen ganz individuell von Hand hergestellt.

Leder

Umberto ■ c2

Die Autorin fand hier die erträumte handgenähte Shopping-Tasche aus weichstem Leder, die ihresgleichen sucht. Bei der Auswahl ist Umbertos Tiroler Frau Brigitta gern behilflich.
Via Guicciardini 114r

Märkte

Mercato di Santo Spirito ■ b2

Zahlreiche Kunsthandwerker des Oltrarno-Viertels versammeln sich monatlich an zwei Sonntagen auf der Piazza, um ihre Werke auszustellen und feilzubieten. Für Liebhaber der Florentiner Handwerkskunst lohnt es sich hinzugehen!

Papierwaren

Giannini Giulio & Figlio ■ c2

Schon im Gymnasium mein Lieblingsgeschäft für Geschenke an die Freundinnen: alles für den Schreibtisch, gezeichnet und gedruckt mit den schönsten Motiven und Farben. Vom Tagebuch bis zum Papierkorb (→ 10x10, S. 17).
Piazza Pitti 37r

10x10

Schmuck

Fratelli Piccini ■ c2

Der älteste und eleganteste Juwelierladen auf dem Ponte Vecchio. Seit 1903 werden hier die kostbarsten und ausgefallensten Schmuckstücke mit Phantasie entworfen. Überwältigend eine Libellenbrosche aus den dreißiger Jahren mit Saphiren, Brillanten und australischen Perlen. Ein Meisterwerk der Goldschmiedekunst (→ 10x10, S. 17).
Ponte Vecchio 23r

10x10

Stoffe

Antico Setificio Fiorentino ■ a1

Man traut seinen Augen nicht: eine Handvoll Weberinnen, jahrhundertealte Webstühle, Design nach den schönsten Mustern der Kostüme florentinischer Damen auf Gemälden der größten Maler des 15. Jahrhunderts. Wiedergeburt der Renaissancekunst in Seide, Brokat und Damast (→ 10x10, S. 17).
Via L. Bartolini 4

10x10

Auf der Piazza Santo Spirito, die von vielen Restaurierungswerkstätten und mittelalterlichen Palazzi umgeben ist, findet sonntags ein sehenswerter Flohmarkt statt.

Ausflüge in die Umgebung

Paradiesische Panoramen: Schlanke Zypressen und blühende Felder prägen die liebliche Hügellandschaft im Norden von Florenz. Der Humanist und Baumeister Leon Battista Alberti riet den Florentinern im 15. Jahrhundert, besonders auf die Aussicht zu achten. Diesem Tip ist auch heute nichts hinzuzufügen!

Die kunstvolle Modellierung von Ton erfordert sehr viel manuelles Geschick. Impruneta, ein geschäftiges Städtchen im Süden von Florenz, ist seit Jahrhunderten eine Hochburg der Keramikkunst. Hier werden in zahllosen Traditionsbetrieben die typischen toskanischen Vasen und Statuen aus Terrakotta hergestellt und verkauft.

Zeugen einer großen Vergangenheit: Die Reste des römischen Amphitheaters in Fiesole werfen ein Licht auf die damalige Bedeutung der Stadt. Immerhin – so hält sich die Legende – sollen die wunderschöne Lage und die reichen Kunstschätze Fiesoles derartig den Neid des nahen Florenz geschürt haben, daß die Florentiner den Ort 1010 kurzerhand zerstörten …

Wer Kraft, Lust und Zeit hat, sollte sich nicht scheuen, den ersten Teil dieses Ausflugs – von einem Stadttor zum anderen, also von Porta San Miniato bis Porta Romana – per pedes apostolorum zu unternehmen. Es lohnt sich!

Nichts stört hier die von Natur und Menschenhand wetteifernd komponierte romantische Harmonie. Ob der Blick zur Stadt hinunter oder zu den Hügeln hinauf schweift, nirgendwo stört ihn die Silhouette eines deplacierten Wolkenkratzers, »Glockenturms ohne Glocken einer materialistischen Religion«, wie ihn der namhafte Florentiner Schriftsteller und Kritiker Emilio Cecchi (1884–1966) in seinem Buch »Bitteres Amerika« nannte.

Man fährt zum **Forte di Belvedere** am einfachsten von der Porta San Miniato aus, über die von der alten Stadtmauer gesäumte Via di Belvedere hinauf. Der atemberaubende Ausblick, wie aus der Vogelperspektive, gibt uns einen Vorgeschmack von den umliegenden sanften Hügeln. Abseits des Stadttrubels beginnt die ländliche Idylle gleich schon in der Via San Leonardo. Hinter hohen Mauern verbergen sich alte Villen, deren Schönheit man nur erahnen kann. Die romanische Kirche **San Leonardo in Arcetri** (Nr. 23) zeigt aber dem Besucher ihre schlichte Fassade. Hier hat man Gelegenheit, unter anderem eine prachtvolle Kanzel aus grün-weißem Marmor mit Basreliefs (13. Jahrhundert) zu bewundern. Diese Kanzel hat auch ihre stadthistorische Berühmtheit. Ursprünglich stand sie in der Kirche San Pier Scheraggio, die beim Bau der Uffizien teils abgerissen, teils ins neue Gebäude eingegliedert wurde. Nicht nur der hl. Antonino, auch Boccaccio und Dante sollen der Überlieferung nach seinerzeit die Kanzel als Rednerpult benutzt haben. In einem bescheidenen Haus (Nr. 49) wohnte und arbeitete der Maler Ottone Rosai 1933 bis 1957. Unter der Nr. 64 hielt sich 1878 der Komponist Tschaikowsky zeitweise auf.

Man biegt nach der Ampel links in den Viale Galileo, dann wieder rechts in die Via Giramontino ein. Das Haus Nr. 6 an der Piazza degli Unganelli gehörte dem niederländischen Hofmaler der Medici Giusto Sustermans. Hier malte er sein berühmtes Galilei-Porträt (zu sehen in den Uffizien). Die Via della Torre del Gallo bietet einen herrlichen Blick auf die hügelige, unverbaute Landschaft. Vor uns: der gleichnamige Turm, der nach dem stolz krähenden Hahn der Wetterfahne benannt wurde. Stefano Bardini, Antiquitätenpapst der Jahrhundertwende, errichtete für sich aus authentischem alten Material eine neue mittelalterliche Burg (Privatbesitz). Von der Piazza Volsanminiato führt links die malerische **Via Pian de' Giullari** weiter. (Giullari hießen die fahrenden Sänger und Gaukler, die dort ihre Künste vorführten.) Hinter Nr. 42–48 verbirgt sich der große Garten der **Villa Il Gioiello**. Hier verbrachte Galilei die letzten Jahre bis zu seinem Tod (1642). Die Trattoria **Da Omero** lädt gegenüber zu einem memorablen Gaumen- und Augenschmaus ein. Nun geht's wieder zurück zur Piazza Volsanminiato. (Hier gibt es eine Parkmöglichkeit für die Besucher, die am Spätabend die nahe gelegene Sternwarte aufsuchen wollen.) Weiterfahrt über Via

Machtbewußt: Maria Magdalena von Österreich, die Gemahlin von Cosimo II. de' Medici, taufte die Villa, in der Mozart 1770 im zarten Alter von 14 ein Konzert gab, auf den Namen Poggio Imperiale, »Kaiserhügel«.

Viviani und Via San Leonardo bis zur Ampel; danach Linkskurve in den Viale Galilei. Wieder linker Hand folgen wir der schönen Schirmkieferallee des Viale Torricelli, bis wir wieder links in den **Viale del Poggio Imperiale** einbiegen.

Die gleichnamige **Villa** steht direkt vor uns. Auf den Namen »Kaiserhügel« taufte sie Maria Magdalena von Österreich, Gemahlin von Cosimo II. de' Medici. Nach ihrem Gusto führte Giulio Parigi die Umbauten zur Verschönerung durch. Später war die Villa Sommerresidenz des Großherzogs Pietro Leopoldo. Dieser investierte Unsummen in die weitere Renovierung (zum Beispiel kunstvolle Stuckdekoration des Festsaals). Mozart gab hier 14jährig ein Konzert mit dem Geiger Pietro Nardini am 2. April 1770. Jahrzehntelang war die Villa Italiens renommiertestes Mädcheninternat. In einem Flügel der Villa lernen noch heute etwa 40 Schüler; die prunkvollen Festsäle und Salons können aber nach Voranmeldung besichtigt werden. In Stadtrichtung stößt der Viale del Poggio Imperiale auf das südliche Stadttor **Porta Romana** – 1327 von Andrea dell'Orcagna erbaut. Umstrittener Mittelpunkt des Platzes davor ist die Marmorstatue »Dietrofront« (Kehrtwendung – 1984) von M. Pistoletto.

Die Via Senese führt uns weiter in den Vorort **Galluzzo**. Der rege Vormittagsmarkt auf der Piazza Acciaiuoli ist für den Einkauf sehr günstig. Den Heißhunger stillt man hier am besten bei Luca. Aus seinem Verkaufswagen bietet er Panini mit dampfenden Kutteln an. Auf dem Hügel, rechts nach der Ortschaft, erhebt sich der imposante Komplex der **Certosa del Galluzzo** (auch Certosa di Firenze genannt), 1342 gestiftet von Niccolò Acciaiuoli, Florentiner Bankier und Seneschall am Hof von Neapel. Das Kloster überlebte bis zum 17. Jahrhundert mehrere Um- und Ausbauarbeiten. Seit die Kartäuser 1957 von den Zisterziensern abgelöst wurden, sind die stimmungsvollen Innenhöfe, die Mönchszellen, Kirche und Kapellen der Öffentlichkeit zugänglich. Im Pinakothek-Saal faszinieren die fünf Szenen der Passion Christi von Pontormo mit ihrer kühnen Modernität, auch wenn die Farben etwas verblaßt sind. Diese Fresken schuf der Künstler (1523–1525), als er sich aus Florenz vor der Pest hierher zurückzog.

Wem jetzt der Magen knurrt, dem sei geraten, im **L'Albergaccio** (→ Extra, Empfehlenswerte Restaurants im Umkreis von Florenz, S. 220) einzukehren. Wer in Richtung Chianti weiterfahren möchte, nehme die alte Via Cassia nach Tavarnuzze, dann den Linksabzweig Richtung **Impruneta**. Sehenswert ist hier auf dem Marktplatz die Wallfahrtskirche mit ihrem graziösen Portikus und romanischem Kampanile. In die **Bar Italia**, nebenan, kommen die Eis-Gourmets auch aus Florenz zum Schlecken. Seit dem 14. Jahrhundert ist Impruneta ein wichtiges Zentrum des »Cotto«. Hier entstehen für den Garten die typischen toskanischen Gefäße, Krüge, Vasen und Statuen aus Terrakotta. Man kann sie direkt bei den Herstellern kaufen oder sich auch ins Ausland zuschicken lassen. Unter den vielen Traditionsbetrieben haben Masini (Via Fornaci 57) und REF Cotto (Via Cappello 26) noch ihren alten Brennofen aus dem 17. Jahrhundert. Für einen Kurzabstecher nach **Greve** und **Panzano** nehme man die Via Chiantigiana (SS 222) gen Süden. Diese Orte im Chianti haben nicht nur den namhaften Rotwein, sondern noch etwas Besonderes für den Gaumen zu bieten. Die beiden außerordentlichen Metzgereien sind ein Geheimtip für Florentiner Feinschmecker. Falorni, unter den Lauben des Hauptplatzes in Greve, ist auf dem Gebiet von Fleisch-Ästhetik und Wurst-Varietät nicht zu übertreffen. Im urigen Laden des Originals Dario Cecchini ertönt in Panzano klassische Musik sogar am Sonntagvor-

Extra

mittag. An der Wand hängen nicht nur duftende Schinken und Würste: In den Regalen bietet sich eine Auslese von Gourmet-Literatur zum Studium an. Dario verlegt sogar selber humorvoll präsentierte Kochrezepte aus der Medici-Zeit.

Ein Restaurant-Geheimtip für die Rückfahrt nach Florenz in Richtung **Mercatale in Val di Pesa**: die **Cantinetta di Rignana** in der Nähe der **Badìa di Passignano**. Diese Benediktinerabtei der Vallombrosaner wurde 1049 vom Florentiner San Giovanni Gualberto gegründet. Anfang des 17. Jahrhunderts wurde die Kirche von Domenico Cresti, genannt Passignano, umgestaltet.

Sie beherbergt in ihrem Refektorium das eindrucksvolle »Letzte Abendmahl« der Ghirlandaio-Brüder Domenico und Davide aus 1476. Nahrung für Auge und Seele ist die vom Menschen gestaltete Natur in der ganzen Umgebung: sanfte Hänge, gepflegte Weinberge, wohin man nur schaut. Der hier produzierte Chianti Classico trägt den Namen »Badìa a Passignano« und kann darauf stolz sein.

Zum Stolz gab es weniger Anlaß bei der miserablen Verpflegung der Maler – wie eine Anekdote Vasaris berichtet. Als Davide mit den Gesellen die Ankunft des Meisters für die Feinarbeit erwartete, beschwerte er sich deshalb erneut beim Abt – ohne Erfolg. Auch Domenico wurde das sonst übliche üble »Fußwaschwasser« als Suppe vorgesetzt. Vor Wut entbrannt schüttete Davide diese Minestra ins Gesicht des diensttuenden Fraters und prügelte ihn bettreif mit einem steinhart trockenen Brotlaib. Nun erst sorgte der aufgeschreckte Abt für ein Künstleressen, das auch des gemalten Abendmahls würdig war.

Herausragendes Bauwerk am Marktplatz von Impruneta ist die Wallfahrtskirche aus dem 15. Jahrhundert. Auffällig ist der graziöse Portikus, durch den das Gotteshaus eine erstaunliche Leichtigkeit gewinnt.

Sehenswertes

Forte di Belvedere (Florenz)
→ S. 166 ■ c 2/c 3 S. 163

San Leonardo in Arcetri ■ c 3, S. 163
Falls geschlossen, vormittags beim Pfarrer an der Nr. 25 klingeln.
Via San Leonardo 23; Messe So 11 Uhr

Villa di Poggio Imperiale
südlich ■ a 3, S. 163
Viale del Poggio Imperiale; Tel. Anmeldung 22 01 51; Führungen nur Do 15–17 und So 10–12 Uhr

Badìa di Passignano (Passignano)
■ b 4, S. 197
Besichtigung nur So nachmittag möglich; bei der Kirche San Michele Arcangelo (am Ende der Zypressenallee, linker Hand) klingeln.

Greve ist einer der Hauptorte im Chianti. Der dreieckige Marktplatz wird harmonisch von Arkadengängen flankiert, hinter denen sich Lebensmittelläden und Lokale verbergen.

Certosa del Galluzzo ■ b 3, S. 197
Tgl. außer So 9–12 und 15–18 Uhr; Messen So 10 und 11 Uhr

Sternwarte (Arcetri)
Osservatorio Astrofisico di Arcetri
Voranmeldung zu den anderthalbstündigen Führungen mit Teleskopbenutzung (stets bei zunehmendem Viertelmond) 11–12 Uhr; Di und Do; Tel. 2 75 22 80.
Via Pian de'Giullari 16

Essen und Trinken

Bar Italia (Impruneta) ■ b 3, S. 197
Die beste Eisdiele der Umgebung!
Impruneta, Piazza Buondelmonti 30;
Di geschl.

Cantinetta di Rignana (Località Rignana) ■ b 4, S. 197
Küchenchef Massimo bietet im edel-rustikalen Ambiente toskanische Wildspezialitäten (zum Beispiel Bandnudeln mit Hasenragout) und »Bistecca alla fiorentina« vom Holzkohlegrill. Im Sommer sitzt man draußen (nahe der Badìa di Passignano).
Tel. 0 55/85 26 01; Nov.–Feb. nur Fr–So geöffnet; Di geschl.; Mittlere Preisklasse (DC, EC, Visa)

Bibe (Ponte All' Asse)
La Fattoria (Tavarnelle Val di Pesa)
Giogolirossi (Scandicci)
Da Stefano (Galluzzo)

Extra → Extra, Empfehlenswerte Restaurants im Umkreis von Florenz, S. 220/221

Da Omero
→ Oltrarno, S. 183

Anfahrt: Mit dem Auto wie beschrieben, mit dem Bus Nr. 37 ab Piazza Santa Maria Novella; nach Greve und Panzano gibt es SITA-Busse (→ S. 276).

Dauer: Bis zur »Certosa del Galluzzo«: Halbtagesausflug; inkl. Impruneta, Greve, Panzano bzw. Badìa di Passignano: Tagesausflug.

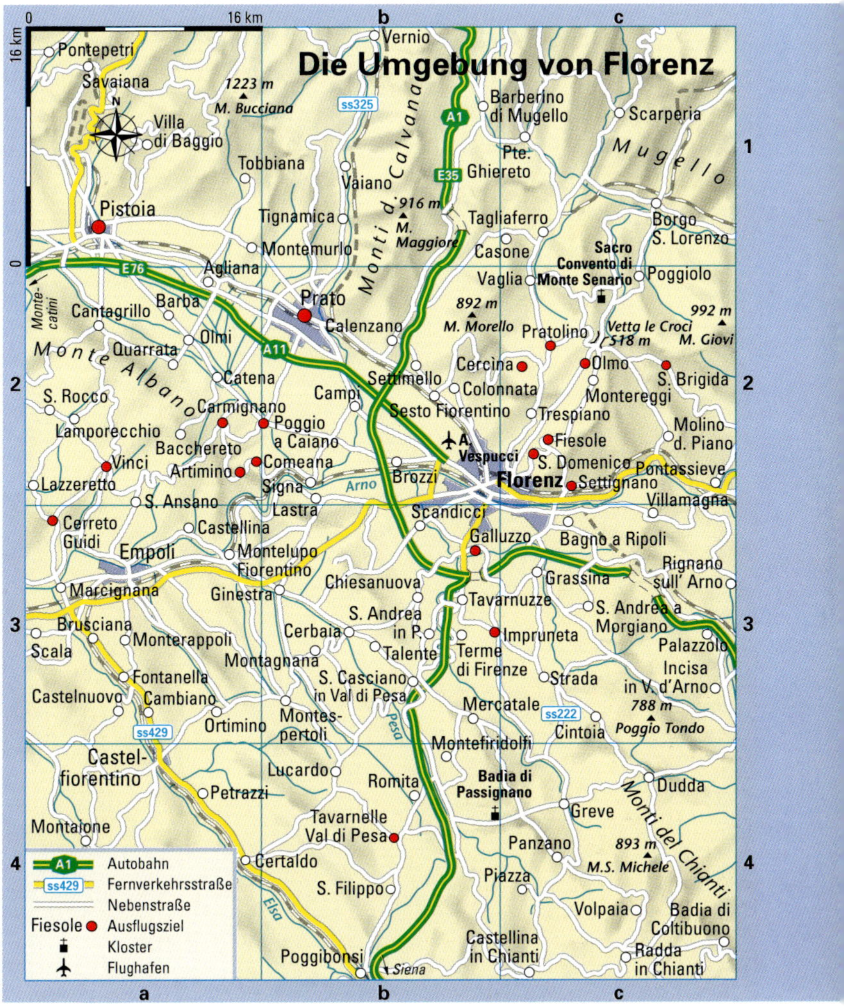

Nordöstlich von Florenz fahren wir in eine pittoreske Hügellandschaft, in der Natur und Kunst eng miteinander verwachsen sind. Kein Wunder, daß aus dieser Gegend viele namhafte Renaissancebildhauer stammten. Das Handwerkliche ihrer Kunst erlernten sie in den Steinbrüchen, die Züge der Schönheit lasen sie vom Gesicht der hübschen Landmädchen und von den zarten Blüten, Blättern und Früchten der Gärten ab.

Karte → S. 197

Idyll inmitten der anmutigen Hügellandschaft nordöstlich von Florenz: Settignano, wo Michelangelo die ersten Jahre seiner Kindheit verbrachte.

Settignano ist unser erstes Ziel. Dort wurden solche Größen der Skulptur geboren wie zum Beispiel Desiderio da Settignano, die beiden Rossellino-Brüder und Bartolomeo Ammannati. Michelangelo soll hier schon aus der Ammenbrust nicht nur Milch, sondern auch das Gefühl für den Marmor gesogen haben. Wir finden die Villa seiner Kindheit am Ende der Via Buonarroti Simoni. Der Dichter D'Annunzio verbrachte mit der Schauspielerin Eleonora Duse eine idyllische Zeit in der nahe gelegenen Villa Nr. 32 der Via della Capponcina. Den grandiosen Garten »all'italiana« des einstigen Rossellino-Besitzes **Villa La Gamberaia** kann man sogar besichtigen. Die etwas mühsame Zwei-Kilometer-Fahrt bis zur Nr. 72 in der Via del Rossellino lohnt sich gewiß! Hier kommt die geistige Einheit, in der Natur und Kunstwerk sich verbinden, um das Ideal des Renaissancegartens zu verwirklichen, voll zur Geltung. Eine weitere Oase ist in diesem Sinn die **Villa »I Tatti«**, einst in Besitz von Bernard Berenson, dem berühmten Erforscher der Renaissancemalerei. Nach seinem letzten Willen

gehört jetzt die elegante Villa, samt wertvoller Kunstsammlung (wunderschön die von Domenico Veneziano gemalte graziöse Madonna!), Bibliothek (über 50 000 Bände) und Prachtgarten der Harvard University.

Doch nun zur Eßkultur. Wir fahren die Via di Vincigliata aufwärts, vorbei am gleichnamigen Kastell (im 19. Jahrhundert rekonstruiert), und erreichen auf dem Weg nach Fiesole, bei Maiano, die Edeltrattoria **Cave di Maiano** (→ **Extra** Extra, Empfehlenswerte Restaurants im Umkreis von Florenz, S. 220). Hier kann man sich unter den Linden ausruhen und die hausgemachte Leberpastete genüßlich auf der Zunge zergehen lassen. Vor der Weiterfahrt lohnt sich ein Kurzabstecher hinunter nach **San Domenico**. Das Dominikanerkloster wurde 1406 vom seligen Giovanni Dominici gegründet. Es kann aber nicht besichtigt werden. Sehenswert ist in der Kirche San Domenico (15.–18. Jahrhundert), an der Hauptstraße zwischen Florenz und Fiesole, die Madonna mit Heiligen (1425; 1. Kapelle links) des Beato Angelico. Der Malermönch verbrachte mehrere Jahre im angeschlossenen Kloster unter dem Abt Antonino, dem späteren heiligen Bischof von Florenz. Die Via della Badìa dei Roccettini bringt dann, am besten zu Fuß, zur **Badìa Fiesolana**. Diese Abtei war bis 1028 die Kathedrale von Fiesole. Das Schönste an der Kirche ist die Fassade, eine Mischung aus San Lorenzo und San Miniato al Monte (im grün-weißen Inkrustationsstil), unvollendet geblieben durch den Tod 1464 des Mäzens Cosimo d. Ä. Heute ist die Badìa Sitz des renommierten »Europäischen Hochschulinstituts« (→ **Extra** Extra, Florenz – internationale Bildungsstätte, S. 204). Nicht jeder weiß, daß **Fiesole** kein Vorort, sondern ein eigenständiges Städtchen mit Bischofssitz ist. Fiesole bietet dem Besucher unvergleichbare Panorama-Ausblicke und wertvolle Kunstschätze, die es zum Inbegriff der Schönheit von Florenz machten. Nicht umsonst entstand die Legende, die Florentiner hätten Fiesole aus Konkurrenzneid schon 1010 zerstört. Jedenfalls kam die einst mit Rom verbundene etruskische Stadt Faesulae 1125 unter die Herrschaft von Florenz. Die Ausgrabungen haben viele Geheimnisse aus der etruskisch-römischen Zeit ans Licht gebracht. Diese kann man, im sogenannten **Area Archeologica** spazierend, hautnah erleben (römisches Theater, Ruinen von Thermen, von etruskischen und römischen Tempeln, etruskische Stadtmauer, Museum).

Die Eintrittskarte berechtigt auch zur Besichtigung des gegenüberliegenden **Museo Bandini** mit der toskanischen Kunstsammlung des ehrenwerten Kanonikus, der im 18. Jahrhundert in Florenz Bibliothekar der Marucelliana und der Laurenziana war. Dem Bildhauer Mino da Fiesole (1429–1484) ist der Hauptplatz gewidmet, wo man in unmittelbarer Nähe aller Sehenswürdigkeiten parken kann. Bischofspalast und Dom schließen das Bild ab. Diese romanische Basilika des hl. Romolo ist mit ihrem zinnengekrönten Kampanile gegen Ende des vorigen Jahrhunderts etwas »überrestauriert« worden. Unter ihren Kunstschätzen sind vor allem die Terrakottastatue des San Romolo von Giovanni della Robbia (über dem Eingangstor) und Mino da Fiesoles herausragende Marmorskulpturen (Salutati-Kapelle) erwähnenswert.

Auf dem Festungshügel der Etrusker wartet **San Francesco** mit einem Blick auf Florenz in südlicher Richtung, der einem wahrlich den Atem verschlägt. Dem Franziskanerkloster stand vier Jahre lang San Bernardino da Siena als Superior vor. Seine schlichte Zelle und die Kreuzgänge kann man ebenso besichtigen wie das musterhaft renovierte Kirchlein mit seinen bemerkenswerten Altarbildern von Florentiner Renaissancemalern. In der kleinen Nische an der Eingangstür zum Missionsmuseum überrascht die streng geformte Mutter-Kind-Skulptur von Margot Einstein, der Tochter des großen Physikers. Das Museum hat chinesische, etruskische, römische und ägyptische Abteilungen. Man entdeckt darin auch Überreste der etruskischen Festungsmauer.

Von einem Kloster zum anderen: Über **Olmo** kommt man in nördlicher Richtung zum **Sacro Convento**, dem Stammkloster des Servitenordens auf dem **Monte Senario**. Die Gründer – sieben Florentiner Adelige – zogen sich in diese Wälder zurück und errichteten 1234 auf 817 Meter Höhe ihr Konvent. Heute führt, parallel zur Asphaltstraße, auch ein bequemer Fußweg durch den Tannenwald hinauf, wenn man den kurzen Spaziergang nicht scheut. Im Mittelalter war der Aufstieg schon abenteuerlicher, wie es Pietro Annigoni 1985 eindrucksvoll auf Leinwand gebannt hat – hinter dem Hauptaltar der stuckverzierten Barockkirche. In einem vergoldeten Bronzereliquiar über dem Altar der kleinen Kapelle links vom Eingang sind die Schädelreliquien der sieben Heiligen aufbewahrt. Von der Terrasse hinter dem Kloster genießt man aus der Vogelperspektive den Blick auf das zerklüftete Mugello-Gebiet und die bewaldeten Apenninen. Auf der Rückfahrt nach Florenz erreichen wir bei **Pratolino** den Eingang zum ausgedehnten Park der **Villa Demidoff** (nach links abbiegen).

Als sich hier noch Francesco I. de' Medici mit seiner Gefährtin Bianca Cappello vergnügte, ging es hoch her mit Liebes-, Gesellschafts- und Wasserspielen. Der französische Essayist Montaigne, der im November 1580 bei ihnen zu Gast war, beurteilte den Garten mit all seiner Prachtszenerie als den schönsten ganz Europas. In Erinnerungen versunken, scheint der riesige Steingott der Apenninen mit müdem Blick der verlorenen Zeit von Gartenpomp und Hofleben nachzutrauern. **Giambolognas** über zehn Meter hoher **Apennin** (1579) (→ 10x10, S. 13) **10x10** gehört zu den wenigen Skulpturen, die uns erhalten geblieben sind. Seine Maße kann man gut nachempfinden, wenn man die bei der letzten Restaurierung abmontierten Füße und Hand als Sitzgelegenheit gegenüber der rosa Villa Demidoff benutzt. Diese war die »Paggerìa« der 1824 abgerissenen Prachtvilla »Pratolino« der Medici, wo die Dienerschaft wohnte. 1872 kaufte sie mit dem Park der russische Prinz Demidoff und machte sich daraus einen fürstlichen Wohnsitz. Seine letzte Nachfahrin, Maria Demidoff, wohnte hier bis zu ihrem Tode 1955. Ihr Grab liegt hinter der romantischen, von Buontalenti sechseckig entworfenen Kapelle. Der Baumbestand des Parks hat die Umgestaltungen im Laufe der Jahrhunderte am besten überlebt und den romantischen Charakter der Anlagen bewahrt, wie sie 1824 der böhmische Gartenarchitekt Joseph Frietsch entworfen hatte.

Als Geheimtip: Ein kurvenreicher Abstecher durch hügelige Landschaft führt aus Montorsoli zur idyllischen Pfarrkirche **Pieve di Sant' Andrea** in **Cercìna**, einer der ältesten des Florentiner Bistums. Hinter dem Renaissanceportikus hat der romanische Bau zwei ungeahnte, schön beleuchtete Kunstschätze, links und rechts vom Hauptaltar, vorzuzeigen. Die kleinen Apsiden der beiden Seitenschiffe beherbergen die wundertätige polychrome Madonnenstatue (13. Jahrhundert) und ein Ghirlandaio-Fresko (die hl. Barbara in

Von den Skulpturen, die den Park der Villa Demidoff einst schmückten, sind leider nur noch wenige erhalten geblieben. Einige mußten im Laufe von Restaurierungsmaßnahmen sogar auf Körperteile verzichten – was ihre Wirkung aber keinesfalls mindert.

der Mitte, mit ihrem vom Blitz erschlagenen krudelen Vater unter ihren Füßen). Im Januar 1516 kam der Medici-Papst Leone X. aus Florenz extra nach Cercìna, um der Madonna in der Kirche seine Huldigung zu machen. Viele Jahrhunderte davor – so erzählt die 1489 vom örtlichen Chronisten Lodovico Martelli aufgezeichnete Volkslegende – führte ein päpstlicher Legat diese Statue aus Rom auf seinem Weg nach Frankreich mit sich. Das Maultier, auf dessen Rücken sie geladen war, weigerte sich stur, sich vom Fleck zu rühren, sobald der Zug in sichtbare Nähe der Kirche kam. Da halfen alle Hiebe nichts. Also ließ der Kardinal das Maultier frei dorthin trotten, wohin es wollte. Erst vor dem Portal blieb es dann stehen. Als die Madonnenstatue dort abgeladen wurde, warf sich das Tier davor auf die Knie. Auf diese wundersame Weise soll die in Cercìna verehrte Muttergottes ihren jetzigen Standort erreicht haben.

Über die Via Bolognese kommen wir wieder zurück nach Florenz. Hinter dem Tor Nr. 120 verbirgt sich die stolze Zypressenallee, die zur **Villa La Pietra** führt. Der englische Kunstnarr Sir Harold Acton vermachte das von seinem Vater auf Vordermann gebrachte Anwesen der New York University. Im Stil des toskanischen Settecento ist man von der Szenerie der imposanten Gartenanlage mit zahllosen Statuen, Säulenreihen, Pergola und Loggia überwältigt. Hoch ging es her am 15. Oktober 1814, als Großherzog Ferdinando III. – gerade zurück aus dem Exil – hier seine erste Florentiner Nacht verbrachte.

Ein Ort des Friedens: der kleine Kreuzgang des von den Franziskanern erweiterten Klosters San Francesco in Fiesole. Von hier erreicht man das interessante Museum.

Sehenswertes

Badìa Fiesolana (Fiesole) ■ c 2
Eingang Mo–Sa: Via della Badìa dei Rocettini 9; Tel. 5 91 55; Mo–Fr 9–18; Sa 9–12.30 Uhr; Eingang So und Fei: Kirchenportal 10.30–12.30 Uhr; im Aug. nur So und Fei geöffnet

Area Archeologica und Museo Bandini (Fiesole) ■ c 2
Tgl. 9–19 Uhr, 1. Di des Monats geschl.

Pieve di Sant' Andrea (Cercìna) ■ c 2
Öffnungszeiten variieren. Kernzeit: tgl. 10–12 und 16–18 Uhr

Sacro Convento (Monte Senario) ■ c 2
Tgl. 7–12.45 und 15–19.30 Uhr

San Domenico (San Domenico) ■ c 2
Piazza San Domenico 1; tgl. 7–12 und 16–18.30 Uhr

San Francesco und Missionsmuseum (Fiesole) ■ c 2
Sommer: Mo–Sa 9–12 und 15–19, So und Fei 9–11 und 15–19 Uhr; Winter: Mo–Sa 9.30–12.30 und 15–18, So und Fei 9–11 und 15–18 Uhr; Eintritt frei

Villa Demidoff (Pratolino) ■ c 2
März nur Fei 10–18, Okt. nur Fei 10–19 Uhr; April–Sept. Do–So und Fei 10–20 Uhr; Eintritt 5 000 Lire

Villa La Gamberaia (Settignano) ■ c 2
Via del Rossellino 72; nur Gartenbesichtigung: Mo–Fr 9–12 und 13–18 Uhr, Sa und So nur nach Anmeldung: Tel. 69 72 05

Villa La Pietra (Florenz) ■ c 2
Via Bolognese 120; Gartenbesichtigung: nur nach Anmeldung Tel. 5 00 71; Mi–Fr 10–12 Uhr; Bus 25 ab Hauptbahnhof

Villa I Tatti (Settignano) ■ c 2
Via di Vincigliata 26, bei Ponte a Mènsola; Besichtigung nur nach Anmeldung beim Sekretariat und mit Führung möglich; Tel. 60 32 51; Di und Mi 15 und 16 Uhr

Hotels

Pensione Bencistà (Fiesole) 10x10
→ S. 262 und 10x10, S. 14

Villa Fiesole (Fiesole)
→ S. 263

Villa San Michele (Fiesole)
→ S. 259

Essen und Trinken

La Sosta del Rossellino (Settignano) ■ c 2
Weinlokal mit schönem Blick von der Loggia aus. Im Winter sitzt man am offenen Kamin. Der Renner: Käseplatte mit sieben Spezialitäten (nach Wahl aus über 150 Sorten).
Via del Rossellino 2 r, ; Tel. 6 97 24 5; So geschl.; Mittlere Preisklasse (EC, Visa)

Cave di Maiano (Fiesole)
La Panacea del Bartolini (Olmo)
Torre al Sasso
(Santa Brigida-Pontassieve)
(→ Extra, Empfehlenswerte Restaurants im Umkreis von Florenz, S. 220/221) Extra

Anfahrt: Mit dem Auto wie beschrieben, mit dem Bus nach San Domenico und Fiesole Nr. 7 vom Hauptbahnhof

Dauer: Tagesausflug

Florenz – internationale Bildungsstätte

»Wissenschaftliches und literarisches Kabinett« nannte Giovan Pietro Vieusseux, Sohn einer Kaufmannsfamilie aus Genf, den von ihm 1819 eröffneten Lesezirkel. Die stets à jour gehaltene mehrsprachige Bibliothek war ein obligater Treffpunkt in- und ausländischer Intellektueller. Große Literatenköpfe wie Leopardi und Manzoni, Stendhal und Fenimore Cooper waren gerngesehene Gäste. Nobelpreisträger Eugenio Montale leitete 10 Jahre lang das Institut, bis ihm die Faschisten den Stuhl vor die Tür setzten. Heute besitzt die öffentlich-rechtliche Bibliothek etwa 300 000 Werke – von den Zeitschriften gar nicht zu reden. Besonders fruchtbar ist die Forschungsaktivität des »Romantik-Zentrums« im Palazzo Strozzi unter Maurizio Bossis Leitung: Die Vortragsreihen und Veröffentlichungen sind dem europäischen Kulturleben des 19. Jahrhunderts gewidmet. Die Weltoffenheit von Florenz kommt an dieser stark frequentierten Studierstätte überzeugend zur Geltung.

Im Spätherbst 1996 feierte das Europäische Hochschulinstitut in der altehrwürdigen Badia Fiesolana sein 20jähriges Bestehen. In dieser Abtei entstand im 15. Jahrhundert dank dem freigebigen Mäzenatentum des Cosimo de'Medici d. Ä., eine respektable Bibliothek zur Verfügung eines erlesenen Literaten- und Gelehrtenkreises. Im Geist des Florentiner Neoplatonismus leistete dieser einen wichtigen Beitrag zum Aufbau der modernen europäischen Kultur. Heute ist die Badia – mit den benachbarten Villen Schifanoia, Il Poggiolo und dem Kloster San Domenico inmitten Gärten und Olivenhainen – Fortbildungszentrum für die junge wissenschaftliche Elite Europas. Geschichte und Kulturgeschichte, Wirtschafts-, Rechts-, Politik- und Gesellschaftswissenschaften sind die Fächer des Postgraduate-Programms. Hier sind auch die historischen Archive der Europäischen Gemeinschaften untergebracht. Streng ist die Auslese der Fortbildungskandidaten: Von 1700 Bewerbern wurden 1997 nur 120 frischgebackene Doktoren zugelassen.

Für Stipendiaten aus den USA sind zwei Prachtvillen mit ihren künstlerischen und wissenschaftlichen Einrichtungen für Studienzwecke zugänglich gemacht worden. Der große Erforscher der Renaissance-Kunst, Bernard Berenson, hinterließ

Florenz Extra

Idyllischer Kreuzgang in der Badìa Fiesolana: heute Sitz des berühmten Europäischen Hochschulinstituts.

seine Villa I Tatti bei Settignano, mit Bibliothek und Kunstsammlung, der Harvard University. Der von Kunst besessene Engländer Sir Harold Acton vermachte die Villa La Pietra schließlich der New York University, nachdem in seiner Heimat die Offerte aus finanziellen Gründen abgelehnt werden mußte. Es ist schließlich kostspielig, so eine Institution langfristig aufrechtzuerhalten. Das wissen sehr wohl die Franzosen, die derzeit die Villa Finaly der Pariser Universität von Grund auf restaurieren. In der Villa Romana an der Via Senese sind vier deutsche Künstlerstipendiaten untergebracht. Unter ihren illustren Vorgängern befanden sich auch Käthe Kollwitz, Max Beckmann, Ernst Barlach und Max Klinger zu Beginn ihrer Laufbahn. Das deutsche Kunsthistorische Institut in der Via Giusti nimmt aber in Florenz neben den ausländischen Kulturinstituten eine herausragende Position ein: Es ist das älteste in Italien im Dienst der italienischen Kunstforschung. Täglich besuchen Bibliothek und Fotothek 140 Studiosi aus aller Herren Länder. Florenz hat das 100jährige Institutsjubiläum 1997 als wichtiges Ereignis im geistigen Leben der Stadt mit einer Prachtausstellung im Palazzo Pitti gewürdigt: »Herrlichkeit am Medici-Hof – Florentiner Kunst gegen Ende des Cinquecento«. Für die italienischen Kunsthistoriker ist das Institut **die** Bibliothek schlechthin, eine Forschungswerkstatt.

Für einen Erholungsaufenthalt im Grünen favorisierten die vornehmen Florentiner Familien bereits im 15. Jahrhundert die hügelige Landschaft von Careggi. Die reizvolle Harmonie der malerischen Umgebung war schon immer ein ideales Ambiente, um Leib und Seele zu erfrischen. Die Medici-Familie hatte dafür ein Faible sondergleichen.

Villa di Careggi (Careggi)
Cosimo de' Medici und Lorenzo il Magnifico hielten sich besonders gern in der stadtnahen Villa in Careggi auf. Als Treffpunkt von namhaften Literaten, Philosophen und Künstlern war sie Hauptquartier der »Platonischen Akademie«. Im 15. Jahrhundert dirigierte man von hier aus zudem die ganze Wirtschaft der umliegenden Landgüter der Familie Medici. Die Villa hatte 1417 Lorenzo d. Ä. – Sohn des Gründers des Familienvermögens Giovanni de' Bicci de' Medici und Bruder von Cosimo d. Ä. – erworben. Cosimo beauftragte seinen Hausarchitekten Michelozzo dann mit dem Umbau zur Renaissanceresidenz. 1529 wurde die Villa von den kaiserlichen Truppen verwüstet und in Brand gesteckt. Von den Fresken Pontormos und Bronzinos ist nichts übriggeblieben. Daß der ursprüngliche Bau der Familie Lippi im 14. Jahrhundert eher Festungscharakter hatte, läßt sich, trotz Umstrukturierung, noch an der Fassade erkennen. Heute hat hier die örtliche Krankenhausverwaltung ihren Sitz.
Viale Pieraccini 21; nur Besichtigung des Parks möglich; Tel. 4 27 73 29/ 4 27 74 61; Mo–Fr 9–13 und 15–18, Sa 9–12.30 Uhr

Villa »La Petraia« (Castello)
Der Familie des Architekten Brunelleschi gehörte der Bau aus dem 14. Jahrhundert ursprünglich. Bis heute hat er seinen einstigen Wachturm behalten. Erst Mitte des 16. Jahrhunderts kam die Villa nach wechselhaftem Schicksal in Medici-Besitz und wurde vermutlich – wie kaum anders zu erwarten – von Buontalenti für den späteren Großherzog Ferdinando I. zeitgemäß umgestaltet. Die heutige Inneneinrichtung ist größtenteils dem schwerfälligen Geschmack des Königshauses von Savoyen anzulasten. Die Verglasung des imposanten Ehrenhofs machte daraus einen pompösen Ballsaal, wie es Vittorio Emanuele II. wollte. So wurde der Freskenzyklus des Volterrano (17. Jahrhundert) an den Wänden gerettet. Restauriert zeigt er nun wieder Glanz und Gloria des Hauses Medici und der Ritter des Stephansordens. Zwei jetzt im Inneren aufgestellte Bronzestatuen bilden den künstlerischen Höhepunkt: Ammannatis »Herkules und Antaeus« und Giambolognas graziöse Venusfigur, die einst ebenfalls einen Springbrunnen zierte und deshalb ihr langes Haar zum Trocknen auswringt. Sie gilt als Symbol für »Fiorenza« (Florenz).
Via della Petraia; Besichtigung nur mit Führung Nov.–Feb. tgl. 9–16.30, März und Okt. 9–17.30, April–Mai 9–18.30, Juni–Sept. 9–19.30 Uhr, 2. und 3. Mo des Monats geschl.; Kassenschluß jeweils 1 Stunde vorher

Villa di Castello
An der Via della Petraia stößt man zwangsläufig auf die **Villa Corsini** mit ihrer schönen barocken Fassade, dann gelangt man rechts über die Via di Castello bis zur **Villa di Castello**, wo ursprünglich Botticellis »Frühling« und »Geburt der Venus« hingen. Die Villa gehörte nämlich den Brüdern Lorenzo und Giovanni de' Medici, Vettern von Lorenzo il Magnifico und freigiebige

Auftraggeber Botticellis. Zum Glück überlebten diese Meisterwerke die Verbannung der Medici, während die Fresken von Pontormo und Bronzino zugrunde gingen. Die Villa wurde für Cosimo I. restauriert. Heute ist sie Sitz der **Accademia della Crusca**, der über 400 Jahre alten Sprachakademie, Hüterin der Reinheit der italienischen Sprache. Deshalb ist eine Besichtigung leider nicht möglich. Dafür kann man aber einen ausgedehnten Spaziergang in dem von Trìbolo und Buontalenti für Cosimo gestalteten Garten unternehmen, der seinerzeit zu den schönsten gehörte. Von den unzähligen Sehenswürdigkeiten ist heute noch die als Fontäne gedachte bärtige Steinfigur »Januar« (1563) des Ammannati erhalten.
Via di Castello. Öffnungszeiten und Eintrittskarte die gleichen wie für die Villa »La Petraia« (→ S. 206)

Anfahrt: Die Anfahrt zu den Villen mit dem Auto ist ziemlich kompliziert und kaum ausgeschildert. Am sinnvollsten nehmen Sie deshalb an einer organisierten Bustour zu den Villen teil (→ S. 206). Mit dem Bus zur Villa di Careggi: Bus Nr. 14 C vom Hauptbahnhof aus bis dritte Haltestelle des Viale Pieraccini. Von der Villa di Careggi zur Villa »La Petraia« und Castello: auf der gegenüberliegenden Straßenseite Bus Nr. 14 C bis Piazza Dalmazia. Von diesem Platz zu Fuß in die Via Vittorio Emanuele bis zur Haltestelle (vor dem Coop-Supermarkt) der Nr. 28. An der zweiten Haltestelle der Via Sestese aussteigen. Von dort führt die Via della Petraia zur Villa.

Dauer: Halbtagesausflug

Geometrisch gegliederte Buchsbaumterrassen und exakt plazierte Skulpturen: Der Park der Villa di Castello zählt heute zu den schönsten toskanischen Gärten des 16. Jahrhunderts.

Wer hätte nicht den Wunsch, sich etwas näher zu befreunden mit dem Milieu, in dem sich das Leben der Medici im 15. und im 16. Jahrhundert auf dem Land abgespielt haben mag. Fahren wir also auf ihrer Spur direkt in westlicher Richtung auf der Landstraße 66 mit dem Ziel Poggio a Caiano.

Karte → S. 197

Poggio a Caiano ist die einzige Medici-Villa, in der man sich noch heute eine wirkliche Vorstellung davon machen kann, in welchem Ambiente sich dort das Leben zur Blütezeit der Familie abgespielt haben mag. Es war auch das erste Haus in Italien – von Giuliano da Sangallo auf einem H-Grundriß im klassischen Stil erbaut –, das ausdrücklich für die Erholung im Grünen entstand. Und es sollte auch das einzige nach Lorenzo il Magnificos Wünschen verwirklichte Domizil werden, das die Wirrnisse der Geschichte überlebte. Lorenzos Sohn Giovanni, der spätere Papst Leone X., trug viel zur Verschönerung bei. Ihm sind zu verdanken: die Eingangsloggia mit Tympanon und einem 14 Meter langen, weiß-blau glasierten Terrakottafries von Andrea Sansovino. Außen ist jetzt eine originalgetreue Kopie des Reliefs angebracht. Das den Wetterschäden nun nicht mehr ausgesetzte Original kann man im Saal hinter der Terrasse bewundern. Die Thematik ist mythologisch und auf neoplatonische Art verschlüsselt: Zyklen zur Darstellung der Zeit, der Ewigkeit, der Entfaltung der Seele. Zu den prominenten Gästen gehörte sogar Kaiser Karl V. Viele Räume wurden im 19. Jahrhundert von

Prächtiges Landhaus mit verspielten Zügen: Die von Pfeilern getragene Terrasse rund um das Untergeschoß der Villa Poggio a Caiano macht deutlich, daß der Festungscharakter vieler anderer Medici-Villen hier bewußt aufgegeben wurde.

den Savoia neu eingerichtet, aber Bianca Cappellos Gemächer blieben unverändert. Dort starb sie auch völlig unerwartet im Oktober 1587 – am selben Tag wie ihr Mann, Großherzog Francesco I. Ein Hofkrimi, der nie eindeutig geklärt wurde. Sangallo zauberte anstelle des Innenhofes den prunkvollen, nach Leo X. benannten Saal herbei, der mit seinem Tonnengewölbe vom ersten Stock bis in Dachhöhe reicht. Hier beeindrucken die farbfrohen Fresken von Andrea del Sarto, Franciabigio und Allori, deren Symbolik Macht und Pracht der Medici mit Szenen aus der römischen Geschichte repräsentiert. Am eindrucksvollsten ist aber Pontormos prall-saftige toskanische Bauernidylle in der Hitze eines Sommernachmittags unterm Vorwand des mythologischen Flirts zwischen Pomona und Vertumnus.

Bevor die gewundene Landstraße sieben Kilometer südlich von Poggio a Caiano aus Comeana nach **Artimino** hochführt, kann man auf halbem Weg eines der etruskischen Gräber, **Tumulo di Montefortini**, besichtigen. Die Funde sind im Archäologischen Museum von Artimino ausgestellt. Dieses befindet sich vorläufig im Souterrain der dortigen Medici-Villa und kann ein selten schönes dreiteiliges Räuchergefäß (Bucchero-Keramik, 7. Jahrhundert v. Chr.), sogar mit Beschriftung, aufweisen.

Die Villa **La Ferdinanda** wurde von Buontalenti Ende des 16. Jahrhunderts für Großherzog Ferdinando I. als Jagdhaus entworfen, in der Nähe des Medici-Jagdreviers. Sie lag unmittelbar im Schoß der Natur, ohne die Zwischenschaltung eines pompösen Gartens. »Villa der 100 Kamine« nennt man sie auch, denn ein Schornsteinwald auf dem Dach ist ihr Wahrzeichen. Die eigentlich »nur 40« Kaminrohre sind der typische Schmuck des sonst eher nüchternen Gebäudes. Die benachbarte **Paggerìa Medìcea** der Dienerschaft besitzt hingegen eine schöne Renais-

Ein (Augen-)Blick inniger Verbundenheit: Pontormos »Heimsuchung« (1530) in der Kirche San Michele Arcangelo in Carmignano gehört zu den ergreifendsten Werken der Renaissancemalerei.

sanceloggia. Das Gebäude wurde von den jetzigen Besitzern der Villa »La Ferdinanda« als Gaststätte mit Hotelbetrieb aktiviert, während in der Villa selbst Kongresse und gesellschaftliche Veranstaltungen organisiert werden können. Es versteht sich von selbst, daß im Privatbesitz der ganze Komplex picobello in Schuß gehalten wird. Das Wehrdorf Artimino hat seine mittelalterliche Mauer bewahrt. Die Kirche wurde im 12. Jahrhundert aus den Steinen einer etruskischen Nekropole errichtet. Das Mittagessen ist aber außerhalb der Mauern auf der Terrasse von **da Delfina** fällig. Hier erhalten Gaumen und Augen ihre auserlesene Nahrung.

Auf dem Weg nach Vinci fahren wir nicht zurück nach Poggio a Caiano, sondern in nördliche Richtung nach **Carmignano**. In diesem unscheinbaren Dorf verbirgt die Kirche **San Michele Arcangelo** eines der größten und ergreifendsten Meisterwerke der toskanischen Renaissancemalerei: **Pontormos** Heimsuchung Mariä (zweiter Altar rechts). Die wallenden Gewänder und ihre kühn getönten Farben weisen schon auf den Manierismus hin, doch die Komposition mit den vier Frauengestalten trägt eine ruhige Ausgewogenheit (→ 10x10, S. 12). Flimmerndes Licht bringt die Farben zum Glänzen. Innige Verbundenheit strahlt aus den glücklichen Gesichtern von Maria und Elisabeth.

10x10

Nach **Vinci**, Leonardos Geburtsort, führt eine kurvenreiche Straße am **Monte Albano** entlang: ein edles Weingebiet in harmonischer Landschaft. Man kann dort im Ortsteil **Anchiano** bei Vinci das schlichte, von Olivenbäumen umgebene Geburtshaus Leonardos besichtigen. Einen Besuch lohnt auch das im Kastell eingerichtete Leonardo-Museum. Es ist Leonardo dem Erfinder gewidmet und zeigt Modelle der von ihm erdachten Maschinen und Mechanismen.

Von Vinci sind es knapp sechs Kilometer bis **Cerreto Guidi**. Hier muß man nicht unbedingt die im Zweiten Weltkrieg vom Militär besetzte und geplünderte Medici-Villa besichtigen. (Im dort eingerichteten Museum sind nur einige Familienporträts und antike Möbel untergebracht.) Vom davorliegenden Parkplatz kann man aber die von Buontalenti entworfene mächtige Treppenkonstruktion aus rotem Ziegelstein bewundern, die als »Medici-Brücken« bekannt wurde. Für die Rückfahrt erreicht man bei Empoli die aus Livorno nach Florenz führende Schnellstraße. Der Abstecher nach **Empoli** lohnt sich nur, um auf der Piazza Farinata degli Uberti die romanische Fassade der Collegiata di Sant'Andrea aus weiß-grünem Marmor anzusehen. Nach dem Beispiel der Florentiner Kirche San Miniato al Monte wurde ihr Bau 1093 begonnen und ist im Originalzustand im unteren Teil mit ihren fünf eleganten Bögen erhalten geblieben.

Zwischen Empoli und Florenz bietet sich auch eine langsamere, aber landschaftlich reizvollere Strecke im Arno-Tal an. Auf dem Weg: **Montelupo Fiorentino**, ein Zentrum der Keramik mit Einkaufsmöglichkeit und Museum. **Signa** wartet mit einem Museum für das traditionelle Strohflechtwerk auf: Museo della Paglia e dell'Intreccio (ausgeschildert). Das Tal des Arno-Flusses durchquert den malerischen Hügelkranz, der Florenz so abwechslungsreich umgibt, sich aber nach Westen hin zur fruchtbaren Ebene von Prato und Pistoia öffnet. Die Florentiner wußten sehr wohl zu schätzen, welches Geschenk ihnen hier die Natur wie eine kostbare Halskette um ihre Stadt geschnürt hat: Im 18. Jahrhundert gab es schon, in einem 15 Meilen breiten Umkreis von Florenz, nicht weniger als 40 000 (sic!) Villen.

Dauer: Tagesausflug

Sehenswertes

Medici-Villa (Poggio a Caiano) ■ a 2/b 2
Piazza dei Medici 12; Tel. 0 55/87 70 12; Jan.–Feb. und Nov.–Dez. tgl. 9–15.30, März und Okt. 9–16.30, April–Mai und Sept. 9–17.30, Juni–Aug. 9–18.30 Uhr, 2. und 3. Mo des Monats geschl.

Tumulo di Montefortini (Comeana) ■ a 2
Via Montefortini 43; Di–So 9–12 Uhr

Medici-Villa La Ferdinanda (Artimino) ■ a 2
Via Papa Giovanni XXIII.; Besichtigung nur Di möglich nach Anmeldung, Tel. 0 55/8 71 80 81 (Hotel Paggerìa Medicea); **Museo Archeologico:** Mo–Sa 9–13, So 9–12.30 Uhr, Mi geschl.; Eintritt 5000 Lire

San Michele Arcangelo (Carmignano) ■ a 2
Piazza Santi Michele e Francesco; tgl. 7–17 Uhr

Leonardos Geburtshaus – Casa natale di Leonardo (Anchiano bei Vinci) ■ a 2
März–Okt. tgl. 9.30–19, Nov.–Feb. 9.30–18 Uhr, Mi geschl.

Leonardo-Museum – Museo Leonardiano (Vinci) ■ a 2
Mein Tip: Diese überschätzte Pilgerstätte ist sonntags wegen des Massenandrangs lieber zu vermeiden!
März–Okt. tgl. 9.30–19, Nov.–Feb. 9.30–18 Uhr; Eintritt 5000 Lire

Medici-Villa (Cerreto Guidi) ■ a 3
Via dei Ponti Medicei 7; tgl. 9–14, Fei 9–13 Uhr, Mo geschl.

Essen und Trinken

Da Delfina (Artimino)
(→ Extra, Empfehlenswerte Restaurants im Umkreis von Florenz, S. 220) Extra

Die romanische Pfarrkirche Pieve di San Leonardo bei Artimino wurde laut Überlieferung 1107 von der Markgräfin Matilde di Canossa gegründet.

Leonardo da Vincis heimliches Hobby

Als sein leiblicher Vater, der Notar Piero da Vinci, ihn nach Florenz zu Verrocchio schickte, damit er in dessen Werkstatt die Kunst des Malens erlerne, war der 17jährige Leonardo längst eingeweiht in die Geheimnisse einer ganz anderen Kunst. Sein Stiefvater, der Konditormeister von Vinci, weckte im kleinen Buben schon früh die Vorliebe zum Backen und Kochen. Besonders gern bereitete er einen vorzüglichen Marzipanteig zu, den er später als Bildhauer auch zum Kneten seiner Modellfiguren verwenden sollte. Schon mit zehn Jahren war der kleine Leonardo ein erfahrener Konditor. Ein Dickwanst ist er dabei auch geworden. Im Verrocchio-Atelier hängten ihm die Lehrlingsburschen den Spitznamen »Freßsack« an. Auch Sandro Botticelli war unter ihnen. Die beiden aufstrebenden Gesellen wurden unzertrennliche Kumpel. Mit zwanzig Jahren verdingte sich Leonardo als Kellner in der bekannten Taverne »Die drei Schnecken« in der Nähe der Brücke »Ponte Vecchio«. Sein Unterhalt auf dem damals schon teuren Florentiner Pflaster war damit gesichert. Nach einem Jahr ernannte man ihn zum Küchenchef. Gleich verließ er die Malerwerkstatt und verschrieb sich mit Leib und Seele der Kochkunst. Er kreierte neue Gerichte, kunstvoll zurechtgemacht – in Miniportionen serviert. So avancierte Leonardo sozusagen zum Bahnbrecher der »Nouvelle Cuisine«! Sein Ziel war es, die brutalen Freßorgien des Mittelalters mit einer verfeinerten Gastronomie an den Lebensstil der Renaissance anzupassen. Bei den hungrigen Stammgästen der Kneipe – Steinmetzen, Schmieden, Handwerkern – stieß er damit jedoch auf wenig Gegenliebe. Nach einigen Tagen der Fastenkur verjagten sie ihn aus der Küche. Enttäuscht und resigniert kehrte er in Verrocchios Werkstatt zurück. Es fragt sich, ob er jenen traumhaften Engel in ein Bild seines Meisters (»Taufe Christi« in den Uffizien) gemalt hätte, wäre er in den »Drei Schnecken« als Meisterkoch erfolgreich gewesen. Aber wie sollte Leonardo ohne Küche weiterleben, besessen wie er war von der Kochleidenschaft? Demselben Hobby huldigte auch sein Freund und »Kollege« Botticelli. Also eröffneten im Sommer 1478 die beiden gemeinsam die Osteria »Zu den 3 Fröschen von Sandro und Leonardo«. Die

Florenz Extra

Das Leonardo-Museum in Vinci vermittelt einen trefflichen Eindruck von der ungeheuren Vielseitigkeit des berühmtesten Künstlers der Renaissance.

Speisekarten (einige sind erhalten geblieben) schrieb Leonardo, als Linkshänder natürlich von rechts nach links, in Spiegelschrift. Da die Gäste nichts davon verstanden, zeichnete Botticelli die Gerichte noch dazu. Es entstanden wahre Bilderrätsel zum Entziffern bei der Bestellung. Gebackene Froschschenkel, kreuzförmig aufgetischt, waren die Spezialität des Hauses. Artischockenherz mit zwei Sardinen zum gekochten Ziegenlammfleisch und ähnliche exzentrische Kompositionen, alles malerisch und minimalistisch präsentiert, brachten aber nicht den erhofften Durchbruch. Gäste kamen nur kleckerweise; die zukunftsträchtige Unternehmung endete mit der totalen Pleite. Botticelli kehrte zu Verrocchio zurück. Der von Florenz enttäuschte Leonardo zog schließlich 1482 nach Mailand, zu weiteren kulinarischen Experimenten am Sforza-Hof. Dafür mußte eine »moderne« Küche her, ausgestattet mit all den Gerätschaften, die nur die Phantasie eines Leonardo erdenken konnte. Schließlich landete er im Refektorium von Santa Maria delle Grazie, wo zwar nicht seine Menüs, dafür aber sein »Letztes Abendmahl«-Fresko Erfolg hatte. Übrigens: Die Idee zu manchen noch heute verwendeten Küchengeräten stammt von ihm – vom Korkenzieher bis zur Knoblauchpresse. Diese heißt im Fachjargon italienischer Köche heute noch »il Leonardo«.

A Firenze si fa così! – So macht man's in Florenz! Curzio Malaparte zitiert in seinem mit schmunzelnder, aber auch beißender Ironie geschriebenen Buch »Maledetti toscani« (Verdammte Toskaner) diesen häufig als Rechtfertigung benutzten Spruch seiner Prateser Mitbürger. Allerdings ist Prato – drittgrößte Stadt der Toskana – seit 1994 Hauptstadt einer von Florenz nicht mehr abhängigen Provinz.

Prato ■ b 2, S. 197
Stadtplan → S. 217

Fast 650 Jahre mußte Prato nach der Eroberung auf die Unabhängigkeit warten, die Hauptquelle seines Reichtums blieb aber unverändert die Verarbeitung von Lumpenwolle. Man schert sich dennoch nicht im geringsten darum, von der Florentiner Konkurrenz mit der herablassenden Benennung »cenciaiolo« (Lumpensammler) tituliert zu werden. Prato hat sich über die Jahrhunderte seine sechseckige Schutzmauer um die Altstadt bewahren können. Eine Brücke über dem Bisenzio-Fluß, Viale Vittorio Veneto und Viale Piave führen – vorbei an einer Henry-Moore-Skulptur – geradeaus vom Bahnhof dorthin. Die Entfernungen von einer Sehenswürdigkeit zur anderen sind übrigens gering, so daß man alles bequem zu Fuß erreichen kann.

Sehenswertes

Castello dell'Imperatore ■ b 3
Einziges Beispiel der Stauferarchitektur im nördlichen Teil Mittelitaliens, auf Geheiß Friedrichs von Antiochien (Sohn Kaiser Friedrichs II.) 1242 bis 1248 von Riccardo da Lentini erbaut, doch nie ganz fertiggestellt. Die imposante Burg wurde als Sitz des kaiserlichen Statthalters in der Toskana und Armee-Versorgungsstützpunkt auf dem Weg von Deutschland nach Sizilien konzipiert. Federico di Antiochia residierte als »Podestà« (Stadtvogt) in Florenz, bis zum plötzlichen Tod seines Vaters in Apulien 1250. Dann war es auch mit dem Ghibellinen-Regiment aus in der Arno-Stadt.
Piazza Santa Maria delle Carceri;
Mo, Mi–Sa 9.30–11.30 und 15–17.30,
So 9.30–11.30 Uhr

Cattedrale di Santo Stefano ■ b 2
Der für Prato typische Wechsel von weißen und grünen Marmorstreifen hat die romanisch-gotische Architektur des Doms (12.–15. Jahrhundert) geprägt. Eine Ausname bildet die prächtige Renaissancekanzel des Michelozzo an der rechten Fassadenecke, mit Donatellos zauberhaften Reliefs. Allerdings sind die tanzenden Putti Kopien; das mitgenommene Original wird gerade im Florentiner »Opificio delle Pietre Dure« restauriert, bevor es wieder im Dommuseum ausgestellt werden kann. Der Legende nach kam der Gürtel – das bei Mariä Himmelfahrt von ihr dem Apostel Thomas zugereichte »Beweisstück« – im Mittelalter aus Jerusalem nach Prato. Die Reliquie wird hinter dem Gitter der von Agnolo Gaddi mit Szenen aus dieser Geschichte ausgemalten Kapelle

Weniger ist mehr: In schlichter Eleganz und stiller Erhabenheit präsentiert sich die Cattedrale di Santo Stefano in Prato.

(links nach dem Eingang) aufbewahrt und nur an wichtigen Marienfeiertagen auf der Außenkanzel den Gläubigen gezeigt. Weitere Höhepunkte in der Kathedrale: Marmorkanzel von Mino da Fiesole mit lebhaften Reliefs des Antonio Rossellino und zwei Freskenzyklen im Chor. Die Stephansgeschichte hat man Paolo Uccello zugeschrieben; der sie jedoch nicht beendet hat. Vielleicht war auch Filippo Lippi später daran beteiligt. Dessen Meisterwerk ist Johannes dem Täufer gewidmet. Mehr noch als die malerische Spitzenleistung hat zu seiner Berühmtheit eine Pikanterie beigetragen. Für die tanzende Salomé war Filippos blonde Lebensgefährtin Lucrezia Buti das Modell: die Mutter des in Prato geborenen Filippinos. Die Entführung der jungen Nonne durch den Malermönch, in der Entstehungszeit der Fresken, war damals ein Skandal sondergleichen. Erst Schutzpatron Cosimo de' Medici d. Ä. konnte bei Papst Pius II. die Entbindung der beiden Liebenden von ihrem Gelübde erreichen. Auf seinen unbändigen Schützling, den er sogar unterm eigenen Dach beherbergt hatte, bezog sich dieser überlieferte Spruch des Cosimo: »Genialen Künstlern gebührt Respekt im Umgang.«
Piazza del Duomo; tgl. 7–12 und 15.30–18.30, Fei 7–12 und 15.30–20 Uhr

Palazzo Datini ■ a 2/a 3

Ende des 14. Jahrhunderts datiert der Herrensitz des erfolg- und ideenreichen Textilkaufmanns Francesco Datini. Ihm verdankt das moderne Geschäftsleben die Einführung des Wechsels und die doppelte Buchführung (Standbild vor dem Rathaus). Im Palazzo hat der von Datini gegründete Wohltätigkeitsverein »Il Ceppo« (Opferstock) seinen Sitz. In die Zehntausende geht die Sammlung seiner Geschäftsbücher, alle mit der Inschrift: »Für Gott und Profit«.
Via Ser Lapo Mazzei, Ecke Via Rinaldesca; Mo–Fr 9–12 und 15–18, Sa 9–12 Uhr

San Domenico

Die zwischen 1282 und 1316 erbaute Dominikanerkirche ist ein imposantes Beispiel gotischer Architektur. Allerdings wurde die ausgedehnte Halle im Inneren – mit ihrem Tonnengewölbe und den seitlichen Bogen- und Pilasterreihen der Kapellen – nach einem von Blitzschlägen verursachten Brand 1647 im Barockstil neu gestaltet. Die lange Reihe von Grabnischen mit Spitzbögen, an der linken Seitenfront, und die leider nicht vollendete Fassade sind besonders reich an Farbeffekten: Backstein und Sandstein in verschiedenen Tönungen, weißer und Prateser grüner Marmor.
Piazza San Domenico.

San Francesco ■ b 3

Typisch franziskanische Hallenkirche (14. Jahrhundert) mit schöner weiß-grün gestreifter Hauptfassade. Vor dem Hauptaltar: Francesco Datini, ausdrucksvoll in Marmor gemeißelt auf seiner Grabplatte.
Piazza San Francesco.

Santa Maria delle Carceri ■ b 3

Giuliano da Sangallos beispielhaft ausgewogene Renaissancearchitektur hat die Form eines griechischen Kreuzes, mit Zentralkuppel und Tympana. Die Innendekoration in Türkisblau und Weiß paßt harmonisch zu Andrea della Robbias Evangelisten-Medaillons aus Terrakotta. »Maria der Gefängnisse« heißt die Kirche, weil sie am ehemaligen Standort des Stadtkerkers erbaut wurde, zu Ehren eines wundertätigen Madonnenbildes. Dieses Gemälde soll von der Gefängnismauer zu den dort schmachtenden Häftlingen gesprochen haben – so erzählt's zumindest die Legende. Jedenfalls ist diese Kirche über die Jahrhunderte stets ein beliebter Wallfahrtsort gewesen, und sie ist dabei, ihre alte Pracht durch Restaurierung wiederzuerlangen.
Piazza Santa Maria delle Carceri.

Museen und Galerien

Centro per l'Arte Contemporanea »Luigi Pecci« südöstlich ■ c 4
Das von Pratos Textilbaron Enrico Pecci gestiftete und kurz nach seinem Tod 1988 eröffnete Zentrum für zeitgenössische Kunst erstreckt sich mit seinen Ausstellungsräumen, wissenschaftlichen Einrichtungen und dem Skulpturenpark auf einem Areal von 12 000 Quadratmetern. (Das Museumsgebäude für die reiche Sammlung wartet noch auf weitere Sponsoren, soll aber bis zum Jahre 2000 fertig werden.) Die Riesenskulptur einer eingestürzten Aluminiumsäule auf dem Rasen trägt den Horaz-Spruch »Exegi monumentum aere perennius« und würdigt somit Peccis Werk, das ebenfalls beständiger sei als Erz.
Viale della Repubblica 277; tgl. 10–19 Uhr, Di geschl.

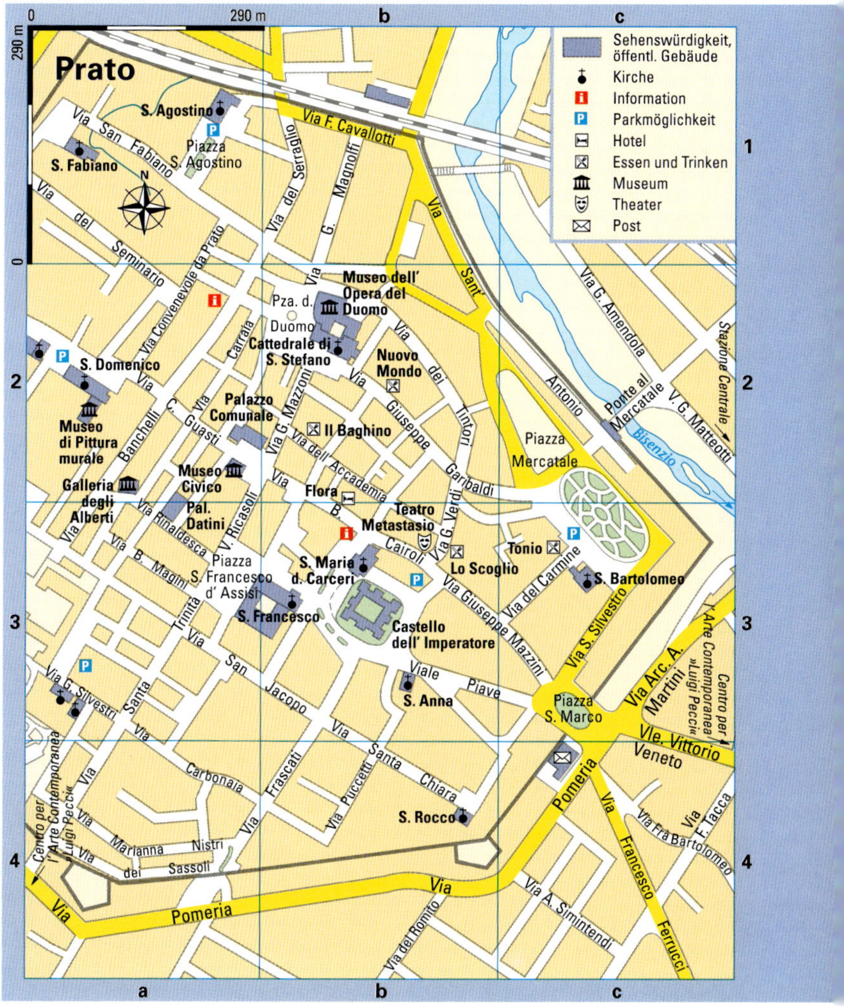

Galleria degli Alberti a2
Wertvolle Gemälde von Giovanni Bellini, Filippo Lippi, Caravaggio und des toskanischen Barock.
Via degli Alberti; Besuch nur nach Voranmeldung: Tel. 05 74/61 73 59

Museo Civico a2
Diese städtische Pinakothek beherbergt in ihren mittelalterlichen Mauern manches hervorragende Werk der toskanischen Malerei vom 14. bis zum 19. Jahrhundert, darunter von Bernardo Daddi, Giovanni da Milano, Filippo und Filippino Lippi, Luca Signorelli, Fra' Bartolomeo.
Piazza del Comune, im Palazzo Pretorio; Mo, Mi–Sa 9.30–12.30 und 15–18.30, So und Fei 9.30–12.30 Uhr

Museo dell'Opera del Duomo b2
Am kleinen Gürtel-Reliquiar aus Silber und Lapislazuli (1446) des Maso di Bartolomeo erscheinen die aus Knochen geschnitzten tanzenden Putti wie eine Minivariante der Kanzel-Engelchen von Donatello. Außer kostbaren Schätzen der Sakralkunst und der Quattrocento-Malerei (zum Beispiel Uccello, Lippi) zeigt das Dommuseum auch den romanischen Kreuzgang und die Domkrypta mit ihren interessanten Grabfresken. Erschütternd zu sehen ist am Altar der Schacht des großen Stadtbrunnens, den 1512 die kaiserlichen Eroberungstruppen mit den Leichen von Hunderten abgeschlachteter Bürger füllten.
Piazza Duomo; Mo, Mi–Sa 9.30–12.30 und 15–18.30 , So und Fei 9.30–12.30 Uhr, Di geschl.

Museo di Pittura murale a2
Durch den graziösen Renaissancekreuzgang der Dominikanerkirche gelangt man zum 1974 im Kloster eingerichteten Museum der Wandmalereien. Hier kann man von der Mauer abgetrennte Fresken, Sinopien, Graffiti von großem historischen Interesse studieren. 1496 hielt sich als Prediger in diesem Kloster Girolamo Savonarola,

Eine Hymne auf den Stifter Luigi Pecci: die eingestürzte Aluminiumsäule im Park des Centro per l'Arte Contemporanea.

der damals in Florenz tonangebende Mönch, auf. 1500 trat hier sein treuer Gefolgsmann, der berühmte Florentiner Maler Fra' Bartolomeo della Porta, in den Dominikanerorden ein. Außer dem bahnbrechenden Museum ist das heutige Franziskanerkloster auch für das hier eingerichtete modernste seismologische Observatorium landesweit bekannt.
Piazza San Domenico; tgl. 9–12 Uhr, Di geschl.
N. B.: Eintrittssammelkarte für die genannten drei Museen: 5000 Lire

Hotels

Hotel Art Museo südöstlich ■ c 4
Es ist nicht jedermanns Sache, in einem unpersönlichen modernen Hotel in Autobahnnähe (Ausfahrt Prato-Est) zu wohnen. Es liegt aber auch gegenüber des Pecci-Zentrums für zeitgenössische Kunst und ist mit allem Komfort ausgestattet.
Viale della Repubblica 289, 50047 Prato; Tel. 0574/5787, Fax 578880; 110 Zimmer; Obere Preisklasse (AE, DC, EC, Visa)

Hotel Flora ■ b 2
Ruhiges, komfortables Hotel im Stadtzentrum. Charmanter Dachgarten mit schönem Blick, vegetarisches Restaurant, Garage.
Via Cairoli 31, 50047 Prato; Tel. 0574/ 33521/2, Fax 40289; 31 Zimmer, Mittlere Preisklasse (AE, DC, EC, Visa)

Villa Rucellai – Fattoria di Canneto
Historische Landvilla mit Boheme-Flair in ruhiger Hanglage im Bisenzio-Tal. Edelmann Paolo Piqué und seine Frau Giovanna Rucellai bürgen für Ruhe und Diskretion. Wer das noble Understatement schätzt, ist hier gut aufgehoben. Gepflegter Garten, Swimmingpool, schöne Spazierwege.
Via di Canneto 16, 50047 Prato; vom Hauptbahnhof Prato 5 km nördlich (unweit der Trattoria »La Fontana«); wegen der komplizierten Anfahrt empfiehlt sich eine zehnminütige Taxifahrt; Tel. und Fax 0574/460392; 12 Zimmer, Mittlere Preisklasse (keine Kreditkarten)

Einkaufen

Die **Via Giuseppe Garibaldi** ist in Domnähe die beliebteste Einkaufsstraße der Prateser. Die Lederwaren- und Juweliergeschäfte stehen den Florentinern in nichts nach. Die in ganz Italien beliebten »cantucci«, knusprigen Mandelkekse, kommen aus Prato und heißen hier freilich »biscotti di Prato«. Beste Spitzenqualität ist – frisch gebacken – erhältlich im Biscottificio... Antonio Mattei (Via Ricasoli 22).

Essen und Trinken

Il Baghino ■ b 2
Toskanische Küche, die nichts zu wünschen übrig läßt in historischem Ambiente.
Via dell'Accademia 9; Tel. 0574/27920; So abend und Mo mittags geschl.; Mittlere Preisklasse (AE, DC, EC, Visa)

Nuovo Mondo ■ b 2
Konditorei und Café von Weltstadtniveau auf der Einkaufsmeile.
Via Garibaldi 23

Lo Scoglio ■ b 3
Gutbürgerliches Fischrestaurant mit sympathischer Bedienung.
Via Verdi 42; Tel. 0574/22760; Mo geschl.; Mittlere Preisklasse (AE, DC, EC, Visa)

Tonio ■ c 3
Exquisites Lokal der einheimischen Gourmets mit gepflegtem Ambiente. Erlesene Pasta- und Fischspezialitäten, zarte Bistecca, delikate Nachspeisen. An Sommerabenden sitzt man draußen an der Piazza.
Piazza Mercatale 161; Tel. 0574/21266; So und Mo geschl.; Obere Preisklasse (AE, DC, EC, Visa)

Anfahrt: Mit dem Auto von »Firenze Peretola« aus die Autobahn A 11 bis Ausfahrt »Prato Est«. Mit dem Zug in 20 Minuten vom Hauptbahnhof Florenz

Dauer: Halbtages- oder Tagesausflug

Empfehlenswerte Restaurants im Umkreis von Florenz

(eine Auslese der Autorin)

Albergaccio (Sant' Andrea in Percussina) ■ b3
In dieser rustikalen Osteria spielte Machiavelli einst Karten (sein Landhaus liegt vis-à-vis). Heute diniert man bei deftiger Hausmannskost und edlem Chianti Classico.
Via Cassia bis Tavarnuzze, dann Via Scopeti bis Nr. 64 A in Sant' Andrea in Percussina; Tel. 82 84 71; Okt.–April Mo; Mai–Sept. auch Di geschl.; Mittlere Preisklasse (EC, Visa)

Bibe (Ponte all'Asse) ■ b3
Verstecktes Stammlokal des Nobelpreisdichters Eugenío Montale. Unter den Linden genießt man gratinierte Lasagne mit Zucchini und die himmlischen Nachspeisen!
Via delle Bagnese 1 r, Ponte all'Asse (Galluzzo); Tel. 204 90 85; Mi und Do mittags geschl.; Mittlere Preisklasse (AE, EC, Visa)

Cave di Maiano (Fiesole) ■ c2
Rustikal-edles Gartenrestaurant. Toskanische Hausmannskost mit Pfiff (beispielsweise Risotto nach »Schornsteinfegerart«, mit Kohl und weißen Bohnen püriert, oder Kartoffelnockerln mit Steinpilzen).
Via Cave di Maiano 16, Fiesole; Tel. 5 91 33; Mo mittags geschl.; Mittlere Preisklasse (AE, DC, EC, Visa)

Cent' Anni (Bagno a Ripoli) ■ c3
Man schlemmt auf der Veranda fast im Olivenhain (beste Tische: Nr. 6–8, 15–17!) beim »Stracotto di Lamole«, ein zartes Fleischgericht aus dem 17. Jahrhundert, oder Ravioli mit Wildtauben-Füllung. Hier bäckt Silvana sogar täglich Grissini und ihr eigenes Brot!.
Via di Centanni 7, Bagno a Ripoli; Tel. 63 01 22; Sa mittags und So geschl.; Obere Preisklasse (AE, EC, Visa)

Da Delfina (Artimino) ■ a2
Unvergeßlich der Blick auf Hügel und Olivenhaine, unverfälscht die verfeinert bodenständige Küche, unverändert nett und bescheiden die Bedienung – auch nach dem ersten Michelin-Stern.
SS 66 Richtung Poggio a Caiano, Linksabzweig nach Artimino; Via della Chiesa 1, Artimino; Tel. 8 71 80 74, 8 71 81 19; Mo abends und Di geschl.; Obere Preisklasse (keine Kreditkarten)

Florenz Extra

La Fattoria (Tavarnelle Val di Pesa) ■ b4
Im ehemaligen Meierhofstall am Hügel genießt man zartes Spanferkel – frisch vom Holzofen. Das beste weit und breit!
Schnellstraße Richtung Siena, Ausfahrt »Tavarnelle«.; Via del Cerro 11, Località La Romita; Tel. 8070000; Mo mittags und Di geschl.; Obere Preisklasse (EC, Visa)

Giogolirossi (Scandicci) ■ b3
Florentiner Insidertip für laue Sommerabende unterm Sternenhimmel. Graf Jacopo Guicciardini, Quereinsteiger der Gastro-Szene, empfiehlt seinen würzigen »Orzo pizzichino« (Gerstenbrei mit Frischtomaten und Pfefferschote) und die hausgemachten Kuchen.
Ab Galluzzo über Via Volterrana; Via di Giogoli 10 B; Tel. 2577877; So auch mittags geöffnet; Mo geschl.; Mittlere Preisklasse (DC, EC, Visa)

La Panacea del Bartolini (Olmo) ■ c2
Für die High-Society und Snobiety die richtige Adresse mit erlesenen Speisen und Weitblick auf bukolische Landschaft. Auf der Zunge zergehen die Gänseleber und die Kaninchenterrine mit Vin Santo, ein klassisches Medici-Gericht.
Via Bosconi 58 a, Olmo (bei Fiesole); Tel. 548972; im Winter Mo und Jan. geschl.; Luxusklasse (AE, DC, EC, Visa)

Da Stefano (Galluzzo) ■ b3
Für Fisch-Gourmets die auserkorene Nummer eins im Umkreis von Florenz. Der üppige »Schlemmerteller« (Austern, rohe Trüffeln, in Dampf gegarte Schaltiere) ersetzt gleich ein ganzes Abendessen.
Via Senese 271, Galluzzo; Tel. 2049105; mittags, So und im Aug. geschl.; Luxusklasse (AE, DC, EC, Visa)

Torre al Sasso (Santa Brigida – Pontassieve) ■ c2
Tagsüber sitzt man draußen am Fuß des Burgturms, abends bevorzugt an der alten Ölpresse. Besonders köstlich: Lucias »Spaghetti fiaccheraia«.
Straße von Molino del Piano nach Olmo (Fiesole); Lubaco, Santa Brigida (bei Pontassieve); Tel. 8300086; Di geschl.; Mittlere Preisklasse (AE, DC, EC, Visa)
Karte: → S. 197

Auch Pistoias wechselhafte Geschichte war eng mit Florenz verbunden. Die römische Vorgängerin der Stadt, Pistoria, blieb aber deshalb berühmt, weil dort die Verschwörung des Catilina niedergeschlagen wurde. Für Gewalttätigkeit waren die Pistoieser im Mittelalter mehr als berüchtigt. Ihr bevorzugtes Mordinstrument war ein kurzer Dolch namens »pistole«. Der Waffenschmied Camillo Vettelli kreierte 1540 in Pistoia jene Feuerwaffe, die dann mit dem Namen Pistole Weltkarriere machte.

Pistoia ■ a 1, S. 197
Stadtplan → S. 225

Geradeaus führen Via XX Settembre und Via Vannucci durch die guterhaltene Stadtmauer in die historische Altstadt. Innerhalb des Mauervierecks ballen sich die aus dem Mittelalter stammenden Sehenswürdigkeiten. Sie verraten den starken Einfluß der Architektur Luccas und Pisas, zumal sie meistens mit dem »Zebra«-Motiv von abwechselnd hellen und dunklen Marmorstreifen dekoriert sind. Die romanische Kunst der Pisano-Dynastie erreicht einen Höhepunkt in den Marmorkanzeln der Kirchen **San Giovanni Fuorcivitas** (mit der berühmten weiß und grün gestreiften Seitenfassade an der Via Cavour) und **Sant' Andrea**. Noch vor Nicola und Giovanni Pisano schuf Guido da Como die Kanzelreliefs (1250) von **San Bartolomeo in Pantano**. Von Benozzo Gozzolis Fresko des Dreikönigszugs blieb im Kreuzgang von **San Domenico** nach den schweren Bombenschäden im Zweiten Weltkrieg nur wenig erhalten. Der Künstler selbst erlag hier 1497 der Pest. Am Ende des Corso San Fedi bewundern wir die gotische Prachtfassade (um 1300) der dem Apostel Paulus geweihten Kirche mit ihren dunkelgrünen und weißen Marmorinkrustationen. Das barockisierte Innere verlor 1895 durch einen schweren Brand seine Anziehungskraft.

Am Domplatz kann man im Hof des **Palazzo del Podestà** die Steinbänke besichtigen, wo das Gericht zur Zeit der Stadtrepublik saß und seine bekanntlich strengen Urteile verkündete. Gegenüber, in den monumentalen Sälen des Palazzo Comunale (13. Jahrhundert), ist das **Museo Civico** mit seiner anspruchsvollen Pinakothek untergebracht, daneben – im Rospigliosi-Palast – das neue **Diözesanmuseum**. Nicola Pisano und Cellino di Nese waren die Schöpfer des achteckigen (entweihten) **Baptisteriums**. Es erinnert von außen an sein Florentiner Vorbild, ist aber innen kahl. Erhalten ist jedoch das alte Taufbecken. Eine Inschrift an der Innenwand bezeugt den Namen des Bildhauers und das Entstehungsdatum: Lanfranco da Como, 1226. Der Kampanile wurde aus einem massiven lombardischen Wachtturm, mit drei romanischen Säulengalerien, dem Stil der eleganten Fassade der **San-Zeno-Kathedrale** angenähert. Die Piazza del Duomo bildet alles in allem ein sehr eigenwillig gestaltetes Ensemble im alten Stadtkern. Die dreischiffige Kathedrale bewahrt einige hochrangige Kunstschätze: Benedetto da Maianos

Zwei Engel umflatterten die von Andrea Orcagna wuchtig gemeißelte Marmorskulptur des Apostels Jakobus an der Fassade der San-Paolo-Kirche.

Taufbrunnen, das Grabmal des Dante-Freundes und großen humanistischen Lehrmeisters Cino da Pistoia, daneben in der San-Jacopo-Kapelle den Silberaltar des Apostels. An diesem fast tonnenschweren Werk mit seinen insgesamt 628 Relieffiguren arbeiteten 170 Jahre lang Generationen der besten Silberschmiede (auch Brunelleschi war beteiligt). Gibt man dem Sakristaner außer dem Eintrittsgeld von 1500 Lire auch noch etwas Trinkgeld, so öffnet er nicht nur die Gittertür zur Kapelle und knipst die Scheinwerfer an, sondern zeigt gern auch die links vom Hauptaltar hinter einem Vorhang verborgene sogenannte Madonna di Piazza des Verrocchio. Nach seiner Restaurierung fasziniert dieses von Lorenzo di Credi beendete Meisterwerk mit seinen strahlenden Farben. Etwas nördlich vom Domplatz lohnt es sich, an der Fassade des Krankenhauses (**Ospedale del Ceppo**) Giovanni della Robbias farbenfrohen Terrakottafries, mit realistischen Szenen zur Darstellung der Tugenden und der Werke der Barmherzigkeit, anzusehen.

Auf dem Rückweg zum Bahnhof kann man noch einem Kolossalwerk der Renaissance seine Reverenz erweisen. Unter der von Vasari errichteten Riesenkuppel der **Madonna dell'Umiltà** (= Demut) fühlt man sich dann echt demütig klein. Anscheinend wollte er hier mit Brunelleschis Florentiner Domkuppel konkurrieren. Nur mußte man in Pistoia das Mauerwerk verstärken, damit das Ganze nicht einstürzt. So hat wohl auch Vasari an Demut etwas hinzugelernt.

Für motorisierte Besucher bieten sich zwei Ausflüge aus Pistoia an, beide zu besonderen Gärten. Der Tiergarten (**Giardino Zoologico**) für den Nachwuchs ohne weitere Kunstinteressen und der avantgardistische Skulpturenpark und Kunstzentrum auf dem Gut **Fattoria di Celle** des Mäzens Giuliano Gori, für die Liebhaber der zeitgenössischen Kunstrichtung »environmental art«: Kunstwerke mit der Natur vereint oder in das Raum-Ambiente hineinkomponiert. 1997 feierte Gori mit seinen Künstlerfreunden das 15jährige Bestehen dieser gewagten Unternehmung. Auf einem Gelände von 23 Hektar verschmelzen 32 monumental abstrakte Skulpturen – aus Bronze, Stahl oder Marmor – mit der hügeligen, von Wald, Wiese und Olivenhain in allen Grüntönen bewachsenen Landschaft. Giuliano Gori veranstaltet auch Ausstellungen von Werken und Projekten im Inneren seines Landhauses und nennt es »ein Laboratorium in fortwährender Aktivität«.

Der 1970 eröffnete Zoo gehört zu den größten in Italien mit schönem Naturambiente, es gibt aber keine besonders seltenen Tiere.

Sehenswertes

San Giovanni Fuorcivitas ■ b2
Via Cavour

Sant'Andrea ■ a1
Via Sant'Andrea

San Bartolomeo in Pantano ■ c2
Piazza San Bartolomeo

San Domenico ■ b3
Piazza San Domenico

San Paolo ■ b3
Corso San Fedi

Palazzo del Podestà ■ b2
Piazza del Duomo

Battistero San Giovanni ■ b2
Piazza del Duomo

Cattedrale San Zeno ■ b2
Piazza del Duomo

Ospedale del Ceppo ■ b 1/b 2
Piazza Giovanni XXIII.

Madonna dell'Umiltà ■ a 2
Via della Madonna

Giardino Zoologico
3 Kilometer nördlich von Pistoia, Via Pieve a Celle 160/a; Sommer tgl. 9–19 Uhr, Winter 9–17 Uhr; Di geschl.; Kassenschluß jeweils 1 Stunde vorher; Tel. 05 73/91 12 19

Fattoria di Celle
Etwa 10 Kilometer westlich von Pistoia; Besichtigung Mo–Fr nach rechtzeitiger Absprache.
Voranmeldung von 9–10 Uhr;
Tel. 05 73/47 99 07

Museen

Museo Civico ■ b 2
Palazzo Comunale, Piazza del Duomo; Di–Sa 10–19, So 9–12.30 Uhr

Museo Clemente Rospigliosi e Nuovo Museo Diocesano ■ b 2
Ripa del Sale 3; Di, Do, Fr 10–13 und 16–19, Mi und Sa 10–13 Uhr, So–Mo geschl.; Eintritt 4 000 Lire

Anfahrt: Mit dem Auto von »Firenze Peretola« über die Autobahn A 11. Lazzi-Busse (nach Florenz und Prato) halten gegenüber dem Bahnhof. Mit dem Zug in etwa 30 Minuten vom Hauptbahnhof Florenz, in etwa 15 Minuten vom Hauptbahnhof Prato.
Dauer: Halbtages- oder Tagesausflug

Florenz von A bis Z

Qualitätsreiche Weine, die perfekt zur regionalen Küche passen: Genießer edler Tropfen haben in der Toskana die Qual der Wahl. Das Angebot in den Weinhandlungen reicht vom bekannten Chianti Classico aus dem gleichnamigen Gebiet südlich von Florenz bis hin zu erlesenen Spitzenweinen wie Sassicaia, Solaia oder Vino Nobile di Montepulciano.

Hier würde heutzutage wohl selbst ein Medici nicht die Nase rümpfen: Im Excelsior, dessen Geschichte bis ins 13. Jahrhundert zurückreicht, genießen Sie das prunkvolle Ambiente und die vornehme Diskretion eines Hotels der Luxusklasse.

Schau mir in die Augen, Kleines! Nicht nur auf dem Domplatz von Florenz stößt man immer wieder auf Straßenmaler, die ihr Können zur Schau stellen und Passanten porträtieren. Wer tagtäglich von so viel Kunst umgeben ist, läßt sich wohl fast zwangsläufig inspirieren…

Am Abend

Florenz war nie für ein buntes Nachtleben außerhalb der eigenen vier Wände berühmt. Man feierte zwar in den Palazzi überschwengliche Feste, aber meist unter sich und hinter verschlossenen Türen. Daran hat sich bis heute nicht viel geändert, auch wenn es an Diskos und (Piano-)Bars für Teens & Twens eigentlich nicht mangelt. Sehr hoch ist die Meßlatte dafür nicht gelegt. Der alten Florentiner Musiktradition folgend, erfüllt hingegen das rege Konzertleben die höchsten Ansprüche und das bei durchaus erschwinglichen Eintrittspreisen (→ Extra, Musik in Florenz, S. 234). Internationalen Ruf genießen die Opernaufführungen und symphonischen Darbietungen des Maggio-Musicale-Orchesters im Teatro Comunale, aber auch die Abonnementskonzerte der »Amici della Musica« im Teatro della Pergola. Hier finden auch die niveauvollsten Theatervorstellungen statt. Die Bühne des Teatro Verdi ist Schauplatz der verschiedensten Produktionen – vom klassischen Konzert bis zur Revue-Show. Detaillierte Monatsprogramme (»Florence Concierge Information«; »City Information – Florence 24 hours«; »apt Avvenimenti«) sind gratis erhältlich beim Hotelportier oder beim Informationsbüro, Via Cavour 1 r.

Extra

Bars/Pubs

Bar Dolce Vita ■ b 1, S. 163
Abendlicher Treff gegen 20 Uhr beim »Dolce vita«-Aperitif (Prosecco, Weißwein, Erdbeeren oder Melone). Stoßzeit nachts ab 23 Uhr. Man verweilt vor allem draußen mit knatternden »motorini« und südamerikanischer Musik. Dienstags und donnerstags im Sommer: Live-Songs auf der Piazza.
Piazza del Carmine 6 r; Fr und Sa bis 2 Uhr geöffnet

Cabiria Café ■ b 2, S. 163
Flotte Bar mit Diskjockey ab 22.30 Uhr. Man steht am Tresen oder sitzt im Schummerlicht. Jeden Abend abwechselnd andere Rhythmen: mal Jungle, Ambient, Pop, Reggae, Acid Jazz, Folk, Soul oder Afro Music. Am schönsten ist es draußen, mit Blick auf die Santo Spirito-Fassade.
Piazza Santo Spirito 4 r; Fr und Sa bis 2 Uhr; Di geschl.

Sie suchen schicke Abendgarderobe? In der noblen, von teuren Boutiquen gesäumten Via della Vigna Nuova, in der die unten abgebildeten Damen wahrscheinlich gerade eingekauft haben, werden Sie mit Sicherheit fündig.

Capocaccia ■ E5
Schicker Jugendtreff mit Terrasse am Arno-Ufer (meist proppenvoll). Hier fließt das Bier bei lauter Popmusik. Dienstags abend: Unterhaltungsmusik live. Gegenüber vom Ponte Santa Trìnita.
Lungarno Corsini 12–14 r; Fr und Sa bis 2 Uhr geöffnet, So bis 1 Uhr; Mo geschl.

Genesi ■ G 4
Eine Riesenschlange aus Mosaiksteinchen »belebt« den geschwungenen Tresen. Kerzenlicht mit Live-Musik: Acoustic Rock, Acoustic Blues, Rock Melodies, Jazz, American Folk, Rythm & Blues. Trotz der Holzstühle anheimelndes Ambiente.
Piazza del Duomo 20 r; Mo geschl.

James Joyce – Beer & Book ■ f 2, S.163
Pub, in dem neben Bier, Fladen und Salaten auch englische und italienische Bücher verkauft werden. Große Terrasse.
Lungarno Benvenuto Cellini 1 r; tgl. bis 1 Uhr

Lidò ■ K 7
Disko-Bar mit schattiger Gartenterrasse direkt am Arno, Ponte San Niccolò. Stimmungsvoll an lauen Sommerabenden bei Sangrìa und abwechselnder Musik (Free Style, Jungle, Soul, Acid Jazz, Pop, Drum & Base). Größter Hit des Lokals: Ruder- und Tretbootverleih.
Lungarno Pecori-Giraldi 1; Fr und Sa bis 3 Uhr; So 13 Uhr Brunch; Mo geschl.

Maramao ■ I 6
Coole Bar in Form eines U-Boots mit erhöhter Minitanzfläche. Funkie, Soul, Acid Jazz und Jungle sind hier derzeit **in**. Mittwochs Live-Musik.
Via dei Macci 79 r; Fr und Sa bis 4 Uhr, Juni–Aug. und Mo geschl.

Rifrullo ■ e 2, S. 163
Ein Pub, in dem man sich heimisch fühlt. Internationale Presse, Bier vom Faß, Imbiß, Pfannkuchen, Luxus-Cappuccino. Man sitzt auch an der Straße, auf einer erhöhten Terrasse (mit Blick auf das beleuchtete San Miniato-Stadttor), oder zur kühlen Jahreszeit vor dem knisternden Kamin. Hintergrundmusik: Soft und dezenter Rock.
Via San Niccolò 55 r; Fr und Sa bis 2 Uhr; kein Ruhetag

Tabasco – Gay Club ■ F 6
Dunkler Schummerkeller mit Video-Schirm und Tanzfläche nebenan. Für Frauen tabu.
Piazza Santa Cecilia 3 r;

Zoé ■ d 2, S. 163
Diese unscheinbare Bar ist **der** In-Treff der Florentiner Jugend. Vor dem Lokal versammeln sich am Wochenende gegen Mitternacht solche Menschentrauben, daß der Verkehr ins Stocken gerät. Hier wird entschieden, mit wem und wohin man später weiterzieht.
Via de' Renai 13 r; Fr und Sa bis 2 Uhr; kein Ruhetag

Diskotheken

Full Up ■ G 5
Hier tanzt und singt man rigoros nach den Hitparade-Songs. Träumerischer geht es nebenan in den weiß-schwarzen Sesseln der Pianobar zu.
Via della Vigna Vecchia 21 r; Di–Sa bis 4 Uhr, Mitte Juni–Mitte Sept. geschl.

Jackie-O ■ d 3, S. 163
Auch Florenz hat – wie Rom – eine Edeldisko mit diesem Namen. Die Florentiner Jeunesse dorée will sich aber unauffälliger amüsieren, mit etwas Diskretion. Es fehlt zwar nicht an üppiger Marmor-Spiegel-Glas-Verkleidung, dennoch hat die Pianobar in der oberen Etage einen intimen Charakter.
Via dell'Erta Canina 24 a; bis 4 Uhr, Juli–Aug. geschl.

Meccanò ■ A 3
Coole Disko der Superlative für Fans & Freaks: zwei Tanzflächen innen, eine unter freiem Himmel. Non-stop underground music und die neuesten Hits aus England und den USA (im Sommer dröhnen auch heiße Samba-Rhythmen). Besonders gemütlich ist das Abendessen in der »Piccionaia« (Taubenschlag), eine Art Bauernstüberl im ersten Stock (rechtzeitig reservieren!). Ab 23 Uhr geht es dann auch hier hoch her: Es darf bis in die Nacht hinein sogar auf den Tischen getanzt werden.
Viale degli Olmi 1 (am Cascine-Park); Di–Sa bis 4 Uhr, im Winter zusätzl. Mi geschl.

Musik in Florenz

Mit dem weltweit renommierten ungarischen Pianisten András Schiff sitzen wir beim Tee auf der Terrasse seines Tuskulums auf dem Marignolle-Hügel. Domkuppel, Türme und Dächer von Florenz baden im Abschiedsschein der untergehenden Sonne, wie vergoldet. »Ist das nicht, als hörte man Musik?« – fragt der Maestro und schwärmt über seine alte Liebe zur Stadt. Diesen Wohnsitz möchte er nie mehr verlassen. Tournees müssten zwar sein, aber das häufige Verreisen sei ihm mittlerweile zuwider. Restlos glücklich macht den Künstler, hier im Garten Tennis zu spielen oder in seinem Studio auf den beiden Steinway-Flügeln zu üben. Es ist die Woche zwischen zwei Maggio-Musicale-Konzerten (J. S. Bachs Wohltemperiertes Klavier II. im Teatro della Pergola, dann Bartóks 2. Klavierkonzert im Teatro Comunale unter Leitung von Zubin Mehta). »Hier bin ich am liebsten, unter Florentinern!« – so Schiff. Charakterzüge der Einheimischen, wie Kreativität, Individualität, Phantasie und Flexibilität, entsprechen am besten seiner eigenen Mentalität. Zu seinem selbstbewußten Landwirt-Nachbarn hat er eine besonders herzliche Beziehung. Schiff und sein Florentiner Konzertpublikum mögen sich gegenseitig. Außerhalb der Touristensaison geht er oft hinunter in die Stadt. Einfach um »Schönes zu sehen«. Der Pianist ist hier schon lange kein Fremder mehr. Sein deutscher Kollege Alexander Lonquich ebenfalls nicht. Der Wahlflorentiner leitet Meisterkurse an der namhaften Fiesolaner Musikschule, in der »Villa La Torraccia«. Er wohnt in einem typisch volksnahen Viertel von Florenz, am Zentralmarkt und fühlt sich wie ein Fisch im Wasser.

Daß nicht nur die bildenden Künste und die Literatur Florenz viel zu verdanken haben, sondern auch die Musik, ist den Besuchern nicht immer bewußt. Hier entwickelte ein Kreis von Literaten und Musikern, die im Haus des Grafen Bardi zusammenkamen, gegen Ende des 16. Jahrhunderts den neuen expressiven Rezitativstil. Dieser ermöglichte erst die Geburt der Oper. Emilio de' Cavalieri, Jacopo Peri, Ottavio Rinuccini gehörten zur »Camerata fiorentina«, auch »de' Bardi« genannt. Cavalieris allegorische Darstellung von Seele und Körper (»La rappresentazione di anima e corpo«) gab den Startschuß zum Musik-

Florenz Extra

Giuseppe Verdi komponierte seine Oper »Macbeth« für das Pergola-Theater. Der Maestro dirigierte hier persönlich die Uraufführung am 14. März 1847.

theater. Peri komponierte die ersten richtigen Opern: »Dafne« (1595) und »Euridice« (1600) auf Rinuccinis Text. Letztere wurde im Palazzo Pitti aufgeführt, zu den Hochzeitsfeierlichkeiten von Maria de'Medici mit dem französischen König Henri IV. Der Cembalobauer Bartolomeo Cristofori aus Padua – von Ferdinando, Sohn Cosimos III. nach Florenz gerufen – erfand am Medici-Hof 1711 das moderne Tasteninstrument Pianoforte. Im Kreuzgang von Santa Croce ist seine Gedenktafel, und in der Kirche ruht der große Florentiner Komponist Luigi Cherubini. 1632 in Florenz geboren, machte Lulli (Jean-Baptiste Lully) als Hofkomponist des Sonnenkönigs Louis XIV. in Versailles Karriere. Die nach Rossini benannte Stadtkapelle feierte 1997 ihr 130jähriges Bestehen. Ihre Vorgängerin, die »Filarmonici de' Laudesi«, hatte aber der Florentiner Stadtrat schon 1232 gegründet. 150 Jahre später fanden zum 60. Mal die auf Vittorio Guis Initiative ins Leben gerufenen Festspiele des »Maggio Musicale Fiorentino« statt. Verdis »Nabucco« eröffnete 1933 unter Guis Leitung und Carl Eberts Regie den Reigen der von Opernfans aus der ganzen Welt unverändert geschätzten Aufführungen. Als Zubin Mehtas Nachfolger soll ab 1999 Giuseppe Sinopoli die musikalische Leitung übernehmen. Es bleibt stets dabei, wie es schon Dante sagte: »Die Musik zieht die Seelen der Menschen an sich.«

Scorpion ■ G 6
Kahle Disko mit Pub, Fast food und Maxi-Video. Bei Jungle-, Rap- und Reggae-Rhythmen tanzte und feierte Chelsea Clinton am 4. Juli 1997 hier den Independance Day.
Via del Castello d'Altafronte 14 r; tgl. bis 2 Uhr, bei guter Stimmung bis 4 Uhr

Space Electronic ■ D 4
Studenten sind hier die Stammgäste (nicht nur wegen des Rabatts): Im Pub-Keller gibt's zwischen echten Piranhas im Bassin und einem riesigen Schnapsnasengesicht aus Pappmaché Karaoke-Animation mit reger Publikumsbeteiligung. Die Pop-Rock-Reggae-Disko ist im ersten Stock (mit Galerie ringsherum für Schaulustige).
Via Palazzuolo 37; tgl. bis 3 Uhr, Nov. Mo geschl.

Tenax
Die stärkste Konkurrenz vom Meccanò. Derzeit en vogue wie noch nie. Hierher zieht es Tanzwütige, die nicht gesehen werden wollen. Sich anonym unter die Menge mischen (bis zu tausend!) heißt die Devise und sich bis zum Umfallen bei Jungle-, Rock- und Popmusik austoben. Wenn beliebte Bands kommen, ist hier der Teufel los. Etwas außerhalb gelegen.
Via Pratese 46 (Richtung Flughafen); Di–Sa bis 4 Uhr, Juni–Sept. geschl.

Villa Kasar östlich ■ K 7
Klassische Nobel-Disko ohne Firlefanz, mit schönem Blick ins Grüne. Besonders beliebt im April und im Oktober, wenn man sich im Garten verschnaufen kann. Samstags gibt es brasilianische Musik.
Lungarno C. Colombo 23 r; im Sommer Mo geschl.; im Winter Mo–Do geschl.

Yab ■ F 5
Cool und clean das Ambiente, »electric blue« die Farbe dieser Disko im Miami-Stil. Wegen der zentralen Lage gehen Touristen gern hin. Auch Freunde der Hip-Hop-, Rap-, Revival- und Experimentalmusik lockt es hierher. Mittwoch abends ist es am aufregendsten: Lassen Sie sich überraschen!
Via Sassetti 5 r; Mo–Sa bis 4 Uhr So und Mai–Sept. geschl.

Kino

Astro ■ H 5
Hier werden Spielfilme in englischer Sprache vorgeführt.
Piazza San Simone 2

Goldoni ■ a 2, S. 163
Die neuesten Spielfilme auf englisch. Meist Montag nachmittags und abends.
Via dei Serragli 103; Tel. 22 24 37

Konzerte

Klassik

Amici della Musica
Die Gesellschaft der Musikfreunde veranstaltet Solo- und Kammermusikabende mit namhaften internationalen Künstlern. Im September (»settembre musica«) im Brunelleschi-Saal des Istituto degli Innocenti; von Okt. bis April drei Abonnementserien im Teatro della Pergola (ausnahmsweise auch im Buonumore-Saal des Cherubini-Konservatoriums). Einzelkarten kann man telefonisch beim Sekretariat vorbestellen (Via Sirtori 49, Tel. 60 84 20, 60 74 40, 60 90 12).
Teatro della Pergola ■ H 4
Via della Pergola 18
Istituto degli Innocenti ■ H 3
Piazza Santissima Annunziata 12
Conservatorio L. Cherubini ■ G 3
Piazza Belle Arti 2

Evangelisch-lutherische Kirche ■ G 7
Orgel- oder Kammermusikkonzerte an den Mittwochabenden (Lungarno Torrigiani 11; Tel. 2 34 27 75)

Maggio Musicale Fiorentino ■ B 4
Die Konzerte des »Maggio Musicale«-Orchesters finden im Teatro Comunale statt.
Corso Italia 12; Tel. 21 11 58 oder 21 35 35

Orchestra da Camera Fiorentina ■ F 5
Das Florentiner Kammerorchester gibt an Sonntag- und Montagabenden Konzerte in Orsanmichele.
Via Calzaiuoli; Tel. 78 33 74

O.R.T.-Orchester ■ H5
Das Regionalorchester der Toskana ist im Saal des Teatro della Compagnia beheimatet, musiziert aber mit Gastkünstlern auch im Teatro Verdi.
O.R.T Sekretariat
Tel. 24 27 67
Teatro della Compagnia
Via Cavour 50 r, Tel. 21 96 38
Teatro Verdi
Via Ghibellina 99–101, Tel. 21 23 20

Santa Maria de' Ricci ■ G5
In dieser Kirche finden fast jeden Abend Orgel- oder Kammermusikkonzerte statt.
Via del Corso; Tel. 21 50 44

Jazz
Musicus Concentus (Piazza del Carmine 19; Tel. 28 73 47) veranstaltet tolle Jazz-Konzerte in verschiedenen Sälen wie Teatro Verdi, Teatro della Compagnia, Tenax (Via Pratese 46), Sala Vanni (Piazza del Carmine 14).

Volksmusik
FLOG-Auditorium
Hier finden bunte internationale Volksmusik- und Tanzfestivals statt.
Via M. Mercati 24/b, Tel. 4 22 03 00.

Musiklokal

Il Caffè ■ b2, S. 163
Verwinkelte, verlockende Café-Bar mit klassischer Musik (Do), Pianobar oder südamerikanischen Rhythmen (Fr) und Jazz (Sa). Alles live, ab 22 Uhr im Keller (Flugblätter im Lokal informieren über das jeweilige Wochenprogramm). Köstliche kleine Gerichte.
Piazza Pitti 9; Tel. 2 39 62 41; tgl. geöffnet

Nachtklub

Elysée ■ G5
Erst seit 1997: das einzige Stripteaselokal im Stadtkern (Showbeginn ab Mitternacht im Keller). Auch Pianobar und Disko (im Erdgeschoß, vor allem mit Revival- und House Music).
Via delle Oche 19 r; Tel. 29 13 62; Mo–Sa bis 4 Uhr, So geschl.

Auch wenn die Florentiner bevorzugt zu Hause feiern, herrscht an Diskos, Pubs und Bars kein Mangel.

Vom klassischen Ballett bis zur frechen Revue: Das Teatro Verdi bietet eine breite Palette unterschiedlichster Inszenierungen.

Theater, Oper und Ballett

Teatro Comunale ■ B 4
Das Stadttheater – Sitz der Festspiele »Maggio Musicale Fiorentino« – ist das modern umgestaltete große Haus für Oper, Ballett und symphonische Konzerte.
Corso Italia 12; Tel. 2 77 91, 2 77 92 36

Teatro Goldoni ■ b 2, S. 163
Im alten Glanz, zum 400jährigen Geburtstag der Oper in Florenz, 1998 wiedereröffnet, steht dieses neoklassische Theater dem Teatro Comunale für Kammeropernaufführungen zur Verfügung.
Via Santa Maria (Tel. → Teatro Comunale)

Teatro della Pergola ■ H 4
1652 entstanden, zuletzt 1828 in neoklassischem Stil umgebaut, ist dieses akustische Vorbild aller Theater Europas die klassische Stätte hochkarätiger Aufführungen, die manchmal auch fremdsprachig bei Gastspielen ausländischer Ensembles dargeboten werden.
Via della Pergola 18; Tel. 2 47 96 51-2

Teatro Puccini nordwestlich ■ A 1
Hier gibt es nichts an klassischem oder fremdsprachigem Theater, eher stehen politische Satiren und Musikveranstaltungen auf dem Programm.
Piazza Puccini; Tel. 36 20 67

Teatro Verdi ■ H 5
In diesem mit allen nur denkbaren technischen Einrichtungen ausgestatteten Theater können über 1500 Zuschauer anspruchsvollen Aufführungen von Opern, Operetten, Musicals, Ballett- und Revueproduktionen, aber auch symphonischen Konzerten beiwohnen.
Via Ghibellina 99–101; Tel. 21 23 20, 23 26 24 22

Anreise

Mit dem Auto

Über München führt die Brenner-Autobahn bis Modena (A 22), dann geht es weiter über Bologna nach Florenz (A 1). Aus der Schweiz kommend erreicht man über Chiasso Mailand (A 9). Von dort führt die Autobahn A 1 direkt nach Florenz. Aus Wien nimmt man am besten den Autoreisezug bis Villach und fährt weiter in Richtung Venedig–Padua über die A 23, dann A 4, von Padua nach Bologna A 13, schließlich die A 1 bis Florenz. In den Sommermonaten kann man auch aus Deutschland Autoreisezüge in Anspruch nehmen, mit denen man in Verona oder Bozen in Autobahnnähe kommt. Von der A 1 kann man folgende Ausfahrten nehmen: »Firenze Nord« (Richtung nördliche Stadtteile), Flughafen Peretola und Zentrum; »Firenze Signa« (Richtung westlich), »Firenze Certosa« (Richtung südlich vom Arno), »Firenze Sud« (Richtung Vororte im Osten).

Anders als in der Schweiz und Österreich sind die Autobahngebühren (»pedaggio«) in Italien an den jeweiligen Mautstellen (»caselli autostradali«) zu entrichten. Aus dem Automaten an der Autobahneinfahrt zieht man einen Zettel, den man beim Verlassen der Autobahn abgibt. Bezahlt wird an den Beamten in der Kabine (wer einen Beleg braucht, sollte ausdrücklich die »ricevuta« verlangen). Um Schlangen an den Zahlstellen zu vermeiden, kann man mit der sogenannten Viacard (beim ADAC im Wert von 50 000 und 100 000 Lire erhältlich) an den ausgeschilderten Fahrspuren schneller die Maut entrichten. Bleifreies Benzin (»senza piombo«) und Diesel (»gasolio«) gibt es an allen Tankstellen. Die Autobahntankstellen (»Area di servizio«) haben rund um die Uhr geöffnet (»aperto«), sonst sind die Öffnungszeiten an Wochentagen zumeist von 7.30 bis 12.30 und von 15.30 bis 17.30 Uhr. An Sonntagen und in der Mittagspause sind sie meist geschlossen (»chiuso«). Die beste Kategorie der Autobahnraststätten (Autogrill) sind in Italien nicht nur als Stehcafé, sondern auch als gute Restaurants und Delikatessenläden (Self-Service) zu vernünftigen Preisen empfehlenswert. Die zugelassenen Höchstgeschwindigkeiten: Autobahn 130 km/h, Schnellstraße (Superstrada) 110 km/h, Landstraße 90 km/h, in Ortschaften 50 km/h. Motorräder unter 150 Kubik sind auf Autobahnen nicht zugelassen. Gurtpflicht gibt es auch in Italien. Pannenhilfe (»soccorso stradale«) und Abschleppdienst des ACI (Automobilclub italiano): Tel. 1 16. Von den Autobahnrufsäulen kann man Pannenhilfe, Polizei und Notarzt anrufen (Beschriftung auch auf deutsch). Deutschsprachiger ADAC/ACI-Dienst: Tel. 02/66 15 91 (tgl. 8–23 Uhr).

Mit der Bahn

Bequem und günstig reist man mit dem Schlafwagen (frühzeitige Buchung ist in den Sommermonaten erforderlich). Direkte Verbindungen nach Florenz gibt es aus München, Basel, Zürich und Wien. Die wichtigsten Züge kommen am Hauptbahnhof **Santa Maria Novella** an. Einige internationale Züge kommen aber in **Firenze Rifredi** oder **Campo di Marte** an, etwas außerhalb des Stadtkerns. Von dort kommt man am besten per Taxi ins Zentrum. Die schnellsten und teuersten Züge der italienischen Eisenbahn heißen jetzt »Eurostar«; sie sind nicht nur zuschlagspflichtig (»con supplemento rapido«) wie IC und EC, auch die Platzreservierung (»prenotazione posto«) ist vorgeschrieben. Wer vor dem Einsteigen in Italien vergißt, seine Fahrscheine am Gleis im gelben Kästchen zu entwerten (»convalidare«), muß im Zug eine Strafgebühr (»multa«) zahlen. Gepäckaufbewahrung (»deposito bagagli«) wird pro 24 Stunden mit 5000 Lire pro Stück berechnet. Es gibt ein **Fundbüro** (»Ufficio Oggetti Rinvenuti«) am Bahnhof Santa Maria Novella (Mo–Fr 7.45–17.15; Tel. 2 35 21 90). Sonst steht den Reisenden rund um die Uhr im Notfall der Kundenservice »Assistenza alla clientela« zur Verfügung.

Mit dem Flugzeug

Der Flughafen von Florenz **Amerigo Vespucci** in Peretola (Via del Termine 11; Tel. Info 37 34 98/3 06 17 02) ist erweitert worden und empfängt internationale Flüge. Tägliche Direktverbindungen gibt es vom 1. Juli bis 30. September aus und nach München, Düsseldorf, Wien; aus und nach Lugano (außer Sa). Änderungen vorbehalten. Auskunft über verschollenes Gepäck: Tel. 30 80 23. Vom Flughafen fahren Busse (A.T.A.F. und SITA) in 25-Minuten-Abständen zum Hauptbahnhof Santa Maria Novella. Fahrkarten sind in der Flughafenbar im ersten Stock (Lift!) erhältlich. Die Linie A.T.A.F. verkehrt häufiger und zum billigeren Stadttarif (1500 Lire) als SITA (6000 Lire). Eine Taxifahrt in die Innenstadt kostet rund 30 000 Lire.

Der Flughafen von Pisa **Galileo Galilei** (Tel. 0 50/50 07 07) kann bei Reisen nach Florenz auch in Anspruch genommen werden. Von dort gibt es stündliche Zugverbindungen zum Hauptbahnhof Santa Maria Novella in Florenz (Fahrzeit: 1 Stunde). Für den Rückflug ab Pisa kann man das Gepäck schon beim Air Terminal am Hauptbahnhof in Florenz einchecken (Tel. 0 55/21 60 73). Flugkartenreservierung (c/o City Center Intertravel)
Via Lamberti 39–41 r: Tel. 21 79 36

Apotheken

Von den über 100 Apotheken (»Farmacia«), die in der ganzen Stadt verstreut sind, haben nachfolgende drei rund ums Jahr und rund um die Uhr geöffnet.

All'Insegna del Moro ■ F 4
Piazza San Giovanni 20 r; Tel. 21 13 43

Farmacia Comunale No. 13 ■ E 3
Piazza Stazione (im Hauptbahnhof Santa Maria Novella); Tel. 28 94 35, 21 67 61

Farmacia Molteni ■ F 5
Via Calzaiuoli 7 r; Tel. 21 54 72, 28 94 90

Auskunft

In Deutschland
ENIT – Staatliches Italienisches Fremdenverkehrsamt
– Berliner Allee 26, 40212 Düsseldorf; Tel. 02 11/13 22 31, Fax 13 40 94
– Kaiserstr. 65, 60329 Frankfurt; Tel. 0 69/23 74 30, Fax 23 28 94
– Goethestr. 20, 80336 München; Tel. 0 89/53 03 69, Fax 53 45 27

In Österreich
ENIT
Kärntnerring 4, 1010 Wien;
Tel. 01/50 54 37 40, Fax 5 05 02 48

In der Schweiz
ENIT
Uraniastr. 32, 8001 Zürich;
Tel. 01/2 11 36 33, Fax 2 11 38 85

In Florenz
APT – Azienda di Promozione Turistica (Fremdenverkehrsamt) ■ K 5
Via A. Manzoni 16, 50121 Firenze;
Tel. 00 39/55/2 33 20, Fax 2 34 62 86

Ufficio Informazioni Turistiche (Informationsbüro) ■ G 3
Via Cavour 1 r, 50129 Firenze;
Tel. 00 39/55/29 08 32-3, Fax 2 76 03 83

Ufficio Informazioni Turistiche (Informationsbüro) ■ E 3
Ufficio Informazioni Turistiche, Borgo Santa Croce 23 r, 50129 Firenze; Tel. 00 39/55/ 2 34 04 44 / 2 26 45 24; Verkehrsinsel vor Hauptbahnhof Santa Maria Novella; 50123 Firenze;
Tel. 00 39/55/21 22 45/2 38 12 26

Autovermietung

Avis,
Borgo Ognissanti 128 r; Tel. 2 39 88 26/ 21 36 29

Europedrive, ■ D 4
(auch mit Fahrer, mehrsprachig)
Via Bisenzio 35; Tel. 4 22 28 39;

Hertz, ■ D 4
Via Finiguerra 33 r; Tel. 2 39 82 05, 2 30 20 11;

Italy by Car, ■ D 4
Borgo Ognissanti 134 r; Tel. 28 71 61, 29 30 21

Diplomatische Vertretungen

Generalkonsulat der Bundesrepublik Deutschland ■ D 5
Lungarno Amerigo Vespucci 30,
50145 Firenze; Tel. 0 55/29 47 22,
Fax 28 17 89; Mo–Fr 9.30–12.30 Uhr

Generalkonsulat der Republik Österreich.
Viale Liegi 32, 00198 Roma;
Tel. 06/8 55 29 66, Fax 3 21 67 87

Schweizer Honorarkonsulat (nur für Informationen) südlich ■ b 3, S. 163
c/o Hotel Park Palace; Piazzale Galileo 5,
50125 Firenze; Tel. 0 55/22 24 34,
Fax 0 55/22 05 17, Di und Fr 16–17 Uhr.
sonst: Generalkonsulat in Rom
Via Barnaba Oriani 61, 00197 Roma;
Tel. 06/80 95 71, Fax 8 08 08 71, Mo–Fr
9–12 Uhr

Funkelnde Pretiosen: Seit Großfürst Ferdinand I. die Florentiner Goldschmiede im Jahre 1593 dazu zwang, ihre Werkstätten auf den Ponte Vecchio zu verlegen, drängen sich auf der legendären Brücke die Juweliergeschäfte.

Einkaufen

Mode gehört in Florenz zum Inbegriff der Kultur – besonders seit der Renaissance. Die Florentinerin von heute ist ebenso fesch und modebewußt wie ihre Vorfahren. In dieser Stadt fällt es ihr leicht, ihre Wünsche zu erfüllen. Alles, was Leib und Seele begehren, ist hier geballt in der Innenstadt zu finden. Für jeden Geschmack und Geldbeutel. Der Einkaufsbummel zu Fuß ist im kleinen, übersichtlichen Stadtkern ein wahrer Genuß. Die Luxusmeile par excellence ist die **Via Tornabuoni**. Hier gehen Hautevolee und Haute Couture Hand in Hand – ganz zu schweigen von Schuhen, Taschen, Foulards und allem, was sonst noch dazugehört. Die mit Schick und Pfiff raffiniert eingerichteten Auslagen bei Ferragamo, Beltrami, Gucci, Coveri – um nur einige zu nennen – sind eine Augenweide und führen leicht in Versuchung. Den Schritt vom Windowshopping zur Anprobekabine zu tun fällt zumeist weniger schwer, als dann die Kreditkarte zu zücken. Ohne mit der Wimper zu zucken tun dies nur asiatische Markenfreaks, die sich die teuersten Luxusartikel in Nobeltüten stopfen lassen, als kauften sie Kraut und Rüben im Supermarkt.

A propos **Markt**: Es gibt einige in Florenz, mit Ständen, Bänken, Schirmen – im Grünen, am Straßenrand oder unter eleganten Arkaden –, wo man zu vorteilhaften Preisen praktisch alles ergattern kann. Vom billigsten Tand bis zur Kleiderware akzeptabler Qualität. Von Schuhen über Taschen bis Jacken steht – besser gesagt: hängt – Leder überall an vorderster Front. Das Lederhandwerk ist nicht das einzige, das hier auf eine gutverwurzelte Tradition zurückblickt. Florenz verdankte sein Gemeinwesen, seinen Reichtum, seine Kultur weitgehend den **Zünften**, den tragenden Säulen seiner Gesellschaft. Das meisterliche Know-how lebt weiter, als Überlieferung vieler Generationen von Vater auf Sohn, in den typisch florentinischen Branchen, die heute noch florieren. Oft kann man in **Werkstätten** miterleben, wie ein kleines Meisterwerk entsteht, und es an Ort und Stelle erwerben. Die meisten Holzschnitzer findet man bei Santa Croce und in den anderen volkstümlichen Vierteln Santo Spirito und San Frediano, jenseits des Arno. In ihren Werkstätten werden nicht nur alte Stücke »aufgemöbelt«. Bilderrahmen, Lampenständer, Statuetten, Tische, Schränke, Stühle – ob neugeschnitzt oder restauriert – erhalten Vergoldung und Farbe mit der richtigen, stilgemäßen Patina. Auf echt getrimmt sind diese Stücke keine Fälschungen, sondern Nachbildungen, auf die der Meister mit Recht stolz ist.

Handwerk und **Kunsthandel** sind natürlich eng miteinander verbunden. In der Via Maggio beherbergt fast jeder Palazzo einen Antiquitätenladen der Spitzenklasse, oft nach Fachgebieten spezialisiert, allerdings auch immer mit Spitzenpreisen. Meistens ist das Angebot erschwinglicher in der Via Santo Spirito und der Via de' Fossi.

Die Zahl der Kunstgaleristen, die sich für interessante Bildhauer und Maler der jüngeren Generationen einsetzen, ist natürlich wesentlich geringer als die der Antiquitätenhändler. Es lohnt sich aber, bei ihnen auf Talentsuche zu gehen.

Zum Florentiner Kolorit gehören auch die Buchbinderwerkstätten, wo sogar alte Folianten restauriert werden. Hand in Hand geht dieses Gewerbe mit der Herstellung der verschiedensten Artikel, die – mit marmoriertem oder kunstvoll bedrucktem Papier bezogen – den Schreibtisch schmücken. Schmiedeeisen, Posamenten, Spitzen, Zierstoffe, Einlegearbeiten aus Halbedelsteinen, Schmuck und Goldschmiedeware gehören ebenfalls zu den Kostbarkeiten, die dem Florentiner Handwerk auch jenseits der Grenzen Ruhm einbringen. Wo gibt es denn noch eine Stadt, wo auf einer Brücke mehr als 20 **Juwelierläden** aneinandergereiht sind? Wohin das Auge auch schaut, auf dem Ponte Vecchio blenden Goldglanz, Perlen, Edelsteine und Diamanten, daß es nur so funkelt.

Bei den Einkaufstips (→ S. 124, 154, 184) habe ich darauf geachtet, nach Möglichkeit echt florentinische Geschäfte zu empfehlen. Schon aus der Überzeugung, daß es in dieser Heimstätte der Handwerkskunst zur Selbstverständlichkeit gehört, das Beste zur Verschönerung des Menschen, seiner Wohnung und Umgebung zu schaffen. Ästhetik wird sogar in den niveauvollen neuen **Kaufhäusern** der Innenstadt »La Rinascente« und »Coìn« großgeschrieben. Hier kommt auch der eilige Florenz-Besucher auf seine Kosten, der Geschenke mit Pfiff zum Mitnehmen sucht. Sonderangebote und den üblichen Ausverkauf der saisonalen Restbestände zu Billigpreisen praktiziert man natürlich in Florenz auch. Achten Sie auf die Ankündigungen in den Schaufenstern: »saldi«, »sconti«, »liquidazione« oder »vendita promozionale«! Waren Ihnen die Preise ursprünglich eine Nummer zu hoch, so überraschen nun die beachtlichen Nachlässe auch bei »capi firmati« (das heißt Markennamen). Bei der Konfektionsgröße geht es aber aufwärts: Tragen Sie beispielsweise in Deutschland Größe 40, müssen Sie in Italien nach der 44 verlangen. Die Ladenöffnungszeiten werden lockerer gehandhabt als früher, und »orario continuato« (durchgehende Arbeitszeit) gibt es schon in vielen größeren Geschäften. Sonst sind die Läden an den Wochentagen etwa von 9–12.30/13, 15.30 und 16–19.30 Uhr geöffnet, einige sogar länger. Ausnahmen: Am Montag haben außer den Lebensmittelgeschäften die meisten Läden geschlossen; dafür hält die Lebensmittelbranche Mittwoch nachmittags zu. Ausgenommen sind die Monate Juli und August: dann gibt es die Nachmittagsruhe statt mittwochs am Samstag.

Essen und Trinken

Das Großartige der florentinischen bzw. toskanischen Küche liegt in ihrer schmackhaften Schlichtheit. Das entspricht der nüchternen Art dieses bodenständigen Menschenschlags, der eine ausgeprägte Aversion gegen alles Gekünstelte und Bombastische hat.

Die Florentiner lieben die »genuinità«: die Unverfälschtheit. Sie widerspiegelt sich in den hochwertigen, frischen Produkten ihrer Erde und in der einfachen Zubereitung der Gerichte. Fangen wir mit dem ungesalzenen toskanischen Landbrot an: ein Gipfel des Understatements. Pur gegessen, schmeckt es eher fad. Doch kaum wird es leicht geröstet, entfaltet es ein ungeahntes Aroma. Wird es zusätzlich mit Knoblauch abgerieben und mit kaltgepreßtem Olivenöl beträufelt, ist diese **fettunta** (»ölige Scheibe«) ein Gedicht. Ebenso die saftige **bruschetta**, mit fleischigen Tomatenwürfeln und Basilikum belegt. Als Vorspeise sehr beliebt sind auch die kleinen **crostini**, Weißbrotscheiben, mit warmer Hühnerleberpastete bestrichen. Zum Antipasto misto gehört ebenso die **finocchiona**-Wurst, mit Fenchelsamen gewürzt, wie der klassische Rohschinken. Das Brot – und nicht die Pasta! – spielt sogar im ersten Gang die Hauptrolle: etwa in der **pappa al pomodoro**, einem herrlich gewürzten, zähflüssigen Tomatenbrei, oder in der **ribollita**, einer aufgekochten sämigen Gemüsesuppe. Für die Restverwertung des altbackenen Brotes haben sich die Bauern auch die **panzanella** einfallen lassen, einen Brotsalat mit Rohgemüse und Jungzwiebeln. Nudelfreunden empfehle ich die **pappardelle** – breite Bandnudeln mit Hasen- oder Wildschweinsauce –, das schmackhafteste Nudelgericht in Florenz. Auf der Zunge zergehen die zarten Spinat-Ricotta-Nokkerln, die **ignudi**, auf florentinisch die »Nackten« genannt, da sie nicht von Teigtaschen umhüllt sind. Bei der Wahl nicht zögern, wenn sie – was eher selten geworden ist – auf der Speisekarte stehen. Als zweiter Gang (**secondo**) wird nicht Fisch, sondern Fleisch großgeschrieben. Allen voran die saftige **bistecca alla fiorentina**, ein zwei Finger dickes T-Bone-Steak. Nach traditioneller Art werden die riesigen

Bei einer so atemberaubenden Kulisse schaut man nicht auf den Preis für seinen Espresso: Café am Domplatz mit Blick auf Santa Maria del Fiore und das Baptisterium.

Auch wenn fertige Pizzen Einzug in deutsche Tiefkühltruhen gehalten haben: Eine echte, handgemachte Pizza all'italiana ist nach wie vor unübertrefflich.

Fleischstücke (etwa 800 Gramm für zwei Personen!) auf einem Rost über Holzkohlenglut gegrillt. Solch weiches Fleisch liefern die sogenannten **chianine**, weiße Rinder aus dem Chiana-Tal. (Vorsicht: Der Preis auf der Karte gilt für 100 Gramm Fleisch!) Nicht zu verachten ist auch der **arista**, ein fettarmer Schweinsrücken. Zu diesen Fleischgerichten schmecken wunderbar die **patate alla ghiotta**, Bratkartoffeln mit frischem Rosmarin, oder die **fagioli all'uccelletto**, junge weiße Bohnen mit Olivenöl und Tomatensauce. Beide gehören zu den beliebtesten Beilagen (**contorni**). Reis oder Nudeln sind an dieser Stelle verpönt. Insider schwören auf eine weitere Urspezialität, die allerdings nicht jedermanns Gaumen anreizt: die **trippa alla fiorentina**, würzige Kutteln in Tomatensauce. Probieren geht über Studieren. Wer vor dem Dessert noch Gusto auf echten toskanischen Käse hat, sollte sich den Schafskäse (**pecorino**) – ob **dolce** (mild) oder **stagionato** (abgelagert) – nicht entgehen lassen. Evergreens unter den Nachspeisen sind die **torta della nonna**, ein Mürbeteigkuchen aus Großmutters Zeiten mit Vanillecreme und Pinienkernen, sowie der **castagnaccio**, ein recht kompakter, aber dünner Kastanienkuchen, der frisch nach der Kastanienernte natürlich am besten schmeckt. Während der Faschingszeit werden die **cenci** (wörtlich »Fetzen«) angeboten: in Öl gebackene knusprige Räderkuchen. Und wenn im Herbst Weinlesezeit ist, steht die **schiacciata all'uva** hoch im Kurs, ein flacher, mit saftig-roten Weintrauben auf einem Blech gebackener Hefeteigkuchen. Aus der Nachbarstadt Prato kommen die **cantucci**, krokante Mandelplätzchen, die man zur Abrundung des Mahls am besten in ein Glas **vin santo** (Dessertwein) taucht, wie es zur guten alten Tradition gehört. Weinprobleme gibt es in der Hauptstadt der Toskana natürlich nicht. Im Herzen dieser Region, zwischen Pisa, Florenz, Arezzo und Siena, liegt das Weinbaugebiet **Chianti**, mit der bekannten Kernzone Chianti Classico. Die Produkte der übrigen sechs Chianti-Gebiete sind aber auch nicht zu verachten. Weinqualität und Lebensqualität gehen hier Hand in Hand. Die Auswahlpalette der Weine reicht in Florenz vom offenen Hauswein (**vino della casa**) in der Schenke (**mescita**) oder Osteria bis zum erlesensten Angebot der Luxusklasse im Gourmettempel Enoteca Pinchiorri. Allein in der Toskana werden 24 DOC- und 5 DOCG-Weine produziert. Diese Bezeichnungen sind die höchsten Auszeichnungen, die in Italien für Wein vergeben werden. Sie gewährleisten Ursprungsgarantie und Kontrolle. Der schwarze Hahn (**Gallo nero**) und der **Putto** sind Markenzeichen für Weine aus dem Chianti-Classico-Gebiet. Daß aus dem Chianti-Rotwein – früher ein selten vertrauenswürdiger Massenwein in der bauchigen Bastflasche – ein wertvoller Qualitätswein wurde, ist dem großen Önologen Italiens, Dr. Giacomo Tachis, zu verdanken. Er führte nämlich mit großem Erfolg in Frankreich bewährte Produktionsmethoden ein. Toskanische Spitzenweine, wie **Sassicaia**, **Tignanello** und **Solaia**, sind eigentlich seine Kreationen. Unter den Rotweinen erwähnen wir noch den anspruchsvollen **Brunello di Montalcino**, den **Vino Nobile di Montepulciano**, **Sangioveto**, **Sammarco**, **Sodi di San Niccolò**, **Coltassala**, **Le Pergole Torte**, **Bellavista**, **Capannelle**, **Monsanto**. Der eisgekühlte Weißwein **Vernaccia** aus San Gimignano ist an heißen Sommertagen auch nicht zu verachten.

Es muß jedoch nicht immer DOC-Wein sein. **Vino da tavola**, das heißt Tafelwein, kann auch ohne diese Bezeichnung eine sehr gute Qualität haben und einen vernünftigen Preis. In den Trattorie gibt es offenen Wein, nicht nur in der Karaffe (1/4, 1/2, 1 Liter), sondern häufig auch in der frisch geöffneten Flasche. Dann bezahlt man **a consumo**, nur die konsumierte Menge.

Wie auch sonst in Italien wird in den meisten Restaurants für Brot und Gedeck (meist aus Stoff) das **coperto** in Rechnung gestellt. Je nach Kategorie von 2000 bis über 10 000 Lire pro Person. Sinn der Sache: Die Restaurants wollen die Preise der einzelnen Gerichte bei den hohen Personalkosten nicht übermäßig belasten. So wehren sie sich aber gegen Gäste, die nur Pasta und Salat bestellen, als wären sie in einer Imbißstube, dafür aber stundenlang den Tisch in Anspruch nehmen. Bei Menüs zum Fixpreis (**menu turistico** oder **menu a prezzo fisso**) gibt es kein Coperto zu bezahlen. Studieren Sie die am Eingang ausgehängte Speisekarte, um zu sehen, ob zusätzlich auch noch **servizio** (Bedienung) in Prozenten auf den Endpreis draufgeschlagen wird. In solchem Fall kann man vom Trinkgeld ruhigen Gewissens absehen. Sonst kann sich das Trinkgeld um 10 Prozent des Rechnungsbetrags bewegen. Die Rechnung (**il conto**) ist aufzubewahren, bis man sich vom Ausgang etwa 200 Meter entfernt hat, sonst könnte es peinliche Szenen und saftige Strafen im Falle einer Kontrolle der Finanzbeamten geben. Zur Restaurant-Etikette gehört es in Italien genauso wie in Amerika, daß man seinen Tisch vom Oberkellner zugewiesen erhält und sich nicht nach freier Wahl einfach hinsetzt. Von der Mittelklasse aufwärts ist es außerdem immer empfehlenswert, seinen Tisch rechtzeitig im voraus telefonisch zu bestellen. Für eilige Gäste ideal: die Imbißstube mit **tavola calda** (warmen Gerichten), die **rosticceria** (mit Fertiggerichten zum Mitnehmen), die **mescita** (Weinschenke, auch mit Imbiß). Die **Cafébar** ist in Italien wie ein Bistro: in der Mittagszeit verwandelt sich die Kaffeestube in eine Art Schnellimbiß, wo viele Berufstätige ihre Mittagspause verbringen. Man hat die Auswahl zwischen Pasta, Risotto, schmackhaften Salattellern, warmen Fladen mit Gemüse-, Käse- oder Eierkuchen-Einlagen. Achten Sie bitte darauf, daß die Betriebszeit der Restaurants mittags etwa zwischen 12.30–13 und 14.30 Uhr liegt. Keine Panik, wenn Sie erst gegen 17 Uhr Appetit haben: Für den Notfall finden Sie immer Fast-food-Lokale. In den Cafés und Konditoreien läßt sich die Hungerzeit bis zum Abendessen auch überbrücken. Aber aufgepaßt: Zwischen Steh- und Sitzpreisen gibt es ein beachtliches Gefälle. Die Essenszeit am Abend liegt etwa zwischen 19.30 und 22.30 Uhr.

Restaurants und andere Lokale sind im Kapitel »Florenz und seine Stadtteile« beschrieben. Hilfestellung beim Bestellen und Reservieren leisten der Eßdolmetscher (→ S. 246) und der Sprachführer (→ S. 272).

Preisklassen
Luxusklasse ab 80 000 Lire
Obere Preisklasse ab 60 000 Lire
Mittlere Preisklasse ab 45 000 Lire
Untere Preisklasse ab 25 000 Lire

Eßdolmetscher

A

acciughe: Sardellen
acqua: Wasser
– *gassata:* mit Kohlensäure
– *minerale:* Mineralwasser
– *naturale:* stilles Wasser
aceto: Essig
affettato: Aufschnitt
aglio: Knoblauch
agnello: Lamm
agrodolce: süßsauer
albicocca: Aprikose
amaro: bitter, Magenbitter
anatra: Ente
anguilla: Aal
animelle: Kalbsbries
antipasto: Vorspeise
– *di terra:* Vorspeise aus Wurstwaren, Pilzen und
– *di mare:* Vorspeise aus Fisch und Meerestieren
aragosta: Hummer
aranciata: Orangeade
arista: Schweinsrückenbraten (mit Rosmarin)
aroma: Würze
arrosto: Braten (gebraten)
asparagi: Spargel

B

baccalà: Stockfisch
bacelli: junge Saubohnen
barbabietola: Rübe
bavette: feine Bandnudeln
bevanda: Getränk
bibita: alkoholfreies Getränk
bicchiere: Glas
bietola: Mangold
bigné: Windbeutel
birra: Bier
– *in bottiglia:* Flaschenbier
– *chiara:* helles Bier
– *scura:* dunkles Bier
– *alla spina:* vom Faß
biscotto: Keks
– *di Prato:* Mandelkeks
bistecca: Steak
– *alla fiorentina:* gegrilltes T-Bone-Steak
– *di maiale* Schweinskotelett
bollito: gekocht
– *misto:* verschiedene gekochte Fleischsorten
bombolone: Krapfen
bongo: Schokoladen-Windbeutel
braciola: Kotelett
branzino: Seebarsch
brasato: Schmorbraten
bresaola: italienisches Bündnerfleisch
brigidini: hauchdünnes gelbes Anisgebäck
brodo: klare Brühe (Bouillon)
bruschetta: geröstete Brotscheibe mit Knoblauch und Olivenöl
budino: Pudding
– *di riso:* Reistörtchen aus Mürbeteig
burro: Butter

C

caffè: Espresso
– *corretto:* Espresso mit Schnaps
– *latte:* Milchkaffee
– *macchiato:* Espresso mit einem Schuß Milch
calamari: Tintenfische
– *fritti:* gebackene Tintenfische
cannelloni: überbackene, gefüllte Teigrollen
cantucci: Mandelkekse
capesante: Jakobsmuscheln
cappuccino: Espresso mit geschäumter Milch
capretto: Zicklein
carciofi: Artischocken
cardi: Karden
carne: Fleisch
carpa: Karpfen
carpaccio: dünnes, rohes Rindfleisch mit Olivenöl, Zitrone und Parmesan
castagnaccio: Kuchen aus Kastanienmehl
cavolfiore: Blumenkohl
cavolo: Kohl
– *di Bruxelles:* Rosenkohl
– *rosso:* Rotkohl
ceci: Kichererbsen
cefalo: Meeräsche
cenci: fettgebackenes Faschingsgebäck
cervello: Hirn
cetriolo: Gurke
cibrèo: Hühnerragout aus Kamm, Leber und Nieren
ciliegia: Kirsche
cinghiale: Wildschwein
cioccolata: Trinkschokolade
– *con panna:* mit Schlagsahne

cipolla: Zwiebel
cipollata: Zwiebelsuppe
cocomero: Wassermelone
coda di rospo: Seeteufel
colombaccio: Wildtauben-Gericht
coniglio: Kaninchen
– *alla cacciatora:* mit Tomaten, Oliven (evtl. auch Pilzen)
contorno: Beilage
costata: Entrecôte
cotechino: gefüllter Schweinsfuß
cotoletta: Kotelett
– *alla milanese:* Wiener Schnitzel
cotto: gekocht
cozze: Miesmuscheln
crespelle alla fiorentina: Crêpes mit Spinat und Ricotta gefüllt
crostata di frutta: Obstkuchen
crostini: geröstetes Weißbrot mit verschiedenen Farcen bestrichen
crudo: roh
cucchiaio: Löffel

D

dentice: Zahnbrasse
dolce: Süßspeise
dragoncello: Estragon

E

erbe: Kräuter

F

fagiano: Fasan
fagioli: weiße Bohnen
– *al fiasco:* mit Salbei in einer Flasche gegart
– *all'uccelletto:* mit Salbei, Knoblauch, Olivenöl und Tomatensauce
fagiolini: grüne Bohnen
– *in umido:* in Tomatensauce gegart
faraona: Perlhuhn
farcito: gefüllt
farro: Dinkel
fave: zarte Saubohnen
fegatelli: Hühnerleber
fegato: Rinds- oder Kalbsleber
– *alla veneziana:* mit Apfelscheiben
fettuccine: Bandnudeln
fettunta: geröstete Brotscheiben mit Knoblauch und Olivenöl
fichi (fico): Feigen (Feige)
filetto: Filet
finocchio: Fenchel
finocchiona: Salami mit Fenchelsamen
fior di latte: Mozzarella aus Kuhmilch
fiori fritti: fritierte Zucchiniblüten

Voll im Trend: Im schicken Café Rivoire auf der Piazza della Signorìa ist das Getränk fast weniger wichtig als das Sehen und Gesehenwerden.

NATUREL

formaggio: Käse
fragole: Erdbeeren
frittata: Omelett
fritto: gebacken, fritiert
– *misto di carne:* gemischtes fritiertes Fleisch
– *di pesce:* gemischte fritierte Fische
– *di verdura:* gemischtes fritiertes Gemüse
frittura di verdura: ausgebackenes Gemüse
frutta: Obst
frutti di mare: Meeresfrüchte
funghi: Pilze
– *porcini:* Steinpilze

G

galletto: junges Hähnchen
gallina: Huhn
gallinacci: Pfifferlinge
gambero: Krebs
gelato: Speiseeis
ghiaccio (cubi di-): Eis(-würfel)
gianduiotto: Nougat
gnocchi: *kleine* Kartoffelklöße
grappa: Tresterschnaps
grasso: fett
grissini: dünne Weißbrotstangen

I

insalata: Salat
– *di mare:* lauwarme Vorspeise aus Meeresfrüchten
– *mista:* gemischter Salat
– *russa:* Erbsen- und Karottensalat mit Mayonnaise
– *verde:* grüner Salat

L

lamponi: Himbeeren
lampredotto: dunkle Kutteln
lasagne: überbackene Breitnudeln mit Ragout
latte: Milch
lattuga: Kopfsalat
legumi: Hülsenfrüchte

Das Auge kauft mit: Das weiß auch der Besitzer dieses Feinkostladens in der Via Guelfa.

lenticchie: Linsen
lepre: Feldhase
lesso: gekocht
limone: Zitrone
lingua: Zunge
lombata, lombatina: Lendenstück, kleines Lendenstück
lumache: Schnecken

M

maccheroni: Makkaroni
macedonia: Obstsalat
maiale: Schwein
manzo: Rindfleisch
marron glacé: glasierte Eßkastanien
marroni: Eßkastanien
marzolino: junger toskanischer Schafskäse
mascarpone: dicksahniger Frischkäse
mela: Apfel
– *cotogna:* Quitte
– *cotta:* Bratapfel
melanzane: Auberginen
melograno: Granatapfel
melone: Honigmelone
meringa: Baiser
merluzzo: Kabeljau
miele: Honig
minestra: Suppe
minestrone: Gemüsesuppe
– *di pasta:* mit kurzen Makkaroni
– *di riso:* mit Reis
mirtilli: Heidelbeeren
more: Brombeeren
mostarda: Senf
mozzarella di bufala: Frischkäse aus Büffelmilch

N

nasello: Seehecht
nocciole: Haselnüsse
noccioline: Erdnüsse
noce: Walnuß

O

olio: Öl (im allgemeinen Olivenöl)
– *di oliva extra vergine:* kaltgepreßtes Olivenöl
orata: Goldbarsch
orzo: Gerste
ossobuco: Kalbshaxenscheibe
ostriche: Austern

P

palombo: kleiner Haifisch
pan di ramerino: süßes Rosmarinbrot
pandoro: weihnachtlicher Hefekuchen
pane: Brot
– *casalingo:* ungesalzenes Bauernbrot
– *integrale:* Vollkornbrot
panforte: Trockenfrüchtekuchen
panino: (belegtes) Brötchen
panna: Sahne
– *cotta:* Süßspeise aus gekochter Sahne
– *montata:* Schlagsahne
panzanella: Salat aus Gurken, Tomaten, Zwiebeln, Basilikum, Brot
pappa al pomodoro: Brotsuppe mit Tomaten
pappardelle: breite Bandnudeln
– *al cinghiale:* mit Wildschweinragout
– *alla lepre:* mit Hasenragout
parmigiano: Parmesankäse
– *grattugiato:* geriebener Parmesan
pasta: Teigwaren
– *e fagioli:* dicke Bohnensuppe mit Teigwaren
– *fatta in casa:* hausgemachte Nudeln
patate: Kartoffeln
– *fritte:* Pommes frites
– *lesse:* gekochte Kartoffeln
pecorino: Schafskäse
penne: kurze Makkaroni
pepe: Pfeffer
peperonata: Gericht aus Paprika, Zwiebeln und Tomaten
peperoncino: kleine, scharfe Paprikaschote
peperoni: Paprika
pera: Birne
pernice: Rebhuhn
pesca: Pfirsich (auch: Fischerei)
pescanoce: Nektarine
pesce: Fisch
– *spada:* Schwertfisch
pesto: Basilikum-Parmesan-Sauce
petto di pollo: Hühnerbrüstchen
piatto: Teller, Gang
– *del giorno:* Tagesgericht
piccione: Täubchen
pinoli: Pinienkerne
pinzimonio: Vorspeise aus rohen Gemüsen mit einer Sauce aus Olivenöl und Zitrone
piselli: Erbsen
pizzaiola: in einer würzigen Tomatensauce
polenta: Maisbrei
– *fritta:* in dicken Scheiben fritiert
pollo: Hähnchen
– *fritto:* Brathähnchen
– *al mattone:* zwischen Backsteinen gegrillt
polpetta: Frikadelle
polpo: Tintenfisch
pomodoro: Tomate
pompelmo: Pampelmuse
popone: Melone
porchetta: (geröstetes) Spanferkel
porcini: Steinpilze
porri: Lauch
prezzemolo: Petersilie
prosciutto: Schinken
– *cotto:* gekochter Schinken
– *di Parma:* Parmaschinken
– *toscano:* würziger Toskanaschinken
prugna: Pflaume
purè di patate: Kartoffelpüree

Q

quaglia: Wachtel

R

radicchio: roter Kopfsalat
ragù: Fleischsauce (zu Nudeln)
ramerino: Rosmarin
ravioli: mit Fleisch oder Quark gefüllte Teigtaschen
ribollita: mit Brot eingedickte Gemüsesuppe
ricciarelli: Seneser Mandelgebäck
ricotta: quarkähnlicher Weichkäse
rigatoni: geriffelte Makkaroni
riso: Reis
risotto: gekochtes Reisgericht
– *alla marinara:* mit kleinen Meerestieren
– *alla milanese:* mit Safran gedünstet
rognoni: Nieren
rombo: Steinbutt
rosticciana: gegrillte Schweinsrippchen
rucola: Rauke

S

salame: Salami
salato: salzig
salmone: Lachs
– *affumicato:* geräucherter Lachs
salsa: Sauce
– *verde:* aus frischen Kräutern
salsicce: grobe Schweinswürstchen
salumi: Wurstwaren
salvia: Salbei

scaloppina: Kalbsschnitzel
scampi: Krabben
schiacciata: Hefefladen
– *all'uva:* mit roten Weintrauben
schiacciatina (all'olio): mit Olivenöl gebackener Fladen
sedano: Sellerie
semifreddo: Halbgefrorenes
seppia: Tintenfisch
sformato: Auflauf
– *di verdure:* Gemüseauflauf
sgombro: Makrele
sogliola: Seezunge
soppressata: Preßsack
sorbetto: Eis-Sorbet
sott'aceto: in Essig eingelegt
sott'olio: in Öl eingelegt
spaghetti: Spaghetti
– *aglio e olio:* mit Knoblauch und Olivenöl
– *all'amatriciana:* mit Speck und Tomaten
– *alla bolognese:* mit Fleischsauce
– *al burro:* mit Butter
– *al pomodoro:* mit Tomatensauce
– *al ragù di carne:* mit Ragout
– *alle vongole:* mit Venusmuscheln
spezie: Gewürze
spezzatino: Ragout
spiedino: Grillspieß
spigola: Barsch
spinaci: Spinat
spremuta: frisch ausgepreßter Saft
– *di arancia:* von Orangen
– *di limone:* von Zitronen
– *di pompelmo:* von Pampelmusen
stracotto di manzo al vino rosso: Schmorbraten in Rotweinsauce
succo di frutta: Fruchtsaft
sugo: Sauce

T

tacchino: Truthahn
tagliatelle: Bandnudeln
tartufi: Trüffel
– *di mare:* Venusmuscheln
tomino: Frischkäselaibchen
tonno: Thunfisch
torta della nonna: Mürbeteigkuchen mit Vanillecremefüllung und Pinienkernen
tortellini: kleine Teigringe
– *alla carne:* mit Fleischfüllung
– *alla ricotta:* mit Quarkfüllung
totani: kleine Tintenfische
tovaglia: Tischdecke
tovagliolo: Serviette
tramezzino: Weißbrot-Sandwich
trenette: flache Spaghetti
triglia: Meer-, Seebarbe
– *alla livornese:* in Tomatensauce
trippa: Kutteln
– *alla fiorentina:* nach Florentiner Art (in Tomatensauce)
trota: Forelle

U

uovo: Ei
– *affogato alla fiorentina:* pochiertes Ei mit Spinat und Mornay-Sauce
– *à la coque:* weich gekochtes Ei
– *sodo:* hartes Ei
– *strapazzato:* Rührei
– *al tegamino:* Spiegelei
uva: Weintrauben
– *bianca:* grüne Trauben
– *nera:* blaue Trauben

V

verdura: Gemüse
vermicelli: Fadennudeln
verza: Wirsing
vino: Wein
– *aperto:* offener (Haus-)Wein
– *bianco:* Weißwein
– *rosso:* Rotwein
vitella: Kalbfleisch
vitello tonnato: kalter Kalbsbraten mit Thunfischsauce
vongole: Venusmuscheln

Z

zabaione: Weinschaumcreme
zampone: Kochwurst in Schweinefußhaut gefüllt
zucca: Kürbis
zucchero: Zucker
zucchini: Zucchini
zuccotto: Halbgefrorenes mit kandierten Früchten und Löffelbiskuit
zuppa: Suppe
– *di fagioli:* dicke Bohnensuppe
– *inglese:* Süßspeise mit Biskuit und Likör
– *pavese:* Bouillon mit gebackenen Brotscheiben, rohem Ei und Parmesan
– *di pesce:* Fischsuppe
– *di verdura:* Gemüsesuppe

Feiertage

1. Januar (Capodanno); **6. Januar** (Epifania); **Ostern** (Pasqua); **Ostermontag** (Pasquetta); **25. April** (Anniversario della Liberazione); **1. Mai** (Festa del Lavoro); **24. Juni** (San Giovanni Battista); **15. August** (Assunzione bzw. Ferragosto); **1. November** (Ognissanti); **8. Dezember** (Immacolata Concezione); **25. Dezember** (Natale);
26. Dezember (Santo Stefano)

Feste und Messen

Veranstaltungskalender gibt es im Lokalteil der Tageszeitungen »La Nazione«, »La Repubblica« und »L'Unità« in der Rubrik »Firenze Spettacolo«. Beim APT (Informationsbüro) erhält man kostenlos einen Stadtplan mit Info-Material. In den meisten Hotels liegt das zweimonatliche Informationsheft »Florence concierge information« mit einer Fülle an Auskünften und Hinweisen in Italienisch und Englisch aus (sonst an der Rezeption anfordern). Monatlich gibt das APT zwei Faltblätter heraus: »Avvenimenti« (»Ereignisse«) auf italienisch und »Informacittà – Firenze 24 ore« (»Stadtinfo – Florenz rund um die Uhr«) auf italienisch und englisch. Letzteres ist eine besonders nützliche Info-Quelle für Kulturelles, mit praktischen Hinweisen.
Hier einige interessante Ereignisse, die einen festen Platz im Florentiner Veranstaltungskalender einnehmen.

Januar/Februar
Florence Gift Mart
Große Fachmesse für Geschenkartikel: zum Tischdecken, für Beleuchtung und Hauseinrichtung, Silber-, Goldschmiedeware und Schmuck. 4tägig etwa Ende Januar/Anfang Februar und Mitte Sept. (Info Tel. 47 78 41)

März
Settimana della cultura scientifica
(Wissenschaftliche Kulturwoche) ■ G 6
Ausstellungen, Führungen und Museumsbesuche, Vorträge mit Programmen aus verschiedenen Gebieten von Wissenschaft und Kunst in der 2. Märzhälfte. Veranstaltungskalender erhältlich im Museo di Storia della Scienza (Museum für Wissenschaftsgeschichte).
Piazza de' Giudici (Info: Tel. 2 39 88 76).

Die »Estate Fiesolana«, die im römischen Amphitheater von Fiesole stattfindet, ist allein schon wegen des zauberhaften Rahmens einen Besuch wert.

März/April

Scoppio del Carro (»Karrenexplosion«) ■ F4

Ostersonntagsmesse im Dom. Wenige Minuten vor 11 Uhr ist es soweit: Aus dem offenen Portal zischt die Taubenrakete blitzschnell heraus. Schnurgerade knallt sie gegen das mit Feuerwerkskörpern bestückte Gefährt, das – einer Pagode ähnlich – vor dem Paradiestor des Baptisteriums steht. Der Karren explodiert. Mit ohrenbetäubendem Krach und Knattern spuckt er Blitz, Donner und Rauchschwaden in die Luft, bis die letzte Rakete verpufft ist und sich oben die bunten Festfähnchen entfaltet haben (→ 10x10, S. 11). Die traditionelle Zeremonie geht auf die Kreuzfahrerzeit zurück. Der »Carro« war bis zur Verschwörung der Pazzi ein Privileg jener Familie. An Jubel und Gedränge fehlt es auch heute nicht, bis der Festzug in prunkvoller Renaissancekleidung mit Hellebarden, Trompeten und Trommelwirbel abzieht. Ein guter Rat: hinter dem Polizeikordon einen günstigen Seh- und Stehplatz schon gegen 10 Uhr, links von der Domfassade (nahe zur Ecke Via Martelli), sichern. Wer frühzeitig kommt, erlebt auch die Ankunft des Festzugs mit der von weißen Ochsen gezogenen Karre.

10x10

Stralunart ■ E7

Der Florentiner Kulturverein »Stralunart« der Handwerker organisiert einen bunten Wochenendmarkt zu Ostern, Anfang Mai und Anfang Oktober vor dem linken Flügel des Palazzo Pitti. 40 Stände bieten Lustiges, Unnützes (sogar auch Nützliches) für groß & klein an: von Puppen, über Silberschmuck bis Mützen.
Piazza Pitti

April/Mai

Maggio Musicale Fiorentino

Das traditionelle Florentiner Musikfestival hat nicht ohne Grund einen weltweiten Ruf (→ 10x10, S. 11). Opern- und Ballettaufführungen, Orchester- und Kammermusikkonzerte füllen das reiche Programm während über zwei Monate aus. Chefdirigent: Zubin Mehta. Aufführungsorte: Teatro Comunale und Piccolo Teatro, Teatro della Pergola, Teatro Goldoni. Zum Ausklang der Festwochen je ein Ballettabend und Orchesterkonzert mit Chor auf der Piazza della Signorìa unterm freien Himmel. Ende April bis Ende Juni.

10x10

Info und Kartenvorverkauf: Biglietteria Teatro Comunale, Corso Italia 16, 50123 Firenze; Tel. 00 39/55/21 11 58, 21 35 35, Fax 2 77 94 10; Di–Fr 10–16.30, Sa 9–13 Uhr
Internet: http: //www.maggiofiorentino.com
Box Office Via Faenza 139 r;
Tel. 0 55/21 08 04. Vorverkauf: Mo 15.30–19.30, Di–Sa 10–19.30 Uhr

Hinweise für Behinderte: Gehbehinderten und ihren Begleitern stehen Sitzplätze im 1. Rang zur Verfügung, die mit dem Rollstuhl leicht zu erreichen sind. Schwerhörigen stehen Sitzplätze in der 1. Reihe des Parketts zur Verfügung. Diese Plätze kosten nur so viel, wie für den 3. Sektor vorgesehen ist, und sind bis zu zwei Tagen vor der Vorstellung verfügbar.

Wenn die Taubenrakete während der Ostersonntagsmesse aus dem Dom schießt und das Kartenfeuerwerk anzündet, gibt es einen Explosionskrach, daß fast der Campanile wackelt: Scoppio del Carro.

Mostra Mercato Internazionale dell'Artigianato ■ E 1
Internationale Handwerksmesse. Günstige Einkaufsmöglichkeit aus allen Regionen Italiens – vom bemalten Teeservice bis zum handgeknüpften Teppich – und ein ganz bißchen Flair aus der großen weiten Welt **10x10** (→ 10x10, S. 11). In der Mittagspause für klein und groß: ein Riesenrad mit Florenzblick und verlockende Imbißstände mit regionalen Spezialitäten.
Fortezza da Basso (Ende April/Anfang Mai. Info Tel. 4 97 21).

Mostra mercato primaverile di piante e fiori nördlich ■ H 2
Der Frühling ist da: Ein bunter Blumen- und Pflanzenteppich bezaubert mit Duft und Farbe den Besucher dieses herzerfreuenden Angebots. Im Parterre, bei Piazza Libertà. (Ende April/Anfang Mai. Info Tel. 41 75 65).

Mai
Mostra dell' Iris e concorso internazionale ■ e 3, S. 163
Schwertlilienschau mit internationalem Wettbewerb. Direkt unterhalb des Piazzale Michelangelo, in einem Garten mit Traum- **10x10** blick auf Florenz (→ 10x10, S. 11).
2. bis 20. Mai; tgl. 10–12–30 und 15–19 Uhr (Eingang auf halber Höhe des Treppenweges Via di San Salvatore al Monte 5)

Stralunart (→ April, S. 253)

Mai/Juni
Festa del Grillo ■ A 3
Nicht nur für einheimische Kinder ist dieses Volksfest ein großer Spaß. Am Sonntag nach Himmelfahrtstag zieht die ganze Familie in den Cascine-Park, um die Grillen in ihren originellen Minikäfigen zu kaufen und **10x10** sie dann später freizulassen (→ 10x10, S. 11). Dieser alte Brauch ist ein guter Vorwand, um sich an den verlockenden Verkaufsständen für das Picknick auf dem grünen Rasen mit Kaloriennachschub einzudecken. Saftige »Porchetta« (Spanferkel) ist ebenso populär wie süße Knabbereien. Für Begleitmusik sind die zirpenden Grillen zuständig. Im Cascine- **Extra** Park, beim Ponte della Vittoria (→ Extra, Ein Käfig voller Grillen, S. 76).

Juni
Artigianato e Palazzo ■ C 3
Rund 60 ausgewählte Kunsthandwerker, von Fürstin Giorgiana Corsini eingeladen, stellen seit 1995 an den drei Tagen (des ersten Wochenendes im Juni) ihr Können und ihre phantasievollen Kreationen in einem besonderen Rahmen zur Schau: in drei großen Gewächshäusern und auf dem Rasen davor im schönen Barockgarten des Palazzo Corsini sul Prato.
Via della Scala 115; Tel. 48 89 09; tgl. 10–21 Uhr

Calcio storico in costume ■ H 6
Historisches Fußballspiel in mittelalterlichen Kostümen. In Florenz spielte man schon am 10. Januar 1490 auf dem zugefrorenen Arno zwischen Ponte Vecchio und Santa Trìnita-Brücke Fußball (→ **10x10** 10x10, S. 11). Piazza Santa Croce, wo der Calcio Storico auch in unserer Zeit vor vollbesetzten Tribünen ausgetragen wird, war am 17. Februar 1530 Schauplatz eines Spiels vor der Nase der kaiserlichen Belagerungstruppen, zu ihrer Verspottung auf Florentiner Art. Der 24. Juni 1997 wird wohl als schwarzer Tag in die Calcio-Chronik eingehen: Einige der 54 Teilnehmer (27 pro Mannschaft) vergriffen sich beim zweiten Ausscheidungsspiel so brutal am Gegner, daß das Finale behördlich untersagt wurde. Der Calcio Storico war immer schon ein scharfer Cocktail aus Fußball, Rugby und Catch-as-catch-can. Seit der Wiederaufnahme der historischen Spiele hat es aber eine solche Blamage noch nie gegeben: Johannistag ohne Calcio-Finale und ohne das junge weiße Kälbchen als Preis für die siegreiche Mannschaft. Es bleibt abzuwarten, welche neue Lösung man ausknobeln wird, damit die vier Mannschaften – in den Farben Grün-Blau-Rot-Weiß ihrer Rioni (Stadtteile) – zur Musik von Trommlern und Pfeifern erneut zum Wettkampf antreten. Dann reiten die Rione-Kapitäne den 530 malerisch kostümierten und bewaffneten Mitgliedern der Calcio-Gemeinde voran.
Kartenvorverkauf: Box Office; Via Faenza 139 r; Tel. 21 08 04; Mo 15.30–19.30, Di und Sa 10–19.30 Uhr

Fuochi di San Giovanni (Johannesfeuer)
Der 24. Juni, Tag des beliebten Schutzpatrons von Florenz Johannes des Täufers, **10x10** gilt als fröhlicher Feiertag (→ 10x10, S. 11). An vielen Stellen der Stadt geht es in populären Veranstaltungen hoch her. Von der Bootsparade auf dem Arno bis zum Feuerwerk auf dem Piazzale Michelangelo reicht die Palette. Nach 23 Uhr findet am Himmel ein gewaltiges Spektakel von Licht, Farbe und Phantasie mit ohrenbetäubendem Knalleffekt statt.

Juli/August
Estate Fiesolana ■ c 2, S. 197
Im Römischen Amphitheater von Fiesole finden Ballett-, Theater- und Filmabende statt. Der idyllische Rahmen an sich ist **10x10** schon ein Erlebnis (→ 10x10, S. 11)! Juli–August. (Info: Tel. 59 91 23.)

Florence Dance Festival ■ H 3/H 5
Internationale, dem zeitgenössischen Tanz gewidmete Aufführungen auf der Piazza Santissima Annunziata (21.30 Uhr). Choreographischer Wettbewerb und Workshop im Teatro Verdi (20.30 Uhr)
Via Verdi
2. Julihälfte. Vorverkauf: Box Office
Via Faenza 139 r; Tel. 0 55/21 08 04

Notti d'estate
Unter dem Motto »Notti d'estate« (Sommernächte) veranstaltet die Kulturbehörde zahlreiche Konzerte, Tanz-, Theater- und Filmaufführungen unter dem Sternenhimmel, in Kirchen und Kreuzgängen. Beginn: 21.30 Uhr. Besonders niveauvoll sind die Kammermusikkonzerte in der Kirche Orsanmichele (Beginn: 21 Uhr).
Im Juli und August. Info und Vorverkauf: Box Office
Via Faenza 139 r; Tel. 0 55/21 08 04

August
San Lorenzo ■ F 4
Am 10. August, dem Laurentius-Tag, wird auf der Piazza San Lorenzo ein Volksfest mit Musik und Freßbuden veranstaltet.

September
Biennale di Firenze. Il Tempo e la Moda
(in Jahren mit gerader Jahreszahl)
1996 erstmalig in sieben Museen und Palazzi veranstaltet: Mode und Avantgardekunst, Hand in Hand, neben den klassischen Kunstwerken vorgeführt. Das brachte einen skandalumwitterten Erfolg. Man darf darauf gespannt sein, was man bei der nächsten Thematik »Mode und Film« noch so alles aus dem Hut zaubern wird, um die Florentiner Kunstszene ordentlich aufzuwühlen.

Festa delle Rificolone (Laternenfest) ■ H 3
Von der Piazza Santa Croce ziehen Hunderte von Kindern aus allen Stadtteilen mit ihren bunten Laternen durch die Innenstadt zur Piazza Santissima Annunziata, um die Jungfrau Maria am Vorabend ihrer Geburtstagsfeier zu ehren (→ 10x10, S. 11). **10x10** Eine alte Tradition lebt in diesem Brauch weiter: Er erinnert an die Bauern, die einst aus den umliegenden Dörfern beim Licht ihrer Laternen und Fackeln nachts durch Wald und Feld zum Feiertagsmarkt zogen. Sie wollten mit ihrem Lebensmittelangebot schon bei Sonnenaufgang an Ort und Stelle sein.
Piazza Santissima Annunziata
7. September

Florence Gift Mart
Große Fachmesse für Geschenkartikel (→ Januar/Februar)

September/Oktober
Biennale Mostra Mercato Internazionale Antiquariato ■ E 5
(immer in Jahren mit ungerader Jahreszahl)
Die international bedeutende Messeausstellung von Kunst & Antiquitäten fand 1997, zum 20. Jubiläum, das erste Mal im Palazzo Corsini statt und nicht wie früher im Palazzo Strozzi. Zum Bewundern und – wenn man sich's leisten kann – zum Beschaffen. (Ab etwa Mitte September bis Anfang Oktober; Info: 28 26 35.)
Lungarno Corsini

Dezember
Presepi artistici
Kunstvoll gestaltete Weihnachtskrippen – manchmal mit lebensgroßen Figuren – kann man in den Basiliken Santa Croce und San Lorenzo sowie in den kleineren Kirchen Santa Maria de' Ricci (Via del Corso) und der nahe gelegenen »Dante«-Kirche Chiesa di Santa Margherita de'Cerchi (Via Santa Margherita) bewundern. Bis zum 6. Januar.

Fundbüro

nördlich ■ C 1

Fundgegenstände landen alle im Städtischen Fundbüro (Ufficio degli oggetti smarriti; Via Circondaria 19; Tel. 36 79 43). Im Taxi vergessene Gegenstände kann man erst bei der Stadtpolizei (»vigili urbani«) suchen.

Geld

Währungseinheit ist die italienische Lira (Lit.). Münzen gibt es zum Wert von 50, 100, 200, 500 und 1000 Lire. Auch Telefonmünzen (»gettoni«), im Wert von 200 Lire, dienen als Zahlungsmittel. Folgende Bankscheine sind im Verkehr: 1000, 2000, 5000, 10 000, 50 000, 100 000 und 500 000 Lire. Kreditkarten werden in den meisten Hotels, Restaurants und besseren Geschäften angenommen. Bei Euroschecks ist der Höchstbetrag 300 000 Lire; vom Bankomat kann man mit der Scheckkarte bis zur selben Höhe Geld abheben, wenn er einer Bank gehört, oder bis zu 250 000 Lire vom Sparkassen-Bankomat. Die Deviseneinfuhr nach Italien unterliegt keiner Beschränkung. Öffnungszeiten der Banken: Mo–Fr 8.20–13.20; 14.45–15.45 Uhr die Banken, 14.35–15.35 die Sparkassen. Am Vortag des Feiertags: beide nur vormittags 8.20–11.20 Uhr. »Cambio« ist das Wort für »Wechselstube«, »Wechselkurs« und »Geldumtausch«. Unter den Wechselstuben hat in den Sommermonaten »Change Point« in der Via dei Calzaiuoli 3 r (bei der Piazza della Signorìa) am längsten geöffnet: 8.30 bis etwa 23 Uhr. Vier weitere Wechselstuben haben im Stadtkern von 8.30 bis 19.45 durchgehend offen (Via Martelli 9 r, Via Calzaiuoli 79 r, Via Panzani 55 r, Via Por Santa Maria 5 r).

Wechselkurse

I	D	CH	A
Lit.	Mark	Franken	Schilling
1000	1,08	0,90	7,56
2000	2,16	1,79	15,12
5000	5,40	4,48	37,80
7000	7,56	6,30	52,92
10 000	10,80	8,96	75,60
15 000	16,20	13,50	113,40
20 000	21,60	17,93	151,20
30 000	32,40	26,89	226,80
50 000	54,00	44,82	378,00
100 000	108,00	89,64	756,00
150 000	162,00	134,46	1134,00
200 000	216,00	179,28	1512,00
250 000	270,00	224,10	1890,00

Nebenkosten
(umgerechnet in DM)

1 Tasse Kaffee	1,30–160
1 Bier	3,20–4,30
1 Cola	2,10–3,20
1 Brot (ca. 500g)	ca. 3,20
1 Schachtel Zigaretten	ca. 5,50
1 Liter Benzin	ca. 1,90
Fahrt mit öffentl. Verkehrsmitteln (Einzelfahrt)	1,70
Mietwagen/Tag	ca. 130

Stand: März 1998

Mit einem Handikap unterwegs

Wo der Einbau von Fahrstühlen in öffentlichen Gebäuden (z. B. Museen) nicht möglich ist, werden am Treppenrand allmählich Rampen mit Hochziehvorrichtungen für Rollstühle eingerichtet. Geplant ist, im Laufe der nächsten Jahre Außentreppen, die zu Kirchen, Museen usw. hinaufführen, mit Auffahrtrampen auszustatten, wie es sie etwa bei den Uffizien und bei San Lorenzo provisorisch schon gibt. Es fehlt nicht an niedrig angebrachten Postkästen und Telefonautomaten, abgeschrägten Gehsteigecken. Auch die ausgedehnte Fußgängerzone der Innenstadt kommt Rollstuhlfahrern entgegen. In Neubauten, renovierten Hotels und Restaurants trifft man immer häufiger auf Behindertentoiletten.

Hausnummern

In Florenz laufen die Nummern an den Hauswänden anders als anderswo. Außer den normalen Hausnummern in schwarz oder blau gibt es noch eine eigenständige Serie von roten Ziffern, die an Geschäften und Restaurants angebracht sind. Man erkennt auch sofort auf einer Visitenkarte, daß es sich um einen Laden (oder Unternehmen) handelt, wenn nach der Straßennummer ein »r« gedruckt ist (»r« steht für »rosso« = rot). Beispiel: Via San Niccolò 90 r. Die beiden Nummernreihen sind völlig unabhängig voneinander. So haben die roten und schwarzen Zahlen in der Reihenfolge nichts miteinander zu tun. Vorsicht vor Verwechslungen!

Hotels und andere Unterkünfte

Was Florenz alles bietet, ist nicht mit Gold zu bezahlen. In diesem Sinn läßt es sich eher rechtfertigen, daß die Stadt ein teures Pflaster ist, mit entsprechend hohen Hotelpreisen in der Hauptsaison. Das Preisniveau liegt im Durchschnitt etwas unter dem von Venedig, überflügelt aber das von Rom. Daß der Fremdenverkehr bei weitem die wichtigste Einkunftsquelle der Stadt ist, liegt auf der Hand. Doch in den letzten Jahren hat er sich zunehmend auf zwei extreme Zielgruppen ausgerichtet: den Elitetourismus auf der einen Seite, den Massentourismus auf der anderen. Das widerspiegelt sich deutlich im Hotelangebot. Erstklassige Hotels zu finden ist heutzutage kein Problem, dafür muß der Gast aber auch tief in die Tasche greifen. Zunehmend schwieriger ist es aber, wirklich gute Hotels der mittleren Preisklasse (2 oder 3 Sterne) zu empfehlen, bei denen das Preis-Leistungs-Verhältnis stimmt. Bei den 1-Stern-Unterkünften muß man schon – was Komfort und Ruhe anbelangt – ein Auge zudrücken. Zudem ist es ratsam, einen scharfen Blick zu bewahren, um nicht versehentlich in einem Stundenhotel zu landen. Gut aufgehoben fühlt man sich in den preisgünstigen religiösen Instituten, auch wenn sie eine obligate Sperrstunde einhalten. Sie sind zwar spartanisch, dafür aber gepflegt und zumeist in ruhiger Lage. Frühzeitig buchen, da diese wenig Betten haben. Männer und Frauen sind gleichermaßen willkommen. Kreditkarten werden dort allerdings nicht akzeptiert.

Meine Hoteltips führen nur in die historische Innenstadt oder in die grüne Umgebung. Die Vor- und Nachteile dieser Lagen gleichen sich gegenseitig aus: Auf den Hügeln ist es im Sommer kühler, und man ist in unmittelbarer Naturnähe; dafür hat man im Stadtkern und im Oltrarno die Museen und Einkaufsstraßen praktisch um die Ecke. Es lohnt sich, den Florenz-Aufenthalt rechtzeitig zu planen, damit Sie in Ruhe das Hotel Ihrer Wahl aussuchen können. Um einiges preiswerter sind die guten Hotels übrigens in den Nebensaison-Monaten August, November, Dezember (außer Weihnachten) und Januar.

Nobelherberge am Hang mit Traumblick auf die Stadt: Wer es sich leisten kann und nicht mitten im Zentrum wohnen will, steigt in der luxuriösen Villa San Michele ab.

Mit ein bißchen Fingerspitzengefühl können Sie in den anderen Monaten bei Ihrer Buchung probieren, mit dem Hotel einen angemessenen Zimmerpreis auszuhandeln, wenn nicht gerade Hochbetrieb ist. Einen Versuch ist es immer wert. Lassen Sie es sich dann gleich per Fax bestätigen. Im Zimmerpreis ist das Frühstück mal inbegriffen, mal nicht. Fragen Sie ausdrücklich danach. Das Frühstück kostet in der Regel zwischen 8000 und 40 000 Lire pro Kopf, je nach Hotelkategorie und je nach Üppigkeit. Wenn das Frühstück im Zimmerpreis nicht inbegriffen ist, rate ich dazu, in der nächsten Steh-Cafébar »all'italiana« zu frühstücken: neben einem schäumenden Cappuccino oder »Caffelatte« (Milchkaffee) bestellt man frische »brioches« (Hörnchen) oder unter anderem einen »budino di riso« (Reistörtchen mit Zimtgeschmack). Das kostet ein Drittel weniger als im Hotel, und gleich fühlt man sich mittendrin im Florentiner Geschehen.

Bei längeren Aufenthalten ist es kostengünstiger, ein möbliertes Apartment (»residence«) – mit oder ohne Küche – in einer Villa etwa oder in einem Palazzo zu mieten. Vermietet wird wochenweise. Man wende sich am besten direkt an das Informationsbüro A. P. T. (Azienda di Promozione Turistica, Via Cavour 1 r; Tel. 29 08 32, Fax 2 76 03 83).

Wer sich erst bei der Ankunft am Bahnhof entscheidet, in Florenz zu übernachten, kann sich tgl. von 8.30 bis 21 Uhr an die dortige Hotelzimmervermittlung I. T. A. (Informazioni Turistiche Alberghiere) im Hauptbahnhof Santa Maria Novella, neben der Apotheke (gegenüber Gleis 16); Tel. 28 28 93, wenden.

Auch die folgenden Hotelagenturen stehen zur Verfügung: **Coopal** (Cooperativa Albergatori); Via il Prato 2 r; Tel. 21 95 25, Fax 29 21 92; **Florence Promhotels**; Viale Alessandro Volta 72; Tel. 57 04 81, Fax 58 71 89; **Top Quark**; Via Trieste 5; Tel. 4 62 00 80, Fax 48 22 88.

Preisklassen

Die Preise gelten für eine Übernachtung im Doppelzimmer für zwei Personen mit Frühstück.
Luxusklasse ab 500 000 Lire
Obere Preisklasse ab 300 000 Lire
Mittlere Preisklasse ab 200 000 Lire
Untere Preisklasse ab 100 000 Lire

Hotels der Luxusklasse

Grand Hotel 10x10
(→ 10x10, S. 14)
Piazza Ognissanti 1, 50123 Firenze;
Tel. 0 55/28 87 81, Fax 21 74 00;
90 Zimmer, 17 Suiten; (AE, DC, EC, Visa)

Grand Hotel Villa Cora
südlich ■ b 3, S. 163
Grandiose Villa, die Baron Oppenheim 1865 für seine aparte Frau Cora im Grünen errichten ließ. Gekrönte Häupter wie die Witwe Napoleons III. und Kaiser Hirohito mit seiner Frau fanden hier die ersehnte Stille. Die ruhigsten Zimmer befinden sich im 3. Stock, mit Terrasse und Florenzblick (Favorit der Autorin: das rosa Jugendstilzimmer Nr. 331). Swimmingpool im Garten, Solarium-Dachterrasse.
Viale Machiavelli 18, 50125 Firenze;
Tel. 0 55/2 29 84 51, Fax 22 90 86; 35 Zimmer, 13 Suiten (AE, DC, EC, Visa)

Hotel Excelsior ■ D 5
Wer Prunk und Diskretion liebt, ist im alteingesessenen Traditionshotel am Arno-Ufer gut aufgehoben. Zum Ausflippen: die Panorama-Terrassen im 5. Stock der »Belvedere«-Suite und der Junior-Suite Nr. 540.
Piazza Ognissanti 3, 50123 Firenze;
Tel. 0 55/26 42 01, Fax 21 02 78,
157 Zimmer, 6 Suiten (AE, DC, EC, Visa)

Villa San Michele ■ c 2, S.197
Das nobelste Hideaway in den Hügeln von Florenz, Traumziel für betuchte (Hochzeits-) Reisende aus nah und fern. In den Renaissanceräumen weht ein Flair des soignierten alten Europas; Michelangelo schuf die Villenfassade. Tip: die Junior-Suite »Donatello« mit Badezimmer aus schwarzem Marmor. Candlelight-Dinners in Traumloggia mit Florenzkulisse. Geheizter Open-air-Swimmingpool im Garten. Nur ab Halbpension möglich. (Das Hotel hat von Anfang Dezember bis Mitte März geschl.)
Via di Doccia 4, 50014 Fiesole; Tel. 0 55/5 94 51, Fax 59 87 34; 26 Zimmer, 7 Junior Suiten, 3 Suiten (AE, DC, EC, Visa)

Hotels der Oberen Preisklasse

Grand Hotel Minerva ■ E 4
Von Kopf bis Fuß 1996 im pfiffig-fröhlichen »Made-in-Italy-Design« renoviert und durchgestylt. 20 Zimmer haben die beneidenswerte Aussicht auf die schöne Fassade der Santa-Maria-Novella-Kirche. Für Romantiker ein Must: der abends bis 23 Uhr beleuchtete Dach-Swimmingpool!
Piazza Santa Maria Novella 16, 50123 Firenze; Tel. 0 55/28 45 55, Fax 26 82 81; 83 Zimmer, 10 Junior-Suiten, 6 Suiten (AE, DC, EC, Visa)

Hotel Berchielli ■ F 6
Gepflegtes Hotel im Stadtkern am Arno-Ufer. Tip der Autorin: Nr. 502 mit Arnoblick, Nr. 506 mit Terrasse, Nr. 604, 610 und 611.
Lungarno Acciaioli 14, 50123 Firenze;
Tel. 0 55/26 40 61, Fax 21 86 36; 73 Zimmer, 3 Suiten (AE, DC, EC, Visa)

Hotel Brunelleschi ■ G 5
Originelles Hotel mit mittelalterlichem Turm und moderner Zimmer-Einrichtung. Frühstück im Turm. Nicht gerade preiswert, dafür zentral und trotzdem in ruhiger Lage!
Piazza Santa Elisabetta, 50122 Firenze;
Tel. 0 55/56 20 68, Fax 21 96 53; 87 Zimmer, 9 Suiten (AE, DC, EC, Visa)

Hotel Helvetia & Bristol 10x10
(→ 10x10, S. 14)
Via dei Pescioni 2, 50123 Firenze;
Tel. 0 55/28 78 14, Fax 28 83 53; 49 Zimmer, 3 Suiten (AE, DC, EC, Visa)

Hotel Kraft 10x10
(→ 10x10, S. 14)
Via Solferino 2, 50123 Firenze;
Tel. 0 55/28 42 73, Fax 2 39 82 67; 80 Zimmer, 5 neue Suiten; Obere Preisklasse (AE, DC, EC, Visa)

Hotel Loggiato dei Serviti ■ H 3
Ein kleines Hotel mit alten Möbeln und viel Charme. Im ruhigen Zimmer Nr. 16 schlummert man unter einem Baldachin mit Blick auf Domkuppel.
Piazza Santissima Annunziata 3, 50123 Firenze;
Tel. 0 55/28 95 92-4, Fax 28 95 95; 29 Zimmer (AE, DC, EC, Visa)

Hotel Lungarno
10x10 (→ 10x10, S. 14)
Borgo San Jacopo 14, 50125 Firenze; Tel. 0 55/26 42 11, Fax 26 84 37; 55 Zimmer, 11 Suiten (AE, DC, EC, Visa)

Hotel Monna Lisa
10x10 (→ 10x10, S. 14)
Borgo Pinti 27, 50121 Firenze; Tel. 0 55/2 47 97 51, Fax 2 47 97 55; 35 Zimmer (AE, DC, EC, Visa)

Hotel Park Palace südlich ■ b 3, S. 163
Gutgeführte Villa im Grünen mit kolossaler Eingangshalle (8 Meter hoch!). Jedes Zimmer hat eine persönliche Note; die mit der schönsten Naturaussicht: »Bellosguardo«, »Montemorello«, »Bellavista«, »Porta San Giorgio«. Frühstück in der Loggia mit Blick auf Swimmingpool, Rhododendren und Azaleen.
Piazzale Galileo 5, 50125 Firenze; Tel. 0 55/22 24 31, Fax 22 05 17; 26 Zimmer, 1 Suite (AE, DC, EC, Visa)

Hotel Relais Certosa
Ideale Herberge für Freunde des Chianti-Gebiets, die in Florenz wohnen, aber Stippvisiten mit dem Auto nach Siena und Umgebung machen wollen. Acht Zimmer mit Blick auf die Kartause, sieben Zimmer mit Behindertenzugang. Pendelbus dreimal tgl. (außer So) nach Florenz. Etwa 500 Meter von der Autobahnausfahrt »Firenze-Certosa« und der Schnellstraße nach Siena entfernt.
Via Colle Ramole 2, 50124 Firenze; Tel. 0 55/2 04 71 71, Fax 26 85 75; 63 Zimmer, 6 Suiten (DC, EC, Visa)

Hotel Savoy ■ F 5
Belle-Époque-Hotel im quirligen Stadtzentrum. Dennoch sind die Zimmer recht ruhig (Doppelfenster!) und geräumig. Auffallend hübsch ist die Hotelbar mit dekorativen Wandfresken. Zwischen 1998 und 2000 wollen die neuen Eigentümer Ferragamo das Etablissement in eine Luxusherberge verwandeln.
Piazza della Repubblica 7, 50123 Firenze; Tel. 0 55/28 33 13, Fax 28 48 40, 99 Zimmer, 2 Suiten (AE, DC, EC, Visa)

Hotel Villa Carlotta südlich ■ b 3, S. 163
Gediegene Villa mit antiken Möbeln. Freundlicher Service, auch im Restaurant im Untergeschoß. Hier fühlt man sich wie zu Gast in einem privaten Landhaus.
Via Michele di Lando 3, 50125 Firenze; Tel. 0 55/2 33 61 34, 22 05 30, Fax 2 33 61 47 32 Zimmer (AE, DC, EC, Visa)

Hotel Villa La Massa 10x10
(→ 10x10, S. 14)
Località Candeli bei 50012 Bagno a Ripoli (7 Kilometer von Florenz entfernt); Tel. 0 55/6 51 01 01, Fax 6 51 01 09; 33 Zimmer, 5 Suiten (AE, DC, EC, Visa)

Hotel de la Ville ■ E 4
Eine Topadresse im Herzen der Stadt. Erstklassiger, freundlicher Service, gemütliche Zimmer, angenehmes Ambiente in Lobby und Bar.
Piazza Antinori 1, 50123 Firenze; Tel. 0 55/2 38 18 05-8, Fax 2 38 18 09; 67 Zimmer, 4 Suiten (AE, DC, EC, Visa)

Torre di Bellosguardo 10x10
(→ 10x10, S. 14)
Via Roti Michelozzi 2, 50125 Firenze; Tel. 0 55/2 29 81 45, Fax 22 90 08; 10 Zimmer, 6 Suiten; (AE, DC, EC, Visa)

Villa Le Rondini
Abseits vom Trubel, mitten im Grünen gelegene Landvilla (7 km nördlich des Zentrums) mit viel Charme. Unprätentiöse Zimmereinrichtung (die schönsten sind die Nr. 9 und 10, beide mit eigener Loggia und Panoramablick auf Florenz). Swimmingpool im Olivenhain, Restaurant unter einer Glyzinien-Pergola. Der Geheimtip!
Via Bolognese Vecchia 224, 50139 Firenze; Tel. 0 55/40 00 81, Fax 26 82 12; 41 Zimmer, 2 Suiten ; Bus Nr. 25 vom Hauptbahnhof (alle 20 Minuten); 41 Zimmer, 2 Suiten (AE, DC, EC, Visa)

Das originelle Hotel Brunelleschi mit dem Turm aus der byzantinischen Zeit von Florenz liegt ganz in der Nähe des Doms und ist trotzdem eine Oase der Ruhe.

Hotels der Mittleren Preisklasse

Fattoria Il Milione ■ b 3, S. 197
Im rustikalen Landhaus des namhaften Silberschmieds Brandimarte kann man mit Kind und Kegel echte »Ferien vom Ich« machen. Eine Augenweide ist der fürs Abendessen festlich hergerichtete, imposante Holztisch zum gemeinsamen Tafeln mit der Witwe Jessica (ein »Must«, aber keine Pflicht). Ideale Oase für Künstler und Naturfreunde. Gepflegter Swimmingpool im Olivenhain, Kinderspielplatz, Bocciabahn, Reitgelegenheit.
Via di Giogoli 12, 50124 Galluzzo; Tel. 0 55/2 04 87 13, Fax 2 04 80 46; 2 Zimmer für 2 Pers. und 4 Zimmer für 4 Pers. mit Küche zur Selbstversorgung (keine Kreditkarten); Anfahrt: A 1 Ausfahrt Florenz-Certosa bis Galluzzo. Nach der Ampel Linksabzweig in die Via Volterrana. 3 Kilometer weiter rechts in die Via di Giogoli abbiegen.

Hotel Classic südlich ■ b 3, S. 163
In dieser Villa führt Frau Corinne Kraft-Bernabei das Regiment. Lassen Sie sich von ihr in ein ruhiges Zimmer auf der Gartenseite einquartieren. Preiswert für Florenzer Verhältnisse, daher rechtzeitig reservieren! Parkplatz vor der Tür.
Viale Machiavelli 25, 50125 Firenze; Tel. 0 55/22 93 51-2, Fax 22 93 53; 21 Zimmer (AE, EC, Visa)

Hotel Il Guelfo Bianco ■ G 3
Zwischen Dom und San Marco gelegenes Hotel, das mehr Komfort bietet, als man von der bescheidenen Lobby her vermuten würde. Zimmer 28 und 38 haben fünfschichtige Fenster (!) für eine ungestörte Nachtruhe; Nr. 11 ist geräumig mit Blick auf Innengarten, und Nr. 16 sowie 105 haben eine herrliche alte Holzkassettendecke.
Via Cavour 29, 50129 Firenze; Tel. 0 55/ 28 83 30-1, Fax 29 52 03; 38 Zimmer (AE, EC, Visa)

Hotel Hermitage ■ F 6
Renoviertes, intimes Hotel direkt am Ponte Vecchio. Ruhige Zimmer zum Hinterhof, charmante Salon-Bar mit Blick auf den Vasari-Gang, Frühstück im idyllischen Dachgarten.
Piazza del Pesce, vicolo Marzio (5. Stock), 50122 Firenze; Tel. 0 55/ 28 72 16, Fax 21 22 08; 27 Zimmer (EC, Visa)

Hotel Porta Rossa **10x10**
(→ 10x10, S. 14)
Via Porta Rossa 19, 50123 Firenze; Tel. 0 55/28 75 51, Fax 28 21 79; 81 Zimmer (AE, DC, EC, Visa)

Hotel La Residenza ■ E 5
Wie zu Großmutters Zeiten fühlt man sich in diesem nostalgischen kleinen Hotel. Es wird liebevoll vom älteren Ehepaar Gianna und Ernesto Vasile geführt. Sie bieten auch Zimmer ohne Bad und servieren auf Wunsch Frühstück im kleinen Dachgarten. Familiäres Ambiente.
Via Tornabuoni 8, 50123 Firenze; Tel. 0 55/21 86 84, Fax 28 41 97; 24 Zimmer (AE, DC, EC, Visa)

Hotel Silla ■ d 2, S. 163
Gepflegt und preiswert läßt es sich in diesem Stadtpalazzo in Arno-Nähe übernachten. Unprätentiöse Zimmereinrichtung. Schöner Innenhof. Tip: Vermeiden Sie das Wochenende wegen der lauten Nachtbar in der Nähe. Zehn Gehminuten zu den Uffizien.
Via de' Renai 5, 50125 Firenze; Tel. 0 55/2 34 28 88, Fax 2 34 28 89; 36 Zimmer (AE, DC, EC, Visa)

Hotel Tornabuoni Beacci ■ E 5
Voller Charme und ohne Schnickschnack ist dieses kleine Hotel, im obersten Stock eines Palazzo verborgen. Die Signora Beacci schwingt leider nicht mehr das Zepter, dafür setzt sich der neue Leiter Signor Bechi um so mehr ein, um Tradition und Niveau aufrechtzuerhalten. Mit Erfolg, wie es auch das köstliche Abendessen auf dem Dachgarten beweist.
Via Tornabuoni 3, 50123 Firenze; Tel. 0 55/21 26 45, Fax 28 35 94; 28 Zimmer (AE, DC, EC, Visa)

Pensione Bencistà **10x10**
(→ 10x10, S. 14)
Via Benedetto da Maiano 4, 50014 Fiesole (5 Kilometer von Florenz entfernt); Tel./Fax 0 55/5 91 63; 42 Zimmer (keine Kreditkarten)

Ganz privat: Das kleine Hotel Tornabuoni Beacci in der obersten Etage eines Palazzo besticht durch seine gemütliche, sehr persönliche Atmosphäre.

Villa Fiesole ■ c 2, S. 197
1996 wurde ein altes Zitronengewächshaus am Berghang von Fiesole in ein apartes Kuschelhotel umfunktioniert. Besonders gelungen ist die Farbabstimmung in der Einrichtung: blau-gelb-weiß. Elf Zimmer sind besonders ruhig, Zwei sind für Behinderte geeignet (mit Marmorbadezimmern). Swimmingpool im Garten.
Via Beato Angelico 35, 50014 Fiesole; Tel. 0 55/59 72 52, Fax 59 91 33; 28 Zimmer (AE, DC, EC, Visa)

Villa Villoresi
10x10 (→ 10x10, S. 14)
Via Ciampi 2, 50019 Colonnata di Sesto Fiorentino (8 Kilometer von Florenz entfernt); Tel. 0 55/4 48 90 32, Fax 44 20 63; 28 Zimmer (AE, DC, EC, Visa)

Hotels der Unteren Preisklasse

Hotel Adam ■ F 5
Ein Geheimtip im Stadtkern und dabei recht ruhig! Schlichtes Ambiente mit Klimaanlage in den Zimmern. Im zweiten Stock, ohne Aufzug.
Via Monalda 1 (Piazza Strozzi), 50123 Firenze; Tel. 0 55/21 03 69, Fax 21 96 89; 15 Zimmer (EC, Visa)

Hotel Casci ■ G 3
In der zweiten Etage dieses Stadtpalazzo – einst Wohnsitz des Komponisten Rossini – führt heute Signora Carla Lombardi gekonnt und geschickt ihre schlichte Herberge. Diskretion ist ihr oberstes Gebot. Man frühstückt unter einer Freskendecke.
Via Cavour 13, 50129 Firenze; Tel. 0 55/21 16 86, Fax 2 39 64 61; 26 Zimmer (AE, DC, EC, Visa)

Hotel Fiorino ■ G 6
Passende Unterkunft für junge Leute, die nicht zu große Ansprüche stellen (etwa zu weiche Betten). Die Hälfte der Zimmer sind an der ruhigen Rückseite und auf drei Stockwerke verteilt. Kein Lift. Ideale Lage.
Via Osteria del Guanto 6, 50122 Firenze; Tel. 0 55/21 05 79, kein Fax; 23 Zimmer (EC, Visa)

Villa Natalia
Ein Tip für Naturfreunde, die im Hochsommer in einem schönen Garten am Stadtrand eine Bleibe suchen. Hier ist sie, die Villa, in der einst die serbische Königin Natalia wohnte. Wenn die Studenten-Stammgäste ausgeflogen sind, gibt es gute Chancen, in ihre Fußstapfen zu treten.
Via Bolognese, 106/110, nördlich des Zentrums, 50139 Firenze; Tel. 0 55/49 07 73, Fax 47 07 73; 22 Zimmer (AE, DC, EC, Visa)

Religiöse Institute

Obere Preisklasse ab 100 000 Lire (Doppelzimmer für zwei Personen)
Mittlere Preisklasse ab 50 000 Lire (pro Person)
Untere Preisklasse ab 25 000 Lire (pro Person)
In der Regel werden keine Kreditkarten akzeptiert.

Casa della Madonna del Rosario östlich ■ K 4
Für Kleinfamilien geeignet. Ganzjährig geöffnet.
Via Capo di Mondo 44, 50136 Firenze; Tel. 0 55/67 96 21, Fax 66 09 57; Bus 7, 25 vom Hauptbahnhof bis Piazza San Marco, dann Bus 6 bis Haltestelle Piazza Oberdan; 13 Betten; Mittlere Preisklasse

Casa del Santissimo Rosario ■ D 2
Ganzjährig (außer August) geöffnet.
Via G. Monaco 24, 50144 Firenze; Tel. 0 55/ 321171, kein Fax. 10 Gehmin. vom Hauptbahnhof, 20 Betten; Untere Preisklasse

Casa Santo Nome di Gesù ■ b 1, S. 163
Ganzjährig (außer August) geöffnet.
Piazza del Carmine 21, 50124 Firenze; Tel. 0 55/21 38 56, Fax 28 18 35; Bus 11, 36 und 37 vom Hauptbahnhof; 53 Betten; Untere und Mittlere Preisklasse

Istituto Santa Elisabetta ■ f 3, S. 163
Ganzjährig geöffnet.
Viale Michelangelo 46, 50125 Firenze; Tel. 0 55/und Fax 6 81 18 84; Bus 23 vom Hauptbahnhof bis zur Haltestelle Piazza Ferrucci; 64 Betten; Mittlere Preisklasse

Oasi del Sacro Cuore nordöstlich ■ K 2
Ganzjährig geöffnet, Übernachtung nur ab Halbpension möglich.
Via della Piazzuola 4, 50133 Firenze; Tel. 0 55/57 75 88, Fax 57 48 87; Bus 7 vom Hauptbahnhof bis zur Haltestelle Via Pacinotti (Ecke Via Volta); 125 Betten; Mittlere Preisklasse

Pio X – Artigianelli ■ b 2, S. 163
Ganzjährig geöffnet.
Via dei Serragli 106, 50124 Firenze; Tel. 0 55/und Fax 22 50 44; Bus 36 oder 37 vom Hauptbahnhof, 60 Betten; Untere Preisklasse

Suore Oblate dell'Assunzione ■ H 4
Ganzjährig geöffnet.
Borgo Pinti 15, 50121 Firenze; Tel. 0 55/2 48 05 83, Fax 2 34 62 91; Bus 14 oder 23 vom Hauptbahnhof bis zur 1. Haltestelle von Via del Proconsolo, zu Fuß die Via dell'Oriuolo weiter bis Linksabzweig in die Borgo Pinti; 48 Betten; Mittlere Preisklasse

Suore Oblate dello Spirito Santo ■ F 3
Für Familien geeignet. Nur vom 1. Juli bis 30. September geöffnet.
Via Nazionale 8, 50123 Firenze; Tel. und Fax 0 55/2 39 82 02; 5 Gehmin. vom Hauptbahnhof, 20 Betten; Untere Preisklasse

Villa Merlo Bianco östlich ■ f 3, S. 163
Für Familien geeignet.
Via di Ripoli 82, 50126 Firenze; Tel. und Fax 6 80 23 94; Bus 23, 31 oder 32 vom Hauptbahnhof, ganzjährig geöffnet; 30 Betten; Obere Preisklasse

Weitere Unterkünfte und Jugendherbergen

Istituto Gould ■ b 2, S. 163
Diese wenig bekannte Herberge in Arno-Nähe ist ein Geheimtip. Ganzjährig geöffnet, kein Frühstück. Tip: zwei Monate vorher buchen! Via dei Serragli 49, 50124 Firenze; Tel. 0 55/21 25 76, Fax 28 02 74; Bus 36 oder 37 vom Hauptbahnhof; 33 Zimmer; Mittlere Preisklasse

Ostello Santa Monaca ■ b2, S. 163
Eine kleine Jugendherberge im Herzen der Stadt. Ganzjährig geöffnet.
Via Santa Monaca 6, 50124 Firenze;
Tel. 055/268338, 2396704, Fax 280185;
Bus 36 oder 37 vom Hauptbahnhof;
115 Betten; Untere Preisklasse

Ostello Villa Camerata nordöstlich ■ K2
Die große Jugendherberge von Florenz ist eine der schönsten Italiens, umgeben von einem Park: Sie ist in einer Villa aus dem 16. Jahrhundert mit Freskendecken und einer weitläufigen Loggia untergebracht. Ganzjährig geöffnet. Nur mit Jugendherbergsausweis.
Viale Righi 2, 50137 Firenze; Tel. 055/601451, Fax 610300; Bus 17 vom Hauptbahnhof; 320 Betten; Untere Preisklasse

Campingplatz
Michelangelo ■ e3/f3, S. 163
In Florenz gibt es nur einen Campingplatz der Gemeinde mit 240 Stellplätzen. Von April bis Oktober geöffnet. Im Sommer meist proppenvoll, auch schon wegen der prächtigen Hügellage. Höchstdauer des Aufenthaltes: zwei Wochen.
Viale Michelangelo 80, 50125 Firenze;
Tel. 055/6811977, Fax 689348; Bus 13 vom Hauptbahnhof bis Piazzale Michelangelo

Kassenbeleg

Ob Sie gerade das Restaurant, den Friseurladen oder ein Geschäft verlassen: Heben Sie sicherheitshalber in einem Umkreis bis zu 200 Meter Ihren Kassenbeleg auf. Wen eine Finanzkontrolle ohne diesen Nachweis erwischt, muß ebenso mit einer schweren Geldstrafe rechnen wie der Inhaber des Betriebs.

Kinder

Man kann nicht behaupten, daß Florenz für die Besucherkinder besonders viel an Unterhaltung bietet. Ob Kinder Lust haben, die Treppen bis nach oben in der Domkuppel oder im Campanile hochzuklettern oder vom Arno bis zum Piazzale Michelangelo über die Treppe der Via San Salvatore al Monte hinaufzukraxeln, müßte man – je nach Alter – einfach ausprobieren.

Florenz ist eine Stadt der **Museen**, die für Kinder aber oft langweilig und ermüdend sein können. Es gibt aber einige Museen, die für interessierte Teenager ein wahres Erlebnis sind, wie beispielsweise »La Specola« (→ S. 181), »Storia della Scienza« (→ S. 115), »Stibbert« (→ S. 150) und das »Opificio delle Pietre Dure« (→ S. 107).
Gärten: Bòboli (→ 166), Botanischer Garten »Giardino dei Semplici« (→ S. 74), Cascine-Park, mit Spielplatz, Karussell, Laufbahn für Rollerbladers etc. (→ S. 135), Villa Demìdoff in Pratolino (→ S. 200), das Ausgrabungsgelände in Fiesole (→ S. 199).
Veranstaltungen, die Kindern besonderen Spaß machen: Calcio in Costume, Festa del Grillo, Feuerwerk am Johannisabend, Laternenfest, Scoppio del Carro (→ S. 254, 255).

Spielwarengeschäfte
Walt Disney Store
(→ S. 124)

Bartolucci
(→ S. 124)

Kinderkleidung
Prénatal ■ F5
Auch für werdende Mütter.
Via Brunelleschi 22 r

Principe
(→ S. 156)

Kinderschuhe
Cresti
(→ S. 157)

Kirchenöffnungszeiten

Die Öffnungszeiten der Kirchen sind unterschiedlich. Man kann grundsätzlich aber davon ausgehen, daß die meisten zwischen 9 und 12 sowie 16 und 18 Uhr (Kernzeit) besucht werden können. Die besonderen Öffnungszeiten vom Dom, Baptisterium und von Santa Croce sind im Text jeweils angegeben. Ausführliche Informationen über die Uhrzeiten der Gottesdienste finden Sie in der Rubrik »Vademecum« der Broschüre »Tutto Città«, die jedem Telefonbuch beigefügt ist.

Florenz und seine Juden

»Diese Sammlung gehörte dem Florentiner Ehepaar Alberto und Lucia Levi. Zum Gedenken an das Schicksal der Mutter wollten die Söhne die Bilder diesem Museum der Stadt stiften. 65jährig wurde sie vor zehn Jahren ihren Angehörigen entrissen und deportiert. In den Vernichtungslagern verloren sich ihre Spuren. Mit Millionen unschuldiger Kreaturen mußte sie büßen für zwei Vergehen, die von den Barbaren nie verziehen werden: Anstand und Barmherzigkeit.« In einem Saal des Museums »Firenze com'era« (»So war Florenz«) weist das Messingschild mit dieser Widmung auf 66 stimmungsvolle Zeichnungen und Aquarelle hin. Sie erinnern zugleich an die Getto-Gassen im alten Stadtkern, die 1888–1898 abgerissen wurden, und an die 248 Florentiner Märtyrer der Deportation von 1943, deren Namen am Ehrenmal neben der Synagoge verewigt sind. Die jüdische Gemeinde der dreißiger Jahre, mit rund 2800 Mitgliedern, ist heute auf kaum mehr als 1000 zusammengeschrumpft. Der 1874–1882 in einem Phantasiestil aus maurischen und byzantinischen Elementen errichtete monumentale Tempel – nach den Kriegs- und Hochwasserschäden großzügig restauriert – glänzt aber wieder in seiner orientalischen Pracht unter der grünpatinierten, das Stadtbild mitprägenden Kuppel. David Levi, damals Ratsvorsitzender der »Università« (Organisation, die aschkenasische und sephardische Juden vereinte), hinterließ 1868 sein ganzes Vermögen testamentarisch für den Bau einer »der Stadt Florenz würdigen« Synagoge. Dem Gotteshaus stattete gleich nach der Fertigstellung auch König Umberto I. einen offiziellen Besuch ab. Dank der hervorragenden kulturellen und wissenschaftlichen Aktivität des Rabbiners Shemuel Zevì Margulies wurde zu seiner Amtszeit (1890–1922) Florenz eine geistige Hochburg des Judentums in Italien. 1938 brachten die faschistischen Rassengesetze einen jähen Abbruch dieser Entwicklung. Bis dahin hatten aber in Florenz die Juden mehr oder weniger in Frieden mit Gott und den Menschen gelebt. Ihre Anwesenheit in der Stadt ist seit 1304 dokumentiert. Aus dem Exil zurückgekehrt ermöglicht Cosimo de' Medici den Juden 1437, die ersten Pfandleihhäuser zu eröffnen. Sein Enkel Lorenzo il Magnifico wendet von den Ban-

Florenz Extra

Monument das kein Vergessen zuläßt: die Synagoge mit ihrer grünpatinierten Kuppel.

kierkollegen zweimal die Ausweisungsgefahr ab. An seinem Hof sind auch jüdische Humanisten, u. a. Elia del Medigo, Lehrer des Freidenkers Pico della Mirandola, willkommen. Als die Medici in der Verbannung sind, können sich ihre jüdischen Schützlinge nur mit großen finanziellen Opfern vor der Vertreibung retten. Savonarola war ihnen ganz und gar nicht gutgesinnt. Cosimo I. gestattete anfangs die Einwanderung levantinischer Juden, um seinen Nahosthandel in Schwung zu bringen, gab aber dem Druck des Gettoförderers Papst Pio V. schließlich doch nach, als es darum ging, von ihm den Großherzogtitel zu erlangen. So wurde das Getto als Zwangswohnsitz 1570–1571 sogar nach der Planung des Hofarchitekten Buontalenti eingerichtet. (Seit 100 Jahren öffnet sich dort die Piazza della Repubblica.) Die erste Emanzipation der Juden war 1798 Napoleon zu verdanken. Die Restauration führte 1815 das Gettoleben wieder ein. Nach der Emanzipation von 1848 erhielten die Florentiner Juden schließlich 1861 im Königreich Italien ihre volle Gleichberechtigung.

Synagoge und Jüdisches Museum (mit Rampe und Lift für Behinderte) Via Farini 4, Tel. 2346654. April–Sept.: So–Do 10–13/14–17 Uhr, Fr 10–13 Uhr; Okt.–März: So–Do 10–13/14–16 Uhr, Fr 10–13 Uhr. (Sa und feiertags geschl.). Jüdischer Friedhof: Viale Ariosto 16 (Tel. wie oben).

Kleidung

Florenz ist ein unbequemes Pflaster – ungeeignet für Stöckelschuhe. Für empfindliche Füße ist daher komfortables Schuhwerk mit möglichst gepolsterten und elastischen Sohlen unerläßlich. Denn im verkehrsfreien Stadtkern läuft man stundenlang (ohne es zu merken). Die Gehsteige sind oft sehr eng – wenn sie überhaupt vorhanden sind, und das zum Teil uralte Pflaster weist hie und da heimtückische Spalten und Löcher auf. Auch in den wärmsten Sommermonaten Juli und August, wenn die Temperatur über 35 °C hochklettern kann, sollte man nicht mit nacktem Oberkörper oder im Unterhemd in der Stadt herumlaufen. In Kirchen, Museen und öffentlichen Verkehrsmitteln ist besondere Rücksicht auch auf die Empfindsamkeit der Mitmenschen zu nehmen. Die Florentiner wissen dies wohl zu schätzen. In den kältesten Monaten Dezember bis Februar (Durchschnittstemperatur 9 °C) kann es windig, manchmal auch feucht sein. Daher empfiehlt es sich, mit Anorak und Schal ausgerüstet zu sein.

Kurse und Workshops

Sprachkurse

In Florenz stand die Wiege der modernen italienischen Sprache, hier blühte schon im Mittelalter das Kunsthandwerk in seiner ganzen Vielfalt. In dieser Tradition gibt es noch heute Sprach- und Fortbildungskurse in Hülle und Fülle. Konsultiert man die beim APT-Informationsbüro erhältliche Liste, so wird die Wahl fast zur Qual (Ufficio Informazioni Turistiche; Via Cavour 1 r; Tel. 0 55/29 08 32-3, Fax 2 76 03 83). Vom einwöchigen Intensivkurs für einzelne bis zum mehrmonatigen Gruppenunterricht gibt es italienische Sprachkurse in allen Varianten. Wir erwähnen nur einige der bewährten Institute als Beispiel.

Centro di lingua e cultura italiana per stranieri »Fiorenza« ■ E 6
Via Santo Spirito 14, 50125 Firenze;
Tel. 0 55/2 39 82 74, Fax 28 71 48

Centro linguistico italiano »Dante Alighieri« ■ F 7
Via de' Bardi 12, 50125 Firenze;
Tel. und Fax 0 55/2 34 27 66

Eurocentro ■ b 2, S. 163
Piazza Santo Spirito 9, 50125 Firenze;
Tel. 0 55/29 46 05, Fax 21 64 97

Istituto della lingua italiana »Galileo Galilei« ■ H 4
Via degli Alfani 68, 50121 Firenze;
Tel. 0 55/29 46 80, Fax 28 34 81

Kunstfachschulen

Istituto per l'arte e il restauro »Palazzo Spinelli« ■ H 6
Viermonatige Spezialisierungskurse sowie dreimonatige Sommerkurse (Juli–September) in allen nur denkbaren Fächern von Kunsthandwerk und Restaurierung (Gemälde, Fresken, Holz, Keramik, Stein, Bücher, Stoffe, Goldschmiederei, Schmuck-Design usw.).
Borgo Santa Croce 10, 50122 Firenze;
Tel. 24 60 01, Fax 2 46 00 94; Ansprechpartner auf deutsch: Dir. Mauro Buffi

Il Bisonte ■ G 7
Kulturzentrum für Graphik und Druck (Radierungen, Lithographien usw.).
17 junge Künstler können jährlich aufgenommen werden, für fünf Ausbildungsplätze sind Stipendien erhältlich.
Via San Niccolò 24 r, 50125 Firenze;
Tel. 2 34 25 85, Fax 2 34 67 68

Medizinische Versorgung

Für deutschsprachige Urlauber in Florenz ist bestens gesorgt. Wer nicht italienisch spricht, kann sich im Bedarfsfall an eine Gruppe freiwilliger Helfer wenden, die ihm gern als Dolmetscher im Krankenhaus zur Seite stehen:
A.V.O. (Associazione Volontari Ospedalieri = Freiwillige Helfer im Krankenhaus; Via Carducci 4; Tel. 2 34 45 67 Mo, Mi, Fr 16–18 Uhr).
Außerhalb dieser Zeiten kann man sich notfalls an die Leiterin Lora Vezzosi (Tel. 4 25 01 26) wenden, die allerdings außer italienisch nur englisch spricht, dafür aber für Hilfe sorgt. Für den Anruf sollte man –

wenn es anders nicht geht – den Arzt oder den Hotelportier in Anspruch nehmen. Wenn Erste Hilfe oder Unterbringung im Krankenhaus notwendig ist, sucht man am besten das zentral gelegene **Ospedale di Santa Maria Nuova** auf (Piazza di Santa Maria Nuova; Tel. 27581). Erste Hilfe (»Pronto Soccorso«) ist kostenlos. In das Krankenhaus bringt man möglichst das von der Krankenkasse ausgefüllte Formular E 111 (Bescheinigung über Sachleistungsanspruch während eines Aufenthalts in einem Mitgliedsstaat der EU) mit, um Spesen und Komplikationen zu vermeiden.
Medical Service (Via Lorenzo il Magnifico 59; Tel. 475411) ist ein Kollektiv von acht praktischen Ärzten. Einige von ihnen sprechen deutsch. Sprechstunden (honorarpflichtig) ohne Voranmeldung: Mo–Fr 11–12 und 17–18, Sa nur 11–12 Uhr.
Es gibt einen Service für Hausbesuche im Hotel – im Bedarfsfall rund um die Uhr, gegebenenfalls dann auch Facharztempfehlung. **Notarztdienst:** Tel. 118. Der ADAC in München (Tel. 089/222222) gibt Auskunft über deutschsprachige Ärzte und Zahnärzte in Florenz und Bedingungen der Versicherung für Krankenrücktransport.

Museen

Unter den 64 Florentiner Museen gibt es staatliche, städtische, kirchliche und auch private. Kein Wunder, daß es an einer allgemein gültigen Regelung für Öffnungszeiten, Ruhetage und Eintrittspreise fehlt. Etwaige Änderungen oder sogar Personalstreiks wirken sich auch nicht überall gleichermaßen aus. Nicht in allen Museen gilt der Montag als Ruhetag. (Info für den neuesten Stand der Dinge: in »Florence Concierge Information« Am Abend → S. 232 oder Internet: http: //www.mega.it/firenze). Nach dem großen Erfolg von 1997, als die beiden meistbesuchten Museen Uffizien und Galleria dell'Accademia von Mitte Juni bis Mitte September an drei Wochentagen abends bis 23 Uhr offenblieben (über 42000 zusätzliche Besucher!), kann man damit rechnen, daß diese Initiative nicht nur erhalten bleibt, sondern sich weiter ausbreiten wird. Die jährliche Durchschnittszahl der Museumsbesucher in Florenz liegt bei etwa 4,5 Millionen. Viele werden sich freuen, wenn sie demnächst in den neuen Bookshops und Boutiquen der Museen einkaufen können.

Zu den neuen Errungenschaften in Sachen Museen gesellen sich in den Monaten Juli bis September zusätzliche Möglichkeiten, an bestimmten Nachmittagen oder Abenden für das Publikum sonst unzugängliche Palazzi, Kirchen, Kreuzgänge und Gärten zu besuchen. Diese mit Hilfe von Freiwilligen durchgeführte, erfolgreiche Aktion der »offenen Tore« (»Firenze porte aperte«) weist ebenfalls einen Weg in die Zukunft. 1997 gab es 344 solche Führungen, mit über 50000 Interessenten. (Internet: http://www.comune.firenze.it). Empfehlenswert ist die Sammel-Eintrittskarte zu 15000 Lire, mit der man die sieben städtischen Museen innerhalb von sechs Monaten besuchen kann.

Notruf

Unter Tel. 112 erreicht man die Carabinieri (Gendarmerie). Es gibt Dolmetscher für verschiedene Sprachen (inkl. deutsch), die sich auf entsprechende Anfrage melden.

Post

Das elegante Hauptpostamt liegt zentral an der Piazza della Repubblica unter den Arkaden (Via Pellicceria 1; Mo–Sa 8.15–19.30 und So 8.15–12.30 Uhr). Porto nach EU-Ländern: für Briefe und Postkarten 800 Lire, nach der Schweiz 850 Lire. Vor dem Eingang ist der blaue Postkasten nur für die Post ins Ausland bestimmt. Sonst sind die Kästen rotfarbig. Der linke Schlitz ist dann für die örtliche (»per la città«), der rechte für die Fernkorrespondenz (»altre destinazioni«) vorgesehen. Im großen Schaltersaal kann man bereits frankierte Sendungen für Schnellabfertigung am Schalter 9 (»accettazione corrispondenze ordinarie«) abgeben. Briefmarken (»francobolli«) sind am Schalter 30 (aber auch in Tabakläden »bartabacchi«, mit einem großen T vor dem Eingang gekennzeichnet) erhältlich. Für Einschreibbriefe (»raccomandate«) ist Schalter 12, für postlagernde Sendungen (»fermo posta«) Schalter 29 zuständig.

Reisedokumente

Der gültige Personalausweis oder Reisepaß reicht für die Einreise. Geht er verloren, so melde man dies schnellstens der Polizei (»Questura«, Ufficio Denunce; Via Zara 2; Tel. 4 97 71). Der Nachweis der erstatteten Anzeige ist erforderlich, um beim Konsulat (→ S. 241) ein Duplikat des vermißten Dokuments zu beantragen.

Reisewetter

Nicht jedes Jahr ist das Wetter in Florenz so dauerhaft schön, wie es 1997 von Anfang März bis in den Oktober hinein war. In sieben Monaten nicht einmal sieben Regentage! Daß die ideale Reisezeit außerhalb des Hochsommers (die Temperaturen können dann schon 35 °C übersteigen) und des etwas feuchten und kühlen Winters liegt, versteht sich von selbst. Mai–Juni, September–Oktober sind zu empfehlen. Wie es auch die statistischen Durchschnittswerte bezeugen, hat Florenz im allgemeinen ein sehr angenehmes Klima. In den Villenvierteln auf den umliegenden Hügeln ist es an Sommerabenden immer wohltuend etwas kühler als in der Stadt.

Sport

Wer sich einen längeren Urlaub in Florenz leisten kann, muß sich nicht auf geistige und gastronomische Genüsse beschränken. Hier eine kleine Auslese

Fitneßzentren in der Altstadt

Ricciardi ■ I 4
Komplettes Fitneßcenter (1400 Quadratmeter) mit allem Drum & Dran. Wochenkarte.
Borgo Pinti 75; Tel. 2 47 84 44; Mo–Fr 9–22, Sa 9–18 Uhr, So geschl.

Swan ■ H 5
Geräte, Cyclette, Aerobics & Co. Auch Tageskarten.
Via dei Pepi 28; Tel. 24 08 02; Mo–Fr 10–22, Sa 10–18 Uhr, So geschl.

Fußball

Wenn die »Fiorentina« – das heißgeliebte Team der Florentiner »tifosi« (Fußballfans) – ein wichtiges Spiel zu bewältigen hat, flattern die violetten Klubfahnen überall in der Stadt. Im Stadio Comunale (vom namhaften Architekten Pier Luigi Nervi erbaut) wird Sonntag nachmittags um 15 Uhr (Sommerzeit 16 Uhr) gespielt.

Die genauen Klimadaten von **Florenz**

	Durchschnittstemperaturen in °C		Sonnenstunden	Regentage
	Tag	Nacht	pro Tag	
Januar	8,3	2,2	3,7	9
Februar	10,0	2,8	4,3	7
März	14,0	5,7	5,3	8
April	18,5	9,0	6,8	8
Mai	22,8	12,6	8,5	9
Juni	27,9	16,4	9,0	6
Juli	30,9	18,9	10,6	3
August	29,9	18,6	9,4	4
September	25,5	16,1	7,6	6
Oktober	19,0	11,5	6,0	9
November	13,3	7,0	3,6	11
Dezember	9,1	3,4	3,1	9

Quelle: Deutscher Wetterdienst, Offenbach

Stadio Comunale östlich ■ K 3
Viale M. Fanti 4–6; Tel. 58 78 58. Vorverkauf: beim Chiosco degli Sportivi; Via Anselmi (bei der Piazza della Repubblica); Tel. 29 23 63

Golf

Le Pavoniere Golf Club (bei Prato) ■ b 2, S. 197
1992 vom berühmten Golfplatzarchitekten Arnold Palmer angelegt. 18 Löcher, Par 72, ganzjährig geöffnet; Mo geschl.
Via della Fattoria 6/29; Località Tavola, bei Prato; Tel. 05 74/62 08 55, Fax 62 45 58. Autobahn: A 11 »Firenze mare«, Ausfahrt: Prato Est. Dann Richtung Poggio a Caiano und Tavola fahren.

Poggio dei Medici (bei Scarperia) ■ c 1, S. 197
1992 von Rossi Fioravanti und Dassù angelegt. 18 Löcher, Par 73, ganzjährig geöffnet.
Via San Gavino 27; Località Cignano, bei Scarperia; 30 Kilometer nördlich von Florenz über die via Bolognese. Autobahn A 1 Firenze-Bologna, Ausfahrt: Barberino di Mugello, bis San Piero a Sieve, dann weiter bis Gabbiano fahren; Tel. 0 55/8 43 04 36, Fax 0 55/8 43 04 39; Di geschl.

Ugolino Golf Club (bei Grassina) ■ c 3, S. 197
Der älteste Golfplatz (1934 von Gannon und Blandford angelegt) liegt ganz in Stadtnähe. Eine Zypressenallee führt direkt zum Clubhaus mit Terrassenrestaurant mitten im Pinienhain. Swimmingpool, Tennisplatz, Billardzimmer. 18 Löcher, Par 72, ganzjährig geöffnet.
Via Chiantigiana 3, bei Grassina; von Florenz aus, 9 Kilometer südlich. Anfahrt: Viale Europa, dann Ponte a Ema und Grassina (SS 222); Tel. 0 55/2 30 10 09, Fax 2 30 11 41; Mo geschl.

Jogging

Für bequeme Gemüter eignen sich die schnurgeraden Alleen des Cascine-Parks und die »Lungarni« (Arno-Uferstraßen) am besten. Wer mehr Herausforderung braucht, kommt in der hügeligen Oltrarno-Gegend (etwa hinter San Miniato) voll auf seine Kosten.

Reiten nordwestlich ■ A 2
Centro Ippico Toscano: Via dei Vespucci 5 a (beim Cascine-Park); Tel. 31 56 21. Ganzjährig geöffnet; Mo geschl.; Bus 35 vom Hauptbahnhof.

Rollerblades ■ A 3/B 3
Das ideale Gelände (mit eigener Bahn!) im Cascine-Park. Zugang von der Piazza Vittorio Veneto (→ S. 135).

Schwimmen

Bellariva östlich ■ K 7
Das Schwimmbad von Florenz (Hallenbad). Saisonal unterschiedlich geöffnet.
Lungarno Aldo Moro 6; Autobahnausfahrt: »Firenze Sud« (gegenüber vom Teatro Tenda); Tel. 67 75 21

Le Bagnese ■ b 3, S. 197
Das städtische Hallenbad (»Piscina comunale«) von Scandicci hat nur Juni–August für Nichtmitglieder geöffnet.
Via Cassioli; Tel. 7 32 91 10; Bus 27 A oder 27 B vom Hauptbahnhof

Le Pavoniere westlich ■ A 3
Das Schwimmbad liegt in der Nähe des Stadtzentrums.
Cascine-Park; Via della Catena 2; Tel. 32 14 14; Bus 17 C vom Hauptbahnhof; im Sommer tgl. 10–18 Uhr

Tennis

Campo Tennis
»Tennis Club San Quirichino« (mitten im Olivenhain).
Via San Quirichino 8 (auf dem Hügel von Marignolle, südwestlich des Zentrums); Tel.-Reservierung: 22 56 87

Tennis ASSI ■ f 3, S. 163
Viale Michelangelo 64; Tel.-Reservierung: 68 78 58

Tennis Club Rifredi
Via Facibeni; Tel.-Reservierung: 43 25 52; Bus 20 vom Hauptbahnhof (bis Haltestelle »Via delle Panche«).

Tennis Michelangelo ■ f 3, S. 163
Viale Michelangelo 61; Tel.-Reservierung: 6 81 18 80

Sprachführer

Basisvokabeln

Bitte: *per favore*
Danke: *grazie*
Entschuldigen Sie: *scusi*
Es tut mir leid: *mi dispiace*
Haben Sie...?: *ha...?*
Ich möchte: *vorrei*
Wieviel kostet (es)?: *quanto costa?*
Das gefällt mir (nicht): *(non) mi piace*
Ich möchte lieber: *preferisco*
Wie bitte?: *come*?
Ich verstehe nicht: *non capisco*
Ich spreche nur wenig italienisch: *parlo solo poco italiano*

Im Notfall

Hilfe!: *aiuto!*
Haltet den Dieb!: *al ladro!*
Können Sie mir bitte helfen?: *mi può aiutare, per favore?*
Mein Auto ist aufgebrochen (gestohlen) worden: *la mia macchina è stata forzata (rubata)*
Wo ist das nächste Polizeirevier? *dov'è il prossimo commissariato?*
Können Sie mir Ihren Namen und Ihre Anschrift geben?: *mi può dare Il Suo nome ed il Suo indirizzo, per favore?*
Autounfall: *incidente di macchina*
Krankenhaus: *ospedale*
Notaufnahme: *pronto soccorso*
Arzt: *medico*
Notarzt: *medico di turno*
Apotheke: *farmacia*
Wo finde ich ein Taxi?: *dove trovo un tassì?*

Anrede, Begrüßung, Verabschiedung

Auf Wiedersehen: *arrivederci* (wenn per Sie); *ciao* (wenn per Du)
Bis morgen: *a domani*
Bis später: *a più tardi*
Fräulein (noch gebräuchlich): *signorina*
Frau: *signora* (wird als Anrede ohne Namen gebraucht)
Guten Abend: *buona sera* (ab Nachmittag)
Gute Nacht: *buona notte*
Guten Morgen: *buon giorno*
Herr: *signor...* (ohne Namen: *signore*)
Mein Name ist...: *mi chiamo...*
Wie geht es Ihnen?: *come va? / come sta?*
Wie ist Ihr (Dein) Name?: *come si chiama (come ti chiami)?*
Vielen Dank: *mille grazie*

Bejahung und Verneinung

Auf keinen Fall: *in nessun caso*
Ja: *si*
Nein: *no*
Nichts: *niente*
Niemals: *mai*
Richtig: *esatto*
Sehr gern: *volentieri*
Sehr gut: *benissimo* (beim Essen: *buonissimo*)
Vielleicht: *forse*
Wahrscheinlich: *probabilmente*

Auf der Reise

Abfahrt: *partenza*
Abteil: *scompartimento*
ankommen: *arrivare*
Aufenthalt, Haltestelle: *fermata*
Autowerkstatt: *autofficina*
Ausfahrt: *uscita*
Auto: *automobile, macchina*
Auto fahren: *guidare*
Autobahngebühr: *pedaggio autostradale*
Bahnhof: *stazione*
Benzin: *benzina*
– bleifrei: *senza piombo, verde*
Bremsen: *freni*
Bus: *autobus*
Überlandbus: *corriera*
Durchfahrt: *passaggio*
Einbahnstraße: *senso unico*
fahren, gehen: *andare*
Fahrschein: *biglietto*
Führerschein: *patente (di guida)*
Gepäckträger: *facchino, portabagagli*
geradeaus: *diritto*
Gleis: *binario*
Halteverbot: *divieto di sosta*
Höchstgeschwindigkeit: *velocità massima*
Kofferwagen: *carrello*

In Florenz gibt es eine ganze Reihe renommierter Spracheninstitute, die Schüler aus der ganzen Welt aufnehmen.

Kurve: *curva*
links: *a sinistra*
Mautstelle: *casello*
Motorrad: *moto*
nah: *vicino*
Öl: *olio*
Panne: *guasto*
Parkplatz: *parcheggio*
pünktlich: *in orario*
mit Verspätung: *in ritardo*
Rad: *ruota*
Reifen: *gomma*
rechts: *a destra*
Tankstelle: *distributore di benzina (stazione di servizio)*
Taxi: *tassì*
Unfall: *incidente*
Vorsicht: *attenzione*
weit: *lontano*
zu Fuß gehen: *andare a piedi*
Zug: *treno*

Bank und Geld

Bank: *banca*
bar: *in contanti*
Blankoscheck: *assegno in bianco*
Geld: *soldi, denaro*
Geldschein: *banconota*
Geldwechsel: *cambio*
Ich möchte wechseln: *vorrei cambiare*
Münze: *moneta*
Scheck: *assegno*
Sparkasse: *cassa di risparmio*
Unterschrift: *firma*
Währung: *valuta*
Wechselkurs: *cambio*

Beim Einkaufen

Bäckerei: *panificio*
Konditorei: *pasticceria*
Lebensmittelladen: *negozio di alimentari*
Schlachter: *macelleria*
Supermarkt: *supermercato*
Zeitung: *giornale*
Zeitschrift: *rivista*
Zeitungshändler: *giornalaio*
Kiosk: *edicola*
Ich möchte: *vorrei*
Ein Kilo: *un chilo*
Ein Liter: *un litro*
100 Gramm: *un'etto*
500 Gramm: *mezzo chilo*

Im Hotel

Apartment, Wohnung: *appartamento*
Einzelzimmer: *camera singola*
Doppelzimmer: *camera doppia*
– mit Doppelbett: *camera matrimoniale*
Für eine Nacht: *per una notte*
Mit Bad: *con bagno*
Mit Dusche: *con doccia*
Mit Frühstück: *compresa la prima colazione*
Mit Halbpension: *con mezza pensione*
Mit Vollpension: *con pensione completa*
Gasthof: *locanda*
Gepäck: *bagaglio*
Hotel: *albergo, hotel*
Kinderermäßigung: *riduzione per bambini*
Wieviel kostet das Zimmer pro Nacht (pro Woche)?: *Quanto costa la camera per notte (alla settimana)?*
Ich muß mich über...beschweren: *devo reclamare...*
...funktioniert nicht: *...non funziona*
kaputt: *rotto*
Verzeihung, es fehlt...: *scusi, manca...*

Im Restaurant

Ich möchte einen Tisch für zwei (drei, vier, fünf...) Personen zum Mittagessen (Abendessen) für heute (morgen) bestellen – Mein Name ist Müller: *Vorrei prenotare un tavolo per due (tre, quattro, cinque...) persone per pranzo (cena) oggi (domani). Il mio nome è Müller*
Ich habe auf den Namen Müller bestellt: *Ho prenotato al nome di Müller*
Ich bin Vegetarier/in und esse kein Fleisch: *Sono vegetariano/a, non mangio la carne*
Was können Sie mir empfehlen?: *Cosa mi può consigliare?*
Welchen Wein empfehlen Sie zu diesem Gang? *Quale vino consiglia con questa portata?*
Ich möchte das Fleisch halb durchgebraten: *Vorrei la bistecca media, non al sangue*
Wo ist die Toilette, bitte?: *Dov'è il bagno, per favore?*
Die Rechnung, bitte: *Il conto, per favore*

Post und Telefon

Adresse: *indirizzo*
Ansichtskarte: *cartolina postale*
Brief: *lettera*
Briefmarken: *francobolli*
Briefkasten: *buca delle lettere*
Briefumschlag: *busta*
Eilbrief: *espresso*
Einschreiben: *lettera raccomandata*
Postamt: *ufficio postale*
postlagernd: *fermo posta*
Postsparbuch: *libretto di risparmio postale*
Die Leitung ist besetzt: *la linea è occupata*
Hallo: *pronto*
telefonieren: *telefonare*
Telefonbuch: *elenco telefonico*
Telefonverbindung: *comunicazione telefonica*
Telefonkarte: *scheda telefonica*
Ich möchte nach Deutschland (Österreich, in die Schweiz) telefonieren: *vorrei fare una chiamata in Germania (Austria, Svizzera)*

Monate und Wochentage

Januar: *gennaio*
Februar: *febbraio*
März: *marzo*
April: *aprile*
Mai: *maggio*
Juni: *giugno*
Juli: *luglio*
August: *agosto*
September: *settembre*
Oktober: *ottobre*
November: *novembre*
Dezember: *dicembre*
Montag: *lunedì*
Dienstag: *martedì*
Mittwoch: *mercoledì*
Donnerstag: *giovedì*
Freitag: *venerdì*
Samstag: *sabato*
Sonntag: *domenica*

Wetter

Es ist kalt: *fa freddo*
Es ist feucht: *è umido*
Es ist sehr heiß: *fa molto caldo*
Es regnet: *piove*
Gewitter: *temporale*
Temperatur: *temperatura*
Wind: *vento*

Zeitangaben

Abend: *sera*
gestern: *ieri*
heute: *oggi*
jetzt: *ora, adesso*
Mittag (12 Uhr): *mezzogiorno*
Morgen: *mattina*
morgen: *domani*
Nachmittag: *pomeriggio*
Nacht: *notte*
Sonn- und feiertags: *festivi*
Stunde: *ora*
stündlich: *ogni ora*
täglich: *tutti i giorni*
übermorgen: *dopo domani*
vormittags: *la mattina*
wochentags/werktags: *feriali*
Wieviel Uhr ist es?: *Che ore sono?*
Es ist (ungefähr)...: *sono (circa)...*
zwei Uhr: *le due*
fünf nach zwei: *le due e cinque*
drei Uhr zehn: *le tre e dieci*
Viertel nach vier: *le quattro e un quarto*
halb fünf: *le quattro e mezza*
viertel vor fünf: *le cinque meno un quarto*
fünf vor fünf: *le cinque meno cinque*
um zwei Uhr: *alle due*
gegen vier Uhr: *verso le quattro*
in einer Stunde: *fra un'ora*
nicht vor acht Uhr morgens: *non prima delle otto del mattino*

Zahlen

0: *zero*; 1: *uno*; 2: *due*; 3: *tre*; 4: *quattro*; 5: *cinque*; 6: *sei*; 7: *sette*; 8: *otto*; 9: *nove*; 10: *dieci*; 20: *venti*; 30: *trenta*; 40: *quaranta*; 50: *cinquanta*; 60: *sessanta*; 70: *settanta*; 80: *ottanta*; 90: *novanta*; 100: *cento*; 200: *duecento*; 1000: *mille*; 10 000: *diecimila*; 1 000 000: *un milione*

Stadtrundfahrten

Die »C.A.F. Viaggi« (Genossenschaft der Florentiner Agenturen) organisiert täglich vor- und nachmittags das ganze Jahr dreistündige Stadtrundgänge (mit Busfahrtkombination), Mindestteilnehmerzahl: 6–8 Personen, meist auch in deutscher Sprache. Preis: 54 000 Lire (inkl. ein Museumsbesuch und Führung). Abfahrt: 9.30 und 14.30 Uhr vom Bahnhofsplatz (Piazza della Stazione 51 r, vor dem CIT-Büro). Info und Reservierung: C.A.F. Viaggi ■ F5
Via Roma 4; Tel. 28 32 00, 21 06 12; Vergleichbare Rundfahrten zu ähnlichen Bedingungen bietet auch das SITA-Unternehmen an. ■ D 3/D 4
Via Santa Caterina da Siena 15 r,
Tel. 28 39 72, 4 78 22 61

Stromspannung

Die allgemeine Stromspannung ist 220 Volt. Probleme kann es mit den Steckdosen geben. Da hilft ein Zwischenstecker (»spina di adattamento«), den man beim Hotelportier oder in jedem Elektroladen erhalten kann.

Taxi

Taxifahren ist in Florenz kein Luxus. Grundgebühr: 4300 Lire, Kilometerpreis im Stadtgebiet: 1400 Lire (außerhalb 2500 Lire), Mindestfahrtpreis: 7000 Lire. Im Fahrtpreis ausgewiesene Zuschläge: Feiertagstarif 3000 Lire, Nachttarif (22–6 Uhr) 5000 Lire, Grundgebühr ab Flughafen: 8300 Lire. Zum angezeigten Fahrtpreis wird addiert: pro Gepäckstück 1000 Lire, für Funktaxi-Bestellung 3000 Lire. 10 Prozent Rabatt gibt es für Damen ohne Begleitung in der Nacht zwischen 21 und 2 Uhr und für Krankenhausfahrten in der Besuchszeit zwischen 13–15 und 19–21 Uhr. Der Taxifahrer hat dem Fahrgast mitzuteilen, wann das Stadtgebiet verlassen wird und welche Zuschläge (»supplementi«) berechnet werden. Funktaxi-Rufnummern: Tel. 42 42, 43 90, 47 98. Einige Taxistände in der Innenstadt: Hauptbahnhof; Piazza San Marco; Piazza Ferrucci; Piazza Santa Trìnita, Porta al Prato; Piazza della Libertà; Piazzale Donatello; im Oltrarno: Piazza Ferrucci, Porta Romana.

Telefon

Die meisten öffentlichen Telefone in Florenz sind auf Telefonkarten (»schede telefoniche«) eingestellt. Karten im Wert von 5000 oder 10 000 Lire sind in den Tabakläden (»Bar-Tabacchi«), bei der Post und auch bei größeren Kiosken in der Innenstadt zu kaufen. Münztelefone gibt es auch noch: ein dreiminütiges Stadtgespräch kostet 200 Lire bzw. eine Telefonmünze (»gettone«). Sonst frißt der Apparat Münzen zu 100, 200 und 500 Lire. Ein dreiminütiges Gespräch ins deutschsprachige Ausland kostet im Durchschnitt um die 4000 Lire. Etwas billiger sind Auslandsgespräche von 22 Uhr bis 8 Uhr und sonntags. Telefonzellen gibt es nicht im Postamt. Öffentliche Telefone findet man überall auf der Straße und in vielen Café-Bars.

»Telecom Italia« hält im Stadtzentrum (Via Cavour 21 r) einen öffentlichen Telefondienst mit 16 Apparaten (davon ein Apparat auch zum Faxen) täglich von 7–23 Uhr offen. Im Saal dahinter (Mo–Fr 9–13 und 16–19 Uhr geöffnet; Sa, So und Fei geschl.) kann man Telefonbücher von ganz Italien konsultieren und aus elf Kabinen Ferngespräche führen. Bezahlt wird hinterher nach Einheiten (»scatti«) an der Kasse. Telecom-Info: Tel. 29 71.

Vorwahlnummern

I → D: 00 49
I → A: 00 43
I → CH: 00 41
D, CH → I: 00 39
A → I: 00 40
Florenz: 055

Wundern Sie sich nicht, wenn Sie am anderen Ende der Leitung als erstes das Wort »Pronto« hören! Sie haben sich nicht verwählt, sondern Ihr Telefonpartner gibt damit nur zu verstehen, daß er jetzt bereit (= pronto) ist zuzuhören!

Achtung: Bei den Vorwahlnummern sind in Zukunft Änderungen vorgesehen, die aber nur schrittweise – teils ab Mitte Juni 1998, teils ab Ende 1999 – eingeführt werden. Der erste Schritt besteht darin, daß die örtliche, mit einer Null beginnende Vorwahlnummer auch bei Stadtgesprächen und beim Anruf aus dem Ausland gewählt werden muß. Beispiel: Ruft man in Florenz eine Florentiner Nummer an, so muß man dann davor 0 55 wählen (aus dem Ausland: 00 39/0 55 + Rufnummer). In der zweiten Etappe wird die Null für immer abgeschafft. An ihre Stelle tritt die Nummer »4«, wenn man von einem Festtelefon aus anruft (Beispiel: 00 39/455 + Rufnummer), oder die Nummer »3«, wenn man das Mobiltelefon benutzt (Beispiel: 00 39/3 55 + Rufnummer). Die Nummer »6« ist für das Digitalnetz (ISDN) und »5« für Satellitengespräche reserviert. Im Endeffekt werden alle Fernsprechnummern hinter der internationalen Vorwahlnummer zehnstellig (wie es in Frankreich schon der Fall ist).

Trinkgeld

In den Restaurants ist die Bedienung (»servizio«) meist im Preis inbegriffen. Dennoch freuen sich die Kellner – erwarten es aber nicht unbedingt –, wenn sie bei besonders gutem Service ein Trinkgeld (»mancia«) von etwa 10 % erhalten. In den Hotels ist das Personal ebenfalls angetan, wenn es vom zufriedenen Gast mit einem 5000er oder 10 000er Lireschein bedacht wird.

Verkehrsmittel

Busse
Um es gleich vorwegzunehmen: Straßenbahn oder U-Bahn gibt es in Florenz nicht, dafür aber ein dichtes Netz von über 60 Buslinien der A. T. A. F. Unter den orangenfarbigen Bussen werden immer mehr umweltfreundliche mit elektrischem oder Ökoantrieb eingesetzt. Die Busse sind das ideale Verkehrsmittel, um vom Zentrum in die Vororte und Umgebung zu gelangen. Im historischen Stadtkern kann man auf sie getrost verzichten, da die Entfernungen nicht groß sind und die Busse wegen der ausgedehnten Fußgängerzone – die größte in Europa – oft im Kreisverkehr geführt werden. Zu Fuß schafft man es dann schneller quer durch die Innenstadt. Im A. T. A. F.-Informationsbüro auf dem Bahnhofsplatz – an der Endhaltestelle vieler Linien – kann man kostenfrei fünf verschiedene Pläne mit detaillierten Angaben über die Linien im Zentrum und Umgebung erhalten. Fahrkarten-Preise: 1 Std. (1500 Lire); 3 Std. (2500 Lire); »Biglietto multiplo«, 4 Fahrten für je 1 Std. (5800 Lire); Tageskarte (6000 Lire). Die Fahrkarten sind in allen Tabakläden (»Bar-Tabacchi«) erhältlich. Schwarzfahrer sollten sich ihr Geschick im voraus schwarz ausmalen und lieber nicht ohne Fahrkarte in den Bus steigen. Sonst wird man zu 76 500 Lire Strafe verdonnert, wenn man vom Kontrolleur erwischt wird. Wer es »vergißt«, seine Fahrkarte zu entwerten, zahlt ebenso saftig: 75 000 Lire. Für Touristen besonders interessant: die Wochenkarte (»Carta Arancio«) zu 40 000 Lire, gültig für alle Buslinien in der Provinz Florenz. Sie ist erhältlich bei A. T. A. F. am Hauptbahnhof und bei den anderen Busunternehmen (beispielsweise SITA und Lazzi) bei Vorlage des Personalausweises.

Fahrrad- und Motorrad-Verleih ■ D 4
Florence by bike (Via della Scala 12 r; Tel. 26 40 35) bietet dreistündige organisierte Sightseeing-Stadtrundfahrten per Fahrrad. Abfahrtszeiten: 9, 15 oder 21 Uhr, Preis 28 000 Lire. Den gleichen Preis zahlt man für ein geliehenes Rad fürs ganze Wochenende. Mountainbikes kann man sich auch – wie das normale Stadtrad – für eine, fünf Stunden oder den ganzen Tag ausleihen.

Weitere Verleihstellen
Alinari ■ F 2
(für ein- und zweisitzige Motorräder, Mofas und Fahrräder); Via Guelfa 85 r; Tel. 28 05 00
Motorent (für Mopeds und Fahrräder) ■ F 2
Via San Zanobi 9 r; Tel. 49 01 13

Florenz auf einen Blick

Stadtwappen: rote Lilie auf weißem Grund
Stadtregierung (Giunta comunale): Sindaco (Bürgermeister, von der Bevölkerung direkt gewählt) und Assessori (für Fachbereiche zuständige Beigeordnete)
Stadtparlament: Consiglio comunale (Stadtrat)
Rathaus: Palazzo Vecchio
Hauptstadt der Provinz Florenz und der Region Toskana – nach der Einwohnerzahl achte unter den größten Städten Italiens; nach der Zahl der ausländischen Einwohner aber an fünfter Stelle.
Bevölkerungszahl zeigt abnehmende Tendenz:

	Männer	Frauen	insges.
1991:	188 028	215 266	403 294
1995:	178 620	204 974	383 594

ausländ. Einwohner (1991): ständig 7290; nicht ständ. 18 712
Familienzahl (1991) 162 422
Wohnungszahl (1991) belegt: 158 422; nicht belegt: 15 295
Berufstätige (1991):

Männer	Frauen	insges.
55,8 %	34,6 %	44,5 %

Arbeitslose (1991):

Männer	Frauen	insges.
8,0 %	13,1 %	10,1 %

(Mittelwert für Arbeitslosigkeit 1997 in Mittelitalien: 10,7 %)

Verkehrsmittelbenutzung (1991):

öffentl. Mittel:

Berufstätige 24 829
Studenten 15 644

Privatauto und Motorrad:

Berufstätige 82 450
Studenten 20 460

Sonstiges:

Berufstätige 21 918
Studenten 19 391

Tourismus Nach den neuesten offiziellen Angaben konnte die Stadt Florenz mit 360 Hotels aufwarten. In den 20 636 Betten der 10 673 Zimmer erholten sich vom Stadtbummel 2 353 936 Gäste. Das entsprach 5 166 936 Übernachtungen im Jahr (davon Übernachtungen von Ausländern knapp 4 Millionen). An erster Stelle: die USA mit fast einer Million Übernachtungen. Zum ersten Mal verdrängte Japan 1995 den EU-Spitzenreiter Deutschland von der zweiten Position.

Hotelangebot:
5 St. 6/560 Zi./1122 Be./410652 Ü.
4 St. 49/3449 Zi./6876 Be./2 502 681 Ü.
3 St. 91/3714 Zi./7286 Be./2 672 847 Ü.
2 St. 94/1546 Zi./2790 Be./1 007 447 Ü.
1 St. 120/1404 Zi./2562 Be./923 898 Ü.

Florenz Extra

Parken (Abschleppdienst, Garagen)
Parken ist in Florenz kein leichtes Unterfangen. In vielen Straßen dürfen nur die Anrainer parken (»divieto di sosta« oder »parcheggio per soli residenti«). Alle zwei Wochen werden außerdem die Straßen nachts gereinigt. Vorher aufgestellte Schilder machen am Vorabend schon darauf aufmerksam (»pulizia stradale«). Daher: Autos vor Mitternacht entfernen, sonst werden sie gnadenlos abgeschleppt. Der Abschleppdienst (»carro attrezzi«) stellt den Wagen entweder in der Depositeria comunale (städtisches Depot) ab (Via dell'Arcovata 6; Tel. 30 82 49) oder am Parkplatz für Touristenbusse (»parcheggio pullmann turistici«) bei der Fortezza da Basso. Wenn man sich bei obiger Telefonnummer erkundigt, sollte man immer auch angeben, in welcher Straße das Auto zuletzt geparkt war, um es schneller zu finden. Fürs Abschleppen zahlt man: 104 000 Lire. Hinzukommen 60 000 Lire Strafe. Aufbewahrungsgebühr pro Tag: 12 000 Lire. Um auf Nummer Sicher zu gehen, hier einige **bewachte Parkplätze:**
Innenstadt:
– Piazza della Stazione (Tiefgarage am Hauptbahnhof, 630 Plätze) ■ E 3
– Via Madonna della Tosse (Tiefgarage des Parterre, bei Piazza della Libertà, 980 Plätze) nördlich ■ H 2
– Piazza Cesare Beccarìa (181 Plätze) ■ K 5
– Viale F. Strozzi (66 Plätze) ■ D 1
– Piazza Ognissanti (57 Plätze) ■ D 5
– Lungarno A. Vespucci (34 Plätze) ■ D 5
Oltrarno:
– Piazza del Carmine (61 Plätze) ■ a 1
– Lungarno Torrigiani und Piazza di Santa Maria Soprarno (insges. 153 Plätze) ■ c 2
– Porta Romana (43 Plätze), wird derzeit erweitert ■ a 3
– Via Senese (69 Plätze)

Kutschenfahrten
Es gibt noch echte Fiaker (»fiaccherai«), die Touristen durch den historischen Stadtkern kutschieren. Eine Droschkenfahrt (»giro in carrozzella«) dauert etwa 25 Minuten und kostet etwa 50 000 Lire. Die Fiaker sind auf der Piazza della Signorìa und auf dem Domplatz stationiert. Es ist ratsam, den Fahrpreis schon vorab zu vereinbaren.

Mietwagen
→ »Autovermietung«, S. 240

Taxi
→ S. 276

Zeitungen

Zeitungskioske gibt es in Florenz in großer Zahl, besonders dicht gesät im Umkreis von Hauptbahnhof, Piazza della Repubblica und Piazza della Signorìa. Sie sind auch an Sonntagvormittagen offen. Das Angebot an aktuellen ausländischen Zeitungen und Zeitschriften ist sehr reichhaltig. Dazu gehört auch die Auswahl an deutschsprachigen Presseorganen. Florenz ist ein wichtiges Zentrum der italienischen Regionalpresse, mit Lokalausgabern von »La Repubblica« und »L'Unità«. Die Tageszeitung »La Nazione« ist die echte Florentiner Zeitung mit alter liberaler Tradition.

Zoll

Innerhalb der EU darf der Reisende alle Waren, die er für seinen »persönlichen Verbrauch« eingekauft hat, ohne Zoll- und Einfuhrbeschränkungen mit in sein Heimatland nehmen. Richtwerte sind beispielsweise 800 Zigaretten, 200 Zigarren, 100 Liter Bier, 90 Liter Wein, 10 Liter Spirituosen.

Von unzähligen Touristenhänden blankgestreichelt: die Schnauze des bronzenen Ebers – im Volksmund liebevoll »Porcellino« (Ferkelchen) genannt.

Register

Hier finden Sie die in diesem Band beschriebenen Sehenswürdigkeiten, Museen und Ausflugsziele. Außerdem enthält das Register wichtige Stichworte und landessprachliche Bezeichnungen. Wird ein Begriff mehrfach aufgeführt, verweist die **fett** gedruckte Zahl auf die Hauptnennung. Die **Buchstaben-Zahlen-Kombinationen** nach den Seitenangaben verweisen auf die Planquadrate und Seitenzahlen der Karten.

L

M

N

O

P

U

V

Z

Vier sind immer für Sie da. Und dort.

106 lieferbare Titel
14,80 DM

19 lieferbare Titel, 39,80 DM

5 lieferbare Titel
19,80 DM

152 lieferbare Titel, 14,90 DM

MERIAN

Die Lust am Reisen.

Impressum

An unsere Leserinnen und Leser:

Wir freuen uns, Ihre Meinung zu diesem Reiseführer zu erfahren. Bitte schreiben Sie uns, wenn Sie Berichtigungen und Ergänzungsvorschläge haben oder wenn Ihnen etwas besonders gut gefällt:

Gräfe und Unzer Verlag
Reiseredaktion
Stichwort: MERIAN XL
Postfach 86 03 66
81630 München
Grillparzerstraße 12
81675 München

Alle Angaben in diesem Reiseführer sind gewissenhaft geprüft. Preise, Öffnungszeiten usw. können sich aber schnell ändern. Für eventuelle Fehler übernimmt der Verlag keine Haftung.

Lektorat, Bild-/Textredaktion: Martina Gorgas
Kartenredaktion: Markus Röleke
Beratung Kunst und Geschichte: Dr. István N. Vértes

Gestaltung: Ludwig Kaiser
Produktion: Helmut Giersberg
Titelfoto: Martin Thomas/David
Karten: Kartographie Huber
Layout: Andrés Gomez, Andrea Umberto
Litho: PHG, München
Printed in Italy

Alle Fotos von Martin Thomas, außer:
Bilderdienst Südd. Vlg. 117
CE. D.E. Souvenir S.n.c. 97
A. Krancic 63
G. Pini 29
L. Villoresi 159

Dieses Buch wurde auf chlorfrei gebleichtem Papier gedruckt

1. Auflage 1998

ISBN 3-7742-0441-1
